货币政策传导效应研究
——计量经济模型方法及应用

Huobi Zhengce Chuandao Xiaoying Yanjiu
Jiliang Jingji Moxing Fangfa ji Yingyong

李南成　著

西南财经大学出版社

图书在版编目(CIP)数据

货币政策传导效应研究:计量经济模型方法及应用/李南成著.—成都:西南
财经大学出版社,2011.8
ISBN 978 - 7 - 5504 - 0388 - 8

Ⅰ.①货… Ⅱ.①李… Ⅲ.①计量经济学—应用—货币政策—研究
Ⅳ.①F821.0②F224.0

中国版本图书馆 CIP 数据核字(2011)第 162323 号

货币政策传导效应研究——计量经济模型方法及应用
李南成 著

责任编辑:李 雪
助理编辑:高小田
封面设计:杨红鹰
责任印制:封俊川

出版发行	西南财经大学出版社(四川省成都市光华村街55号)
网 址	http://www.bookcj.com
电子邮件	bookcj@ foxmail.com
邮政编码	610074
电 话	028 - 87353785 87352368
印 刷	郫县犀浦印刷厂
成品尺寸	170mm×240mm
印 张	13.75
字 数	250 千字
版 次	2011 年 8 月第 1 版
印 次	2011 年 8 月第 1 次印刷
印 数	1—2000 册
书 号	ISBN 978 - 7 - 5504 - 0388 - 8
定 价	39.80 元

前 言

　　货币政策作为国家经常性的调控手段，在宏观经济中的作用日益凸显，因此货币政策理论在宏观经济学中处于十分重要的地位。在货币政策研究领域，最重要的方面是货币政策的传导机制问题。货币政策的传导机制与货币政策有效性密切相关，货币政策传导机制的灵敏、通畅是货币政策有效的基础，同时货币政策传导直接影响到货币政策目标能否实现即有效性问题，因此对货币政策传导机制的研究自然成为研究货币政策特别是货币政策效力的重要方面。

　　本书是作者在所主持的国家统计局 2007 年课题（项目编号：2007LY076）基础上，经过多次讨论修改而成的最终成果形式。本书在深刻认识我国货币政策传导理论和实际的基础上，针对货币政策有效性和最终目标效应、传导的渠道和传导的机制、传导中介的影响作用以及政策的区域效应等问题，运用协整与误差修正模型、VAR、$SVAR$、$FAVAR$ 及面板数据模型等现代计量经济方法进行了研究。全书力求主线突出，思路清晰，层次分明，分析全面。我们期望通过深入地研究得到的有价值结论，一方面为后续相关研究提供参考，另一方面为我国货币当局宏观调控决策提供有力的实证支持。

　　与已有的货币政策传导研究相比，本书在以下方面做了研究和探索：

　　第一，随着对货币政策效应研究的不断深入，我国各主要理论学派是一个逐步继承发展并且不断融合的过程。20 世纪 80 年代，中国货币政策理论研究刚起步，比较重视货币需求和货币供给；90 年代，经济迅速发展，我国宏观调控政策经历了重大改革，出现了许多对货币政策最终目标、中介目标选择和政策工具的研究。但是，我国货币政策理论研究存在这样一个事实，即关于货币政策最终目标效应的基础性研究仍处于探索阶段，已有的也远没有达成共识。在此情况下，研究金融结构与货币政策传导机制的问题就缺乏基础支撑，其研究意义也受到了限制，同时在我国理论界，对货币政策最终目标效应这一基本问题的研究还有待深入和系统化。作为全书的理论基础，本书对 $AD-AS$

（总供给—总需求）等经典的基础宏观经济分析框架在中国的适用性进行了研究，并将这一框架与现代计量经济模型相结合来研究货币政策的最终目标效应。

第二，目前，随着我国经济环境的不断改善，货币政策传导渠道逐渐趋于多元化，利率传导渠道、资产价格传导渠道、汇率传导渠道等作用逐渐显现，不少学者对单一传导渠道的效力进行了深入研究，结论也是各有差异。我们认为货币政策传导渠道研究应该是一个完整的过程，包括内部传导与外部传导。并且，对货币政策传导渠道媒介市场（如利率市场、汇率市场、债券市场等）的分析是非常必要的。因为媒介市场是货币政策经过各传导渠道时发挥作用的基础，如果缺乏对货币政策传导渠道中媒介市场的充分认识，则会使得研究不够深入，另外也会涉及指标选取不明确等问题。只有把握了各媒介市场的实际状况，采用定性分析与定量分析相结合的方法去研究货币政策传导渠道，才更能找出货币政策传导渠道受阻的原因。

第三，由于关于货币政策的传导与商业银行之间关系的理论较少，并且对我国微观主体的研究尚处于探索阶段，这使得从银行供给的角度考察货币政策的传导在理论支撑上和实际可行上都存在一定的困难。在我们的研究中，将对以上问题进行详细的阐述和论证。银行贷款的供给者即银行在金融体系中具有特殊的作用，它在解决信贷市场的信息困难和其他摩擦方面存在着不可替代的优势。因此，通过研究货币政策传导与商业银行的中介作用，折射出金融机构在信贷传导渠道中发挥的重要的中介作用具有非常重要的意义，这也是银行信贷渠道在我国存在的首要条件。

第四，研究货币政策传导的区域效应，我们侧重从各省、市、自治区出发，选用现代计量经济学方法中的面板数据模型进行研究，这样的选择更符合我国的实际。基于最优货币区理论和我国区域金融差异，从货币政策传导机制出发来研究货币政策的区域效应，通过最优货币区的检验和对我国区域金融的分析，对我国货币政策传导的区域作出初步判断。从货币政策传导机制研究我国货币政策的传导渠道，找到区域效应最显著的渠道，进一步运用面板数据模型对全国30个省、市、自治区、直辖市的区域效应进行实证分析，从而得到有价值的结论。

全书分为七章。具体研究与撰写分工如下：第一、二、七章由李南成、陈新鹤完成；第三章由陈新鹤、李南成完成；第四章由黄宝辉、李南成完成；第五章由陈菲、李南成完成；第六章由朱莉、李南成完成。另外，作为课题组成员，中国人民银行总行蒋万进高级经济师、四川省统计局王致富高级统计师、西南财经大学经济学院徐舒博士参与了本书研究的总体策划和结构布局工作,西南财经大学经贸外语学院杨一萍副教授参与了外文资料的收集和整理工作。

本书的出版得到了西南财经大学"211 工程"第 3 期项目资助和西南财经大学出版基金资助以及西南财经大学科研处的热情关心和支持,在此表示衷心感谢!

西南交通大学王成璋教授,中国人民银行成都分行曾宪久高级研究员、杨雪助理研究员,四川省统计局黄玉梅高级统计师,西南财经大学庞皓教授、刘锡良教授、黎实教授、史代敏教授、张照贵教授、郭建军副教授、张卫东副教授等对本书的出版给予了大力帮助,并在写作过程中对本书提出了许多好建议。在此,一并表示真诚的感谢和崇高的敬意!

西南财经大学统计学院硕士研究生刘坤、张昕、徐璐、廖彬衫、杨坤、常颖、吕达劲、杨春俊、孙玮和本科生顾雯瑞参与了资料收集与整理、模型测算等大量工作。对他们的辛勤付出表示衷心的感谢,并祝愿他们顺心如意,进步成长!

课题在研究过程中参考了大量国内外文献,在此,向这些文献的原作者表示感谢和敬意!

本书的出版得到了西南财经大学出版社的鼎力相助,出版社主要领导的积极支持,各位编辑的辛苦工作,为本书顺利出版创造了良好条件。在这里,向他们表示由衷的谢意!

还需要提到的是,西南财经大学统计学院在课题立项、研究和著作出版等方面都给予了热情关心和大力支持。在此,深表谢意!

由于本书作者学术水平有限,书中一定存在错误和不妥之处,敬请各位专家、同仁批评和指正!

李南成

2010 年 12 月于光华园

目　录

第一章　导论／ 1

　　第一节　问题的提出／ 1

　　第二节　研究内容、目的及思路／ 4

第二章　理论与文献综述／ 8

　　第一节　货币政策理论及我国情况简介／ 8

　　第二节　文献概述／ 11

第三章　货币政策传导最终目标效应分析／ 31

　　第一节　宏观经济理论分析框架构建与动态分析／ 31

　　第二节　实证分析／ 42

　　第三节　小结／ 61

第四章　货币政策传导渠道研究／ 64

　　第一节　对我国货币政策传导渠道的基本认识／ 64

　　第二节　对我国货币政策传导渠道的实证研究／ 79

　　第三节　小结／ 100

第五章　货币政策传导与商业银行的中介作用／ 107

　　第一节　研究的理论基础／ 107

　　第二节　理论模型设定／ 113

第三节 实证分析及结果说明 / 119

第四节 小结 / 131

第六章 我国货币政策传导的区域效应研究 / 134

第一节 我国货币政策传导区域效应的判断 / 134

第二节 我国货币政策传导渠道的区域效应特征 / 154

第三节 从信贷角度出发研究货币政策的区域效应 / 163

第四节 小结 / 177

第七章 结论与建议 / 182

第一节 结论分析 / 182

第二节 政策建议 / 185

第三节 有待完善之处 / 191

附录 / 193

第三章附录 / 193

第四章附录 / 199

第五章附录 / 200

参考文献 / 208

第一章　导论

第一节　问题的提出

一、研究背景与意义

货币政策是中央银行为实现其特定的经济目标而采用的各种控制和调节货币供应量或信贷规模的方针和措施的总称①，是国家调控宏观经济的核心手段。而研究货币政策的理论在宏观经济学中也处于重要地位。20世纪初，经济学界对于货币政策理论争论的焦点在于货币政策是否有效，一般认为，货币政策有效性问题包括三个层次②：第一个层次，货币政策对于实体经济有无影响；第二个层次，货币政策是如何影响实体经济的；第三个层次，中央银行如何选择和实施适当的货币政策，才能实现宏观经济目标。经历凯恩斯革命后，经济学界达成共识，长期来看，货币中性成立，但货币政策在短期内可以影响宏观经济。作为经常性的调控手段，货币政策在宏观经济中的作用日益凸显。

关于货币政策研究领域中最重要的方面是货币政策的传导机制问题。货币政策的传导机制就是中央银行运用货币政策工具引起中间目标的变动，从而实现货币政策的最终目标过程。货币政策的有效性与货币政策传导机制密切相关，货币政策传导机制的灵敏、畅通是货币政策有效的基础，而货币政策传导直接关系到货币政策目标能否实现即有效性问题，因此对货币政策传导机制的研究自然成为研究货币政策特别是货币政策效力的关键。

在我国，货币政策传导机制研究一直备受关注。历经多年改革，我国经济体制已由计划经济向市场经济转型，市场化程度日益提高，与之相适应则要求

---

① 胡庆康. 现代货币银行学教程［M］. 上海：复旦大学出版社，2002.
② 汪红驹. 中国货币政策有效性研究［M］. 北京：中国人民大学出版社，2003.

经济货币化程度的加深。自 1984 年中国人民银行专门行使中央银行职能以后，我国现代意义上的货币政策开始形成。1998 年，中央银行进行管理体制改革，打破行政区划限制，建立大区体制。同时，银行、证券、保险的分业经营与分业监管体制初步形成。而更为重要的是中央银行取消贷款限额管理，实行资产负债比例管理，标志着中央银行货币政策调控基本实现了由直接调控向间接调控的转变。在此过程中，我国面对经济"软着陆"后亚洲金融危机影响加深和国内需求不足的双重困境。为有效扩大内需，中央银行采取了一系列扩张性货币政策，尽管对调控经济起到了一定的成效，但由于货币政策传导过程中存在诸多制约因素使得部分传导环节受阻，我国货币政策却并没有像预期的那样显著，银行"惜贷"与企业"慎借"并存。

2003 年以来，我国又出现了投资过热、CPI 不断上扬、贷款增长过快和资源约束偏紧的现实局面。为抑制通胀出现，中央银行频频出台措施，如连续两次提高存款准备金率、实行差别准备金率、风险提示，并在连续九次降息之后首次加息，加大公开市场操作力度等，尽管取得一定成效，但仍未达到预期效果。2007 年下半年，次贷危机爆发使世界主要经济体经济状况恶化，国际经济金融形势更加复杂化，国内经济形势日益严峻，货币政策较之以往面临更大挑战。2007 年，美国 GDP 增长 2.2%，为 2002 年来最低增速；欧元区 GDP 增长 2.7%，比上年低 0.1%；日本 GDP 增长 2.1%，比上年低 0.3%。2008 年，全球经济增长明显放缓，国际金融市场动荡加剧，国际经济环境中不确定不稳定因素增多。美国、欧元区、日本均已陷入衰退[①]。2008 年我国 GDP 增长 9%，比上年低 4%，经济增长有所放缓。上半年，针对次贷危机蔓延，中国人民银行及时调整货币政策方向和重点，调减公开市场操作力度，并将全年新增贷款预期目标提高至 4 万亿元以上，指导金融机构扩大信贷总量。下半年，金融危机对我国经济冲击明显加大。中国人民银行依实际情况实行适度宽松的货币政策，综合运用多种工具，五次下调存贷款基准利率，四次下调存款准备金率，明确取消对金融机构信贷规划的硬约束，积极配合国家扩大内需等一系列刺激经济的政策措施，加大金融支持经济发展的力度。2009 年，如何增强货币政策传导有效性的问题将成为我国货币政策面临的主要问题。面对金融危机，金融机构将会更加谨慎，金融市场功能也会弱化，企业及居民的信心与预期都会受到影响，从而使货币传导渠道的某些环节受阻，而这些都会导致货币政策传导效率的下降。

---

① 数据来自《中国人民银行统计季报》2008 年第四季度报告。

在当前国际经济金融形势更加复杂化，国内经济形势日益严峻的背景下，基于经典的货币政策传导理论，针对我国货币政策传导的实际，深入探讨我国货币政策传导机制和传导现状具有重要的理论和现实意义。

二、货币政策传导研究中计量经济模型应用价值

货币政策传导的研究是一个需要从多角度、全面进行研究的领域。通常，货币政策传导机制研究的主要方法有[①]：①理论模型分析法，常见有凯恩斯的 *IS - LM*、货币学派的货币需求模型，此外还有 *BGG* 模型、*VAR* 模型。②渠道效应分析法。一般认为，货币政策传导主要有四条渠道：信贷渠道、利率渠道、金融资产价格渠道和汇率渠道，该方法重点研究货币政策传导渠道的机理与效应。③结构分析法。广义的金融机构不仅包括各种金融流量和存量的数量结构，也包括金融资产价格结构。狭义的金融结构，主要指银行业结构及其资产负债表结构。金融结构在很大程度上反映了货币政策传导的路径、方向以及各类金融资产间的传导关系。④货币政策各层次目标传导关系分析法。20 世纪 80 年代以前，金融市场的发展尚未达到一定的广度和深度，货币政策传导的各目标之间关系相对稳定，该分析方法颇受大多学者青睐。

本书拟在上述四类主要研究货币政策传导机制的方法基础上，运用统计学与数量经济学的相关理论与方法，对我国货币政策传导机制进行实证研究，拟构建了计量经济模型对该问题进行定量分析与研究。计量经济模型包括一个或一个以上的随机方程式，它能有效地高度描述、概括某个真实经济系统的数量特征，能深刻地揭示出该经济系统的数量变化规律。根据计量经济模型中数据的维数不同，可以划分为时间序列模型、截面数据模型以及面板数据模型。时间序列模型是只包含时间和指标两维信息的模型，截面数据模型是只包含横截面和指标两维信息的模型，面板数据模型则是包含了时间、横截面和指标三维数据的模型。

计量经济模型可以用于经济结构分析、经济预测和政策评价等几个方面。而将计量经济模型运用到货币政策传导的研究中，也恰好体现了其在经济结构分析与政策评价方面的明显优势。本书拟采用计量经济理论中的协整理论、*VAR*、*SVAR*、*FAVAR* 及面板数据模型，对我国货币政策传导的数量规律进行了深入探讨。

---

① 李桂君，赵德海，李庆辉. 货币政策传导机制研究方法综述 [J]. 商业研究，2003 (19).

第二节　研究内容、目的及思路

一、研究目的

本书针对我国货币政策传导的不同层次和不同方面的问题，分别运用不同数量方法进行分析。主要目的在于通过对我国货币政策传导的较为全面讨论，对数量方法的应用范围和建模细节进行深入探索，以期一方面为后续相关研究提供参考，另一方面为我国货币当局宏观调控决策提供实证支持。

二、研究思路

根据已有研究文献，我们可以发现货币政策传导研究主要集中于几个方面，即传导的有效性和最终目标效应、传导的渠道和传导的机制、传导中介的作用以及政策的区域效应。这四方面存在一定的递进关系，可分为三个层次。本书研究紧紧围绕货币政策传导的三个层次和四个部分内容进行并依次展开，环环相扣，逻辑严密，思路清晰。

第一个层次为基础性的问题，即货币政策最终目标效应。我们利用结构 VAR（SVAR）和因子 VAR（FAVAR）对我国货币政策最终目标效应进行了对比分析，这两种方法是分析这类问题国内外较为前沿的数量方法。我们对最终目标效应的分析着重强调从货币政策工具直接到最终目标的影响，这一层次为本书的研究奠定了重要的理论与实证基础。

第二个层次是传导渠道和机制问题。在前一层次的总体把握的基础上，研究了从货币政策工具到最终目标的具体传导过程和渠道。就本书而言，着重分析外部传导过程，即货币政策从中介目标至最终目标的传导过程。之所以只分析外部传导过程，是因为这一过程为货币政策传导最关键而又复杂的部分，因涉及实体经济的方方面面而不易于央行直接控制。我们分析了外部传导的各传导渠道作用机理及不同渠道之间的区别与联系。在这部分主要运用了协整与 VAR 的方法体系。本层次对我国货币政策传导主渠道进行了判断，为第三层次研究提供支持。

第三个层次的研究主要包括两部分，一是传导中的微观中介作用，二是传导的区域效应。各个传导渠道主要通过一些传导主体起作用，其中金融微观中介（尤其是商业银行）在货币政策传导过程中起着至关重要的作用，它是微观实体（企业和个人）的货币直接供给者。故在第一方面，本书重点分析金融中介微观结构特点，进而研究这些特点在货币政策传导过程中的作用。由于地区间存在各方面差异，统一的货币政策对不同地区的作用不同。基于这一基本理念，国内外出现了大量关于货币政策区域效应的研究。在第二个层次的渠道分析基础上，结合区域经济和区域金融的理论，我们对货币政策的区域效应进行了理论分析和实证检验。在第三个层次方面，数据既包含空间维度（各银行和各地区）又包含时间维度，基于此，本书主要运用面板数据模型进行实证分析。

研究基本思路如下图所示：

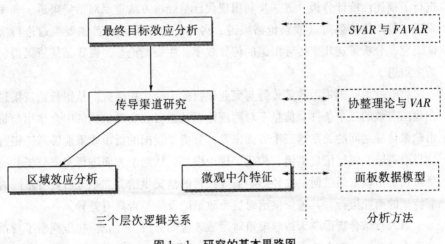

图 1-1　研究的基本思路图

三、结构与内容简介

全书涉及内容广泛并且线索复杂，为科学地阐述研究成果，我们对结构进行了合理安排。

第一章反映了课题的研究背景及目的，介绍了研究思路、内容安排以及特点。

第二章主要阐述了货币理论及货币政策理论。这一部分介绍了货币政策的基础概念和理论，包括货币政策、政策工具、政策目标及传导机制，并对我国的实际情况进行了认识。

第三章为我国货币政策传导最终目标效应分析。首先，在分析西方理论和中国实际的基础上提出了我国货币政策分析的理论框架，进而从理论上讨论了我国货币政策对最终目标的影响。通过讨论发现紧缩货币政策会产生负的产出和价格效应，货币政策的产出效应快于价格效应，而且两者均在持续一段时间后逐渐衰减。然后，对货币政策研究的实证方法进行了简略地概述，并对各方法和模型的优缺点进行了评价，在此之上，提出了实证模型和实证思路。根据研究思路，分别运用 *SVAR* 和 *FAVAR* 对理论分析结论进行了实证比较。主要结论为，物价对货币政策反应剧烈并且迅速，持续时间较短，产出效应则相对较为迟缓，反应幅度较小，持续的时间则较长，反应过程不稳定。

第四章是我国货币政策传导渠道研究。对我国货币政策传导机制演进过程进行认识，分析了现阶段货币政策传导机制的特点。依据传导渠道理论并结合我国实际，详细认识了货币政策传导渠道的构成。对我国各货币政策传导渠道进行了描述性统计分析。进一步利用现代计量经济方法重点对信贷渠道、利率渠道、资产价格渠道（股票价格渠道、房地产价格渠道）等主要渠道进行实证研究，分析了这几个传导渠道的传导效率。主要结论是，在我国信贷渠道仍为主渠道。

第五章为我国货币政策传导与商业银行的中介作用研究。从银行信贷渠道在我国有效的三个条件、信息不对称理论以及银行业金融机构的中介作用与货币政策传导之间的关系这三个方面出发，分析了我国的货币政策能够基于银行信贷渠道影响银行信贷供给。构建了理论模型，从两个方面进行实证分析，一是考察货币政策通过何种途径影响商业银行的信贷供给，二是分析具有不同内部特征的商业银行，其信贷供给对货币政策的反应是否具有差异。

第六章结合货币政策传导渠道对区域效应的分析。首先，初步判断了货币政策区域效应的存在性，并用最优货币区理论以及区域金融差异理论对我国统一货币政策是否存在区域效应进行了检验判断；其次，根据我国的实际，研究信贷渠道、利率渠道、汇率渠道和资产价格渠道与货币政策传导的区域差异性的关系，分析了四个渠道的区域效应；最后，从信贷传导机制出发，使用面板数据模型研究了我国各地区宏观经济发展水平经由银行信贷渠道对单一货币政策的不对称传导效应。

第七章总结了三个层次的理论分析和实证分析结论。从不同方面对我国货币政策运行的过程提出了政策建议。

四、课题特点

本书的研究成果有以下几个方面的特色：

（1）研究内容全面。相对于已有的文献，对货币政策传导的研究则更为全面系统，几乎涵盖了这类问题的几个主要方面，即传导的有效性和最终目标效应、传导的渠道和传导的机制、传导中介的作用以及政策的区域效应。

（2）研究方法系统。我们利用定性和定量方法的结合，对各方面问题分别进行了理论分析和实证分析。课题不仅运用了大量成熟的方法，如传统的描述统计方法和经典的计量经济模型，同时，还引入了时间序列模型和面板模型的最新模型及估计方法。这些都帮助我们更深刻地揭示了中国货币政策传导的数量规律。

（3）实证过程严谨，注重建模细节。在研究过程中，我们非常谨慎地收集和处理数据，对于模型的适用性进行了充分评价，注重模型估计的具体细节，对结果的解释也力求准确恰当。

第二章 理论与文献综述

第一节 货币政策理论及我国情况简介

货币政策，是中央银行为实现其特定的经济目标而采用的各种控制和调节货币供应量或信贷规模的方针和措施总称①。它包括：政策目标、实现目标的政策工具、监测和控制目标实现的各种操作指标和中介指标、政策传递机制和政策效果等基本内容。货币政策目标是一个体系，包括操作目标、中介目标及最终目标。狭义的货币政策目标是指其最终目标，因为最终目标是目标体系的核心，其他层次目标均是为监测最终目标效果而设立的。

一、货币政策工具

货币政策工具又称货币政策手段，是指中央银行为了调控宏观经济，实现货币政策各类目标所采用的政策手段。货币政策工具按其调节职能和效果可分为一般性政策工具和选择性政策工具。一般性政策工具即传统常用的三大货币政策工具，即"三大法宝"，包括存款准备金政策、再贴现政策以及公开市场政策。选择性政策工具主要包括消费者信用控制、证券市场信用控制、房地产信用控制、信贷配给以及道义劝告和窗口指导等。相对而言，选择性政策工具具有更强的针对性，可以有目的地调整经济某些方面或部门的货币信贷供给。

随着 1994 年以来宏观调控改革进程的加速，人民银行在货币政策工具的使用上逐渐与西方国家趋于一致，公开市场业务和再贴现率等工具开始发挥作用，传统的选择性政策工具如信贷计划、中央银行再贷款、特种存款都基本退出，而新的选择性政策工具如利率工具、信贷政策、窗口指导等得到了谨慎而

---

① 胡庆康. 现代货币银行学教程 ［M］. 上海：复旦大学出版社，2002.

灵活的应用。自1998年我国货币政策调控方式转为以间接调控为主以来，货币政策实践也遵循了这样的改革方向。当前，中国人民银行主要通过公开市场业务、法定准备金率、再贴现、再贷款、指导性贷款计划、存贷利率管制等政策工具，来调节宏观经济。

二、操作目标

与中介目标被称为中期目标相对应，操作目标有时也被称为短期目标。从货币政策作用的全过程来看，操作目标距离中央银行货币政策工具最近，是中央银行货币政策工具的直接调控对象，可控性极强。从主要工业化国家的中央银行操作实践来看，短期货币市场利率经常被选作操作目标，其他可选的操作目标还有存款准备金和基础货币。

在我国货币政策实践中，虽然中介目标已经非常明确，但到目前为止中国人民银行对于操作目标并没有一个明确的提法。有部分学者认为我国货币政策操作目标是短期利率（如银行间同业市场利率），或者管制的利率，包括人民币存款利率水平、贴现率等。谢平①（2004）总结1998年后我国货币政策的实践时，认为"中国目前采用以货币供给量为目标的货币政策框架，公开市场操作等是主要的操作工具，操作目标应该是基础货币，中介目标为货币供应量，最终目标为通货膨胀率和经济增长率"。实际上，上述对操作目标界定的差别只是强调重点的不同。从这些强调重点的不同可以看出，中央银行为实现货币供应量目标而设置的操作目标不仅包括货币供给变量目标，而且还有日常流动性管理目标。这一双重目标体系中哪个目标变量起主导作用，更为稳定和有效，就成为货币政策中介目标实现的关键。对其进行识别不但能有利于分析我国货币政策中介目标过程的有效性，而且能为货币政策中介目标的选择提供支持。

三、中介目标

狭义的货币政策目标通常即指最终目标，而操作目标和中介目标均是为监测与控制最终目标政策效果而设定的中间观测指标。货币政策中介目标是指中央银行为实现货币政策最终目标而设置的可供观测和易于调控的，并与最终目标关系密切的中间性或传导性金融变量。它们是观察货币政策工具至最终目标传导过程和效果的信号。可供选择的中介目标通常有长期利率和货币供应量。

---

① 谢平. 中国货币政策分析：1998—2002 [J]. 金融研究，2004（8）.

在我国企业间接融资比重大，且信贷规模易于观测，故1998年以前也将其作为中介目标。这些指标作为中介目标各有优缺点，西方国家目前首选的中介目标为市场化程度高的长期利率，而在我国，由于目前仍实行计划利率为主的管理体制，因此，利率通常是作为货币政策工具而非中介指标来使用的，所以我国更加关注货币供应量和信贷规模①。

随着货币供应量的统计不断完善和研究不断深入，货币供应量受重视程度不断加大，到1998年中国人民银行确定了货币供应量这一单一中介目标，而放松了对商业银行的信贷规模控制②。将货币供应量作为货币政策中介指标是我国金融界理论界比较一致的看法，我国货币政策实践中，也是以货币供应量作为中介目标。这一单一中介目标的确立也标志着我国宏观调控从直接调控（信贷）彻底转变为间接调控。

四、最终目标

货币政策的最终目标是不断发展变化的。从当前各国宏观调控实践情况来看，主要有：第一，物价稳定，即保持一段时期内的一般物价水平基本稳定；第二，充分就业，即使失业率尽可能保持在自然失业率水平；第三，经济增长，即充分利用社会生产资源，保持国内生产总值、国民收入、人均国民收入等指标较平稳的增长；第四，国际收支平衡和汇率稳定，即维持汇率稳定和避免出现长期的大量的顺差或逆差。这四大目标之间既有一致性，又有矛盾性，要同时实现四者是非常困难的。各国国情不同及所处的历史时期不一样在政策实践中侧重的最终目标也不同。除此之外，有专家认为金融系统稳定也应该是政策目标之一。

20世纪80年代，我国理论界与实践部门，关于货币政策最终目标曾有"单一目标"、"双重目标"及"多重目标"之争。我国处于经济快速发展和加速城市化阶段，经济具有转轨和发展中经济的双重特征。鉴于当前国情，中国金融界有大量学者主张我国货币政策目标应该是"发展经济，稳定币值"，即双重目标论。双重目标最先由刘鸿儒③（1983）提出。1995年通过的《中华人民共和国中国人民银行法》第三条明确规定：货币政策目标是保持货币币值稳定，并以此促进经济增长。虽然币值稳定包含了国内物价稳定和国际收支平衡两个方面的内容，但从近几年的货币政策实践可知，我国中央银行更加关

---

① 王广谦. 中央银行学 [M]. 北京：高等教育出版社，2006.
② 催建军. 中国货币政策有效性问题研究 [M]. 北京：中国金融出版社，2006.
③ 刘鸿儒. 关于当前我国的货币政策问题 [J]. 金融研究，1983（11）.

注经济增长与国内物价稳定，故本书将按照这一实际着重分析货币政策的产出效应和价格效应。

五、传导机制

货币政策的传导机制就是中央银行运用货币政策工具引起中间目标的变动，从而实现货币政策的最终目标过程。货币政策对宏观经济发生作用与影响的基本过程是：货币政策工具—操作目标—中介目标—各类传导渠道—最终目标。对于货币政策传导机制的研究大量集中于传导渠道。米什金①（Mishkin，1995）认为，在市场经济条件下货币政策主要通过四条途径传导：利率传导渠道；非货币资产价格渠道；信贷（信用）传导渠道；汇率传导渠道。根据上述分析和相关理论，可得到货币政策传导机制图见图 2-1。

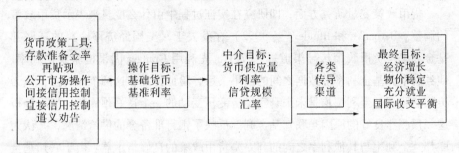

图 2-1　货币政策传导机制图

尽管从 1998 年开始信贷计划作为调控工具基本退出，信贷渠道仍然是中国货币政策传导的主渠道，但随着我国利率市场化与汇率生成机制改革，信贷渠道逐步在减弱，利率和汇率渠道作用在加强。同时随着我国金融市场的不断发展，金融深化程度不断提高，我国非货币资产价格渠道地位也越来越重要。

第二节　文献概述

通过对国内外货币政策传导相关研究的总结和梳理，本书将文献归纳为以下三大类，即货币政策有效性问题的研究、货币政策传导机制的渠道效应研究与货币政策传导的区域差异研究，下面从这三个方面对相关文献进行综述。

---

① 米什金. 货币金融学 [M]. 李扬，施华强，等，译. 北京：中国人民大学出版社，1998：579-584.

一、货币政策的有效性

(一) 国外文献综述

Friedman 和 Schwartz[1]（1963）对美国的货币政策及作用效果进行了全面的分析研究，货币政策的调整引起货币供应量的变化对短期产出的波动会产生影响，但对长期产出没有影响，同时对货币政策的非对称性给予了理论分析和实证检验。他们认为，在当时的经济收缩阶段，宽松或者积极的货币政策对复苏经济似乎没有起到显著的作用。Tobin[2]（1970）通过实证研究发现类似 Friedman 的结论；Romer 和 David[3]（1989）再次实证了 Friedman 等的研究，发现美联储为减少通货膨胀审慎地采取措施引导经济放慢，他们得出的结论是：所有证据表明货币政策对真实产出具有显著紧缩效应是成立的。

货币政策变量研究方面，即研究在实证过程中由什么变量来表示货币政策的调整。Bernanke 和 Blinder[4]（1992）在发表于《美国经济评论》的《联邦基金利率与货币政策传导渠道》一文中，先利用 Granger 因果检验票据利率、债券利率和基金利率等数据之间的因果关系，验证得出在这两个区间内，认为美国的联邦基金利率均是未来真实经济变量变动的一个良好预测器，然后分析这一预测器良好的原因是联邦基金利率反映了银行准备金的供给情况，并认为联邦基金利率与其他利率之间的利差是货币政策的良好指示器。由于联邦基金利率的短期波动主要是由政策变动引起的，政策活动虽要受过去经济条件的影响，但更重要的是，政策指示器对当其经济发展并不敏感，因此联邦基金利率比货币增长率更少受到当时经济条件的干扰，并实证了联邦基金利率在预测实际变量方面的表现比债券利率和票据利率以及基金利率均要优越。基于此，他建立了产出和物价水平的 *VAR* 模型，对估计结果进行比较分析产出和价格效应，认为货币政策传导的"信贷"与"货币"同样重要。

① FRIEDMAN MILTON, A J SCHWARTZ. A Monetary History of the Unite States, 1867—1960 [M]. Princeton: Princeton University Press, 1963.

② JAMES TOBIN. Money and Income: Post Hoc Ergo Propter Hoc [J]. Quarterly Journal of Economics, 1970, 84 (5): 301 -317.

③ CD ROMER, H DAVID. Does Monetary Policy Matter? A New Test in the Spirit of Friedman and Schwartz [C]. NBER Macroeconomics Annual, 1989.

④ BEN S BERNANKE, ALAN S BLINDER. The Federal Funds Rate and the Channels of Monetary Transmission [J]. The American Economic Review, 1992, 82 (4): 901 -921.

货币政策的产出效应不对称性研究方面，James Cover[1]（1992）从货币供给过程和产出过程出发，对货币政策的非对称效应进行了分析，得出的结论是，正的货币供给冲击对产出并没有影响，而负的货币冲击则会带来产出的变动；Garcia 和 Schaller[2]（1995）指出经济衰退时期的货币政策比经济繁荣时期的货币政策更有效。他们对 Hamilton[3]（1989）的 Markov 变动模型进行了扩展，通过检验利率对产出的影响来分析货币政策在经济扩张期与经济衰退时期的不同效果。

货币政策产出效应和价格效应两者关系方面，Mishkin（1997）检验了1971—1999 年加拿大的货币总量与通货膨胀和经济增长之间的关系，认为合成的货币总量更能有效的解释或者预测国内生产总值（GDP）增长率和通货膨胀的短期波动，而且这个合成的货币总量能够确定金融信息的转折日期；Dennis（2001）利用 Ball（1999）提出的模型对通货膨胀预期产生的不稳定性进行了检验，他认为，考虑到通货膨胀预期是一个更一般的混合预期过程，名义GDP 目标较易导致经济的不稳定。Harald Uhlig[4]（2005）利用一种新方法估计了货币政策效应，即对价格、自由准备金和联邦利率对货币冲击的反应施加约束而对实际 GDP 不施加约束。他发现紧缩的货币对实际 GDP 的影响不清晰，同时价格则逐渐地随货币冲击方向变化，而中性的货币冲击效应看法则与数据不一致。

随着计量经济学方法的繁荣和发展，利用计量经济模型分析货币政策对短期真实产出的影响，从而为检验货币政策实施有效性提供了非常重要的方法。在实证方法演进方面，我们选择标志性文献进行概述，主要表现为两个方面：对货币与最终目标变量关系的格兰杰因果检验；向量自回归（VAR）方法研究最终目标对特定的货币政策冲击的反应。Sims[5]（1980）的经典文章发表，将VAR 模型引入到经济学中，推动了经济系统动态性分析的广泛应用。自此，运

① JAMES PEERY COVER. Asymmetric Effects of Positive and Negative Money - Supply Shocks [J]. The Quarterly Journal of Economics, 1992, 11, 107 (4): 1261 -1282.

② RENÉ GARCIA, HUNTLEY SCHALLER. Are the Effects of Monetary Policy Asymmetric? CIRANO Working Papers, 1995 (6).

③ HAMILTON J D. A New Approach to the Economic Analysis of Nonstationary Time Series and the Business Cycle, 1989.

④ HARALD UHLIG. What are the Effects of Inontary Policy on Output? Result form an agnostic indertification procedure. Journal of Monetary Economics, 2005 (52): 381 -419.

⑤ CHRISTOPHER A SIMS. Macroeconomics and Reality. Econometrica, 1980, 1(48): 1 -48.

用向量自回归模型（VAR）来分析货币政策效应的文章越来越多。如 Bernanke[1]（1986）运用结构向量自回归（SVAR）模型进行研究，认为美国银行贷款的冲击对总需求具有相当程度的效果。但是，很少有文章能够完全确定货币政策对短期的真实产出波动具有强有效的影响。卡尔瓦什（2001）总结了诸多经济学家运用 VAR 方法研究货币政策效应所得到的基本结论："虽然研究者们在识别政策冲击的最佳方法上各持己见，但对于货币政策冲击经济反应的一般本质取得了令人惊叹的共识，若干国家的各种 VAR 估计都表明，产出对正常冲击的反应遵循了一种驼峰状模式，即峰值出现在初始冲击的几个季度之后，随后衰减。货币政策措施看来采用了通货膨胀预期的形式，所以 VAR 方法中如果不包括类似商品价格这样的前瞻性变量，那么就会出现价格难题（即紧缩货币政策之后，出现了价格水平的升高）。"[2]

综观国外文献，关于货币政策价格效应的方向看法基本上是一致的，但是实证结果却不尽相同。同时学者们的分歧主要集中于价格调整速度，即价格黏性问题，进而导致对货币的真实经济效应不同观点。值得庆幸的是目前已经形成一些基本共识：价格是黏性的，货币政策在短期对实体经济具有重要的影响，货币当局按经济运行状况合理的表现实施货币政策对于经济运行具有长期稳定作用，而不能利用货币政策追求长期超出潜在产出的经济增长目标，因为扩张货币的长期效益只表现为持续的物价上涨。

（二）国内文献综述

在货币政策效应中，国内学术界主要在通过货币政策变量，如货币供应量、贷款总量、利率等，研究对于物价、经济增长及实际产出的影响，并形成了大量的文献。他们都采用了大量理论和实证方法证明自己的观点。

黄先开、邓述慧[3]（2000）以 1980—1997 年的数据为基础，采用两阶段 OLS 方法分析预期的货币供给增长对产出的效应，结论是货币非中性，即货币供给对产出有影响，且 M_1 对产出正负冲击不存在所谓的非对称性；而 M_2 的冲击则在一定程度上存在非对称性，但这种非对称性与西方国家的情形刚好相反。据此，他们认为最优货币供应规则宜采用相机选择的原则，而不必是单一规则，因为期望的长期产出（潜在产出）不会因货币供给的扰动而改变，但又可以充分利用相机选择原则，通过调节货币供给的增减变化，使短期产出朝着

① BERNANKE, BEN S. Alternative Explanations of the Money - Income Correlation. Carnegie - Rochester Conference Series on Public Policy, 1986（25）：49 - 100.

② 卡尔瓦什. 货币理论与政策 [M]. 北京：中国人民大学出版社，2001：17.

③ 黄先开，邓述慧. 货币政策中性与非对称性的实证研究 [J]. 管理科学学报，2002（2）.

希望的目标波动。

赵昕东、陈飞和高铁梅①（2002）利用国内生产总值、消费品价格指数及相关的货币政策工具变量建立 VAR 模型，并基于 VAR 模型的货币政策冲击理论考察了我国货币政策对我国宏观经济的影响。从实证分析的角度证明了我国货币政策工具变量对我国宏观经济具有明显效果，证明我国实际货币供给增长率的下降导致了经济增长速度的徘徊，而且直接调整利率在我国现有的货币市场的条件下是非常有利的，同时，也证明了货币是造成价格永久变动的重要原因。2002 年，他们三人在《金融研究》（2002）上发表了一篇类似方法的文章，该文利用对 VAR 模型的方差分解问题进行研究，认为货币供给量是货币政策中最重要的货币政策工具变量，并认为政府可以通过给货币政策工具变量不断地冲击，从而促进国内生产总值长期持续增长。周锦林②（2002）建立货币供给和实际 GDP 的双变量 VAR 模型和包含利率在内的多变量 VAR 模型，认为 1994 年至 2001 年，货币呈现"中性"特征，我国货币政策以"货币供给"为中介目标，收不到预期的效果。刘斌（2002）分别利用单方程和多方程的 VARM 模型进行实证分析，发现长期内产出的变化与物价、货币供应量的变化没有必然的关系，货币在长期是中性的，产出的变化主要由实质部门因素确定。

谢赤和邓艺颖（2003）在 SVAR 模型及其推导过程进行介绍的基础上，进一步比较研究了 SVAR 模型在货币政策冲击反应分析、选用最佳货币政策指标分析中的应用，阐述了应用 SVAR 模型对我国货币政策展开进一步分析所提供的思路，并就我国货币政策的有效性进行了实证分析。王欣③（2003）运用协整、向量自回归的 Granger 因果检验以及预测方差分解等方法，对我国 1994—1997 年以及 1998—2003 年第一季度这两个时期货币政策的传导效果进行了实证分析，结果显示货币渠道、信用渠道都对我国的货币政策传导发挥一定的作用，但在第一阶段起主要作用的是信用渠道，而第二阶段起主要作用的则是货币渠道。蒋瑛琨、刘艳武和赵振全④（2005）以 1992 年一季度至 2004 年二季度的数据进行分析表明，20 世纪 90 年代以后，从对物价和产出最终目标的影

① 陈飞，赵昕东，高铁梅. 我国货币政策工具变量效应的实证分析 [J]. 数量经济技术经济研究，2002（7）.
② 周锦林. 关于我国货币"中性"问题的实证研究 [J]. 经济科学，2002（1）.
③ 王欣. 我国货币政策有效性的实证分析 [J]. 财经科学，2003（6）.
④ 蒋瑛琨，刘艳武，赵振全. 货币渠道与信贷渠道传导机制有效性的实证分析——兼论货币政策中介目标的选择 [J]. 金融研究，2005（5）.

响显著性来看，贷款的影响力最为显著，其次是 M_2 和 M_1。徐淑一和欧大军[1]（2005）运用时间序列分析方法对我国 1996 年到 2003 年间的货币政策对经济的影响及其传导机制进行严格的实证分析，结果表明：货币供应量、贷款与工业生产之间有一种长期的协同运动规律。同时运用变量之间的因果关系检验，检验结果得出货币供应量是经济增长的原因，货币供应量也是价格变动的原因，而且，工业增加值反过来还对两个货币政策的传导变量有影响。

冯涛、乔笙和苑为[2]（2006）认为：①货币供给与利率之间存在着相互作用和相互影响的内生关系，正是货币供给量与利率之间这种内生联动效应，才导致了在双重货币政策调控下货币供应量与利率调控目标间的冲突性；②我国对货币供应量实行的是间接调控，对存贷款利率实行的是直接调控，双重调控并行打乱了货币供应量与利率之间的内在联系，降低了货币政策的绩效，中央银行只能优择其一作为中介目标，而不能够同时有效地控制货币量和利率。他们利用 VAR 脉冲检验了这两个结论，并据此提出为实现单一市场化的间接调控，必须加快利率市场化步伐的政策建议。郭田勇（2006）通过理论分析和实证研究，揭示了资产价格与实体经济、通货膨胀之间的关系机理，肯定了资产价格波动对宏观经济、金融稳定的影响和在中央银行制定货币政策中的作用，论证了将资产价格作为货币政策调控目标存在的困难。密切关注资产价格的变化、改进和完善货币政策体系是我国中央银行的现实选择。

高坚和杨念[3]（2007）构建了一个具有中国特色的总供给—总需求模型，并利用季度数据对此进行了估计和检验。他们研究表明：具有凯恩斯特点的总供给—总需求模型能在一定程度上解释中国经济的波动。与此同时，他们对模型的动态稳定性进行了一定程度的数理分析，从而揭示了两大宏观经济政策——财政政策和货币政策对稳定经济的作用。

杨子晖[4]（2008）结合最新发展的有向无环图（DAG）技术，研究了我国财政与货币政策对私人投资的影响，并考察了政策工具在传导过程中的有效性及其动态关系。其研究结果表明，尽管"信贷渠道"在我国货币政策传导中发挥着主导作用，但由于货币到信贷传导环节的断裂，使得"信贷渠道"自

---

① 徐淑一，欧大军. 我国货币政策传导机制的实证研究 [J]. 南方金融，2005（12）.

② 冯涛，乔笙，苑为. 双重调控下的货币政策绩效研究 [J]. 金融研究，2006（2）.

③ 高坚，杨念. 中国的总供给—总需求模型：财政和货币政策分析框架 [J]. 数量经济技术经济研究，2007（5）.

④ 杨子晖. 财政政策与货币政策对私人投资的影响研究——基于有向无环图的应用分析 [J]. 经济研究，2008（5）.

身存在着较大的政策局限性。其利用递归的预测方差分解分析认为其结论是稳健的。在其研究过程中，最新 DAG 技术的运用增进了我们对政策变量与实体经济部门"同期因果关系"的理解，而且克服了 Granger 因果检验等传统研究方法的局限性，进而在很大程度上增强了课题分析框架的有效性与合理性，并为我国未来宏观调控政策的选择与安排提供了一些重要的参考依据。

二、货币政策传导渠道

国内外学者对货币政策传导机制的渠道效应分析研究由来已久，尤其在 1997 年亚洲金融危机后，对此研究更成为学术热点问题之一。经济学理论认为，货币政策的传导途径是多样的，不同的市场衍生出不同的传导渠道。在我国，货币政策传导渠道的理论研究基本上以西方的经典理论为范式，并在此基础上结合我国实际状况进行实证研究，且实证研究也成为大多学者关注的焦点。国内关于货币政策传导渠道效应的研究可以包括以下几个方面：

（一）利率传导渠道和信贷传导渠道

国内大多学者实证研究倾向于认为信贷渠道在我国货币政策传导中起着重要作用，应是货币政策传导的主渠道。诸如王振山、王志强（2000）分别对 1981—1998 年的年度数据和 1993—1998 年的季度数据进行实证分析，检验货币渠道的代理变量 M_1 和信贷渠道的代理变量信贷总额 LOAN 与经济增长代理变量 GDP 间的关系，发现 LOAN 与实际 GDP 间存在长期稳定关系，而实际 M_1 与实际 GDP 间没有长期稳定关系，我国货币政策传导的主渠道仍然是信贷渠道[1]。邢公奇（2002）定量测算了货币变量（M_0、M_1、M_2、利率、国内信贷）与宏观经济变量（GDP、全社会固定资产投资）名义和实际值增长率在 1984—1999 年的变化规律，结论表明我国货币政策主要通过国内信贷配给机制进行传导，而实际利率机制作用效果相对较弱[2]。冉茂盛，莫高琪，廖应高（2004）承认银行信贷渠道仍是我国货币政策传导的主要渠道，在此基础上将我国的贷款总额按还款期限分为短期贷款与中长期贷款，分析金融机构在中央银行货币政策冲击下如何调整信贷政策，及该调整对宏观经济的影响，对我国

---

① 王振山，王志强. 我国货币政策传导途径的实证研究 [J]. 财经问题研究，2000（12）：60 - 63.

② 邢公奇. 我国货币政策经济变量传导的数量效果检验与特征分析 [J]. 陕西经贸学院学报，2002（2）：47 - 50.

货币政策传导中银行信贷渠道的纵深研究进行有益的尝试①。屠孝敏（2005）论证了在现有金融结构条件下，只能采用信贷渠道作为货币政策传导的主要渠道，并指出金融领域改革步伐滞后于整个社会经济改革步伐，导致金融结构与经济结构不协调，是我国货币政策传导渠道不畅的根本原因。深化金融体制改革，建立以货币渠道为主的传导机制才是提高货币政策传导效率的正确途径②。蒋瑛琨，刘艳武（2005）运用协整检验、向量自回归、脉冲响应函数等方法对我国由直接调控向间接调控转轨的1992年一季度至2004年二季度期间的货币政策传导机制进行实证分析。结果表明，20世纪90年代后，从对物价和产出最终目标影响的显著性看，贷款影响最显著，其次 M_2，M_1 影响最不显著，表明90年代后信贷渠道在我国货币政策传导机制中占重要地位。从对物价和产出最终目标影响的稳定性看，M_1 比较持久稳定，其次是 M_2，最后是贷款。基于对最终目标影响的稳定性，货币政策中介目标选择 M_1 优于 M_2，M_2 优于贷款③。盛朝晖（2006）比较分析1994—2004年我国货币政策主要传导渠道效应，发现由于利率尚未完全市场化，经济主体对利率变化的敏感度不如对信贷数量的变化，利率渠道的作用小于信贷渠道，同时指出资本市场传导渠道效应开始显现，汇率传导渠道具有一定的被动性④。此外也有部分学者认为，我国货币政策传导渠道应主要由货币、信贷两大渠道共同构成，如王雪标、王志强（2001）使用误差修正模型对我国1984—1995年的货币政策传导途径进行实证研究，认为货币政策是通过货币和信用两个渠道同时影响经济的，但无法区分哪一个更重要⑤。

　　针对以上结论，一些学者提出不同意见，他们一致认为尽管利率渠道在我国仍受到诸多因素制约，传导效率在某种程度上受阻，但货币政策主要通过利率渠道对实体经济产生作用，其作用越来越明显。高铁梅（2002）采用 VAR 和脉冲响应函数对1991—2000年的实际的 M_1、LOAN 和 GDP 的季度数据进行

　　① 舟茂盛，莫高琪，廖高高. 中国银行信贷对货币政策的脉冲响应分析 [J]. 重庆大学学报：自然科学版，2004 (2).

　　② 屠孝敏. 经济结构、金融结构与我国货币政策传导机制研究 [J]. 金融与经济，2005 (2).

　　③ 蒋瑛琨，刘艳武，赵振全. 货币渠道与信贷渠道传导机制有效性的实证分析——兼论货币政策中介目标的选择 [J]. 金融研究，2005 (5).

　　④ 盛朝晖. 中国货币政策传导渠道效应分析：1994—2004 [J]. 金融研究，2006 (7).

　　⑤ 王雪标，王志强. 财政政策、金融政策与协整分析 [M]. 大连：东北财经大学出版社，2001：27-31.

实证研究，认为货币渠道比信贷渠道对 GDP 的作用更大①。孙明华（2004）运用单位根检验、协整检验、格兰杰因果关系检验、向量自回归模型等技术，对我国从 1994 年一季度至 2003 年一季度间的数据进行实证，指出 M_1、*LOAN* 和 GDP 以及 M_2、*LOAN* 和 GDP 间存在稳定关系，我国货币政策是通过货币渠道而非信贷渠道对实体经济产生影响②。方先明、孙漩（2005）实证研究结果表明：我国货币政策的利率传导渠道是低效的，货币政策整体上却有效。这从侧面证明：相比于其他几个货币传导渠道，利率传导渠道受阻较严重，同时还存在时滞效应，并指出解决该问题的主要方法是实现利率的市场化③。刘军（2006）以 1978—2004 的年度数据为基础，对改革开放以来货币政策传导机制有效性进行深入研究，认为利率渠道和信贷渠道都发挥了作用，M_2 增长率、贷款余额增长率对经济增长率存在长期影响。相对讲，利率渠道在货币政策传导中占更重要地位，对国民经济的影响更大④。李琼、王志伟（2007）采用1993—2006 年季度数据实证表明信贷渠道只是货币政策传导的辅助渠道，而利率渠道随着利率市场化进程的深入，将成为货币政策传导的根本途径⑤。楚尔鸣（2007）用 *VEC* 模型对我国 2000—2005 年月度数据实证研究，表明货币供给量 M_2 的增减很难引起实际利率变动，而实际利率的变动也不是引起固定资产投资和消费变动的主要原因，说明货币政策利率传导渠道存在"梗阻"⑥。吴伟军（2008）对 1992 年一季度至 2006 年四季度期间的货币政策传导机制实证研究结果表明货币渠道和信贷渠道在我国货币政策实施中共同起作用；货币渠道对经济增长的实现要强于信贷渠道，但信贷渠道更有利于物价稳定；其通过对 1998 年前后的样本进行格兰杰因果分析发现，货币渠道在货币政策传导过程中发挥的作用越来越明显，而信贷渠道的作用则相对下降⑦。

（二）资产价格传导渠道

随金融体制改革深化，股市发展迅速，资产价格渠道作用渐显端倪。在资

① 高铁梅，陈飞，赵昕东. 我国货币政策工具变量效应的实证分析 [J]. 金融研究，2002 (10).

② 孙明华. 我国货币政策传导机制的实证分析 [J]. 财经研究，2004 (3).

③ 方先明，孙漩，熊鹏，张谊浩. 中国货币政策利率传导机制有效性的实证研究 [J]. 当代经济科学，2005 (4).

④ 刘军. 货币政策传导机制有效性的实证研究 [J]. 统计与信息论坛，2006，21 (5).

⑤ 李琼，王志伟. 中国货币政策传导机制：实证检验的再考查 [J]. 南方金融，2007 (4).

⑥ 楚尔鸣. 我国货币政策利率传导有效性的实证研究 [J]. 湖南师范大学社会科学学报，2007 (3).

⑦ 吴伟军. 转轨时期中国货币政策传导机制有效性的实证研究 [J]. 江西社会科学，2008 (2).

产价格传导渠道研究上，大部分研究多关注于股市，对房市的研究甚少。尽管我国金融市场尚不完善，使资产价格渠道成为货币政策传导的重要渠道尚不现实，但随着该方面研究的深入，大量学者对我国股市与货币需求间的关系不断探讨，得出了一些宝贵结论。

部分学者认为我国股市与货币需求变化间存在密切关系且已对货币需求产生了一定影响，诸如王志强和段谕（2000）对1991—1998年间季度数据分析后发现，股指对货币需求的解释能力有增强趋势[①]。石建民（2001）以1993—2000年季度数据为样本研究发现，随股市规模扩大，股票交易量的增长对货币需求函数产生了实质性的影响[②]。陈晓莉（2003）通过对货币供应量与股价间的长期关系和短期关系进行分析，认为以沪指反映的股价与 M_1 间不仅存在长期均衡关系，而且短期内的因果关系也非常明显[③]。

不过，大部分学者通过对资产价格传导机制在我国的有效性进行实证分析表明，由于股市起步较晚且受多种因素制约，使该机制在我国仍然弱效。李振明（2001）分析了1999年5·19井喷行情，发现即使股市的本轮井喷上涨也没能使居民消费支出明显增加[④]。高莉、樊卫东（2001）以1992—2000年年度数据为样本，研究结果发现我国股市财富效应并不显著，且各时期还具有较大的不稳定性[⑤]。魏永芬、王志强（2002）[⑥]通过对1992年1月~2001年9月的消费、投资和股指的月度数据进行研究，胡援成、程建伟（2003）[⑦]通过对1996—2001年 M_0、M_1、名义利率、实际利率和两市流通总市值的季度数据研究均得出相同的结论：我国的股市不具备财富效应。同样，楚尔明（2005）认为我国货币政策只有通过货币供应量作用于证券市场的效应明显，而传导过程中的"q 效应""财富效应"等并未充分发挥作用。余元全（2004）[⑧]、李娟

① 王志强，段谕. 股票价格与货币需求关系的实证分析 [J]. 东北财经大学学报，2000（3）：49-52.

② 石建民. 股票市场、货币需求与总量经济：一般均衡分析 [J]. 经济研究，2001（5）.

③ 陈晓莉. 我国股票价格与货币政策关系的实证分析 [J]. 经济理论与经济管理，2003（12）.

④ 李振明. 中国股市财富效应的实证分析 [J]. 经济科学，2001（3）.

⑤ 高莉，樊卫东. 中国股票市场与货币政策新挑战 [J]. 金融研究，2001（12）.

⑥ 魏永芬，王志强. 我国货币政策资产价格传导渠道的实证研究 [J]. 财经问题研究，2002（5）.

⑦ 胡援成，程建伟. 中国资本市场货币政策传导机制的实证研究 [J]. 数量经济技术经济研究，2003（5）.

⑧ 余元全. 股票市场影响我国货币政策传导机制的实证分析 [J]. 数量经济技术经济研究，2004（3）.

娟（2005）① 通过不同的方法均得出由于股市传导渠道不通畅缘故导致货币政策传导效率不高的结论。

近年来，尽管股市对货币传导的作用日益增强，但仍存在一些制度上的问题，使其作用仍不同程度地受到制约。陈平（2008）指出信贷渠道在货币政策传导中仍居首要地位，货币市场具有不稳定性，股市对经济发展作用凸显，股市传导货币政策的功能逐步加强，中央银行制定货币政策时必须考虑股市②。杨盛昌（2007）认为股市虽历经股权分置改革，但仍存在一些诸如上市制度、信息披露制度不健全等缺陷，一定程度上导致货币政策传导不通畅，股市对货币政策的传导效率低下。王婧（2008）认为股市与货币政策间存在互动关系，但其实际效果与股市的制度基础、市场规模及资本市场与货币市场的一体化程度等因素密切相关，目前我国股市在货币政策传导中的作用不充分，有待进一步改进③。

（三）汇率传导渠道

在货币政策有效性与汇率制度选择的相关性方面同样取得了一些值得关注的结论。迄今为止，国内外相当部分学者均承认浮动汇率制度下货币政策具有独立性。但邓乐平、冯用富等（2002）用货币替代效应解释了开放经济中，浮动汇率制度下一国货币政策必将缺乏独立性，且在我国金融渐进开放背景下，我国外币实际余额的初始存量与外币需求弹性的增大，将使我国货币政策独立性大大地减弱④。邱崇明（2005）在支持该观点基础上提出了遏制货币替代的两个方面：利率市场化改革，协调内外利率；M_2 口径中应该将外币纳入。中国人民银行西安分行课题组（2007）在回顾新中国成立 50 多年来人民币汇率形成机制演变历程后，采用比较静态方法，全面分析了科学的汇率形成机制对疏通货币政策传导机制的影响。

通过以上认识，可看出由于实证研究方法、数据变量选择及样本区间选取的不同，使得我国货币政策传导渠道的研究得出的结论成百家之言。但可肯定的是，在对我国货币政策货币传导渠道与信贷传导渠道的对比分析中，大部分研究结论都承认银行信贷渠道在我国货币政策传导机制中起着至关重要的作

① 李娟娟，杨毅. 我国股票市场对货币政策传导效率研究 [J]. 金融理论与实践，2005 (2).

② 陈平. 股票市场对货币政策传导机制影响的实证研究——基于脉冲响应函数和方差分解的技术分析 [J]. 南方金融，2008 (6).

③ 王婧. 论资本市场对货币政策的影响 [J]. 经济研究导刊，2008 (14).

④ 邓乐平，冯用富，晋重文. 浮动汇率制度下货币政策的独立性 [J]. 金融研究，2002 (3).

用。基于此，有必要对银行信贷渠道的相关理论进行总结。

（四）银行信贷传导渠道

银行在货币政策的传导过程中扮演了重要角色，衡量银行信贷渠道是否有效的关键是看货币政策是否会对银行的贷款供给产生影响。

最早对银行信贷渠道进行研究的是 S. King（1986），他得出了货币总量比银行贷款能更好地预示未来产出。Romer 和 Romer（1990）以及 Ramey（1993）也得出了同样的结论。Romer 和 Romer 对此的解释是：由于政策引起的银行储备萎缩将导致银行的负债（存款）和资产（贷款）同时萎缩，而银行部门资产负债表上两边都萎缩了，因此难以把产出的下降归咎于货币渠道或是信贷渠道，或者两者同时负有责任。所以银行信贷渠道在货币政策传导过程中并不真正发挥作用。

针对上述问题，西方经济学家也提出了不同的观点。Bernanke 和 Blinder（1992）利用 VAR 的方法，检验了美国联邦基准利率提高后对银行信贷、证券和存款的脉冲响应函数，发现货币政策出现紧缩之后，银行信贷总量也会显著减少，这是银行信贷渠道存在的重要信号。他们得到了如下结论：在信息不对称的环境下，银行贷款与其他金融资产不可完全代替，特定借款人的融资需求只能通过银行贷款满足，因此，商业银行资产业务和负债业务同样具有独特的政策传导功能，且货币当局可以通过货币政策的运作降低银行准备金规模，客观上限制商业银行的贷款供给，使依靠银行贷款的企业和个人的贷款成本增加，资金需求得不到满足，从而使其支出水平下降，进而带来总需求的减少。因此，银行信贷渠道发挥了作用。除此以外，Kashyap，Stein 和 Wilcox（1993）通过数量模型证明了银行信贷渠道的存在，发现货币政策紧缩造成商业银行信贷下降的同时，商业票据却大大增加，这印证了银行信贷渠道理论的观点，即此时是信贷供给而非信贷需求的减少。他们认为银行信贷渠道的存在必须满足三个条件：一是银行贷款与证券之间的不可替代性；二是经济中存在一些依赖银行贷款的企业；三是价格黏性，即价格不随货币供应迅速充分地调整。在满足以上三个条件的情况下，银行信贷渠道可以发挥在货币政策传导过程中的作用。

Kashyap 和 Stein（2000）最早利用银行微观数据来研究货币传导机制，他们发现银行的资产负债表流动性越低，货币政策影响银行信贷的行为就越强。Kakes 和 Sturm（2002）、De Haan（2003）以及 Hlusewig 等（2006）对德国与荷兰的实证研究表明，中央银行能够显著地影响商业银行信贷行为，且由此产生的信贷冲击引起了实际产出的波动。

国内学者关于银行信贷传导渠道的研究，近年来主要结合我国金融市场机制的不完善和存在的缺陷，基于银行信贷传导渠道中的"银行"角度进行。刘斌（2005）利用我国商业银行的实际数据，从机构和总量数据两方面研究了资本充足率对我国贷款、主要经济指标及货币政策传导的影响。徐明东等人（2008）利用1998—2007年期间中国14家商业银行数据，对 Kopecky - Van-Hoose（2004a）理论模型进行简化的基础上分析了资本充足率约束对银行信贷资产配置影响的微观机制，他们得出资本充足率约束引起的银行"惜贷"和"主动信贷"行为是解释2004—2007期间我国银行信贷波动的重要原因的结论。许小仓（2009）通过观察14家中国商业银行1995—2007年间的面板数据，通过银行三个特点的横截面数据分析，研究了具有不同特点的银行对货币政策冲击的反应，发现拥有更多的流动性和充足的资本的银行对货币政策的冲击的反应更小，受其影响更小。

三、货币政策传导的区域效应

（一）国外研究动态

国外学者从理论和实证的角度证实了不管是发达国家还是不发达国家都存在货币政策区域效应问题。Scott（1955）通过比较了美国不同行政地区和不同组别银行的自由储备的时间变动，表明公开市场操作在从中心市场向周边的其他地区传导的过程中存在明显的时滞现象，Scott 的文章是最早证明货币政策传导存在区域效应差异的文献。

根据传统货币理论，货币政策实施后在全国应该会产生一致的效应，这种观点忽略了单一货币区内经济金融的不平衡性，直到 R. A. Mundell（1961）开创最优货币区理论，经济学家们才逐渐打破惯性思维，开始关注货币政策的区域差异性。20世纪70年代以来，美国经济学界开始涌现对货币政策区域效应的实证分析。Toal（1977）的研究发现，美国存在货币政策区域效应。美国的东南部、五大湖区、中部地区对货币政策反应较为显著，而其他地区则反应相对不明显。Fishkind（1977）检验了美国货币政策对印第安纳州经济的非对称性作用。Carlino 和 Defina（1998）通过结构性向量自回归模型（Structural Vector Auto Regression Model），认为货币政策冲击对不同地区的影响存在差异，而这些差异主要归因于产业结构的不同。

在欧洲中央银行成立前后，统一货币政策是否会在成员国间产生不同的影响引起了学者们的极大关注。Carlo Altavilla[①]（2000），Volker Clausen[②]（2002），Bernd Hayo[③]（2002）对欧洲货币联盟（EMU）统一货币政策进行研究，认为 EMU 国家存在结构性和周期性差异，通过运用 *SVAR* 模型进行研究发现货币政策在成员国内存在非对称性冲击。

欧元诞生以后，货币政策区域性非对称效应的研究，在欧洲掀起了一股热潮。Peersman 和 Smets（2002）通过对欧洲 7 个区域的研究，总结出货币政策无论在经济萧条或者繁荣阶段，都存在显著的区域效应。Huchet[④]（2003）分析了 EMU 中两类货币政策冲击的非对称反应：预期到的和未预期到的货币政策冲击、扩张的与紧缩的货币政策冲击对各国产出水平的非对称性影响，结果发现，只有未预期到的单一货币政策冲击才会对欧洲各国的经济产生影响，而扩张与紧缩货币政策的冲击则存在地理上的非对称性。

对产生货币政策区域效应的传导问题，学者们也进行了更加细致深入的研究，并大致归纳出三方面的原因：各地区在产业结构、企业结构和金融结构方面的差异都影响了它们对货币政策的敏感度，从而造成了货币政策的区域效应。在 Bernanke 和 Blinde（1988）研究的基础上，Borio（1996）、Kashyap 和 Stein（1997）等人对 EMU 各国金融中介的差异、企业与居民户的负债水平与结构等因素导致欧元区各国单一货币政策的信贷传导渠道的国别差异进行了分析。

在利率的敏感性方面，Carlino 和 Defina（1996，1999）运用结构向量自回归模型对美国 48 个州 1958—1992 年的季度数据进行了分析，发现不同产业对利率的敏感性存在较大差异，而且利率渠道是货币政策区域效应出现的主要原因。Gerlach 与 Smeets（1995）、Barran（1996）、Britton 与 Whitley（1997）承担的英格兰银行的一项研究，Ramaswany 与 Sloek（1997）承担的 IMF 的研究也得出了相似的结论。他们的研究发现，如果信贷成本是货币政策传导中的一个重要因素，则贷款利率的趋同与否对货币政策的非对称效力将产生根本性的影响。Luigi（2002）指出不同国家固定资产投资对产出的比例不同，比例越

---

① CARLO ALTAVILLA. Measuring Monetary Policy Asymmetries across EMU Countries. Federal Reserve Bank of ST · LOUIS, Working Paper, 2000（5）.

② VOLKER CLAUSEN, BERND HAYO. Asymmetric Monetary Policy Effects in EMU, ZMI. Working Paper, 2002（3）.

③ HAYO B, B UHLENBROCK. Common Money, Uncommon Regions, Kluwer Academic Publishers. Forthcoming, 1999.

④ MARILYNE HUEHET. Does Single Monetary Policy Have Asmmetric Real Effects in EMU. Journal of Policy Modeling, 2003（25）：151 – 178.

高的国家对利率的敏感程度就越高，如德国。同时，利率会影响汇率，而不同国家贸易模式的差异导致不同国家对欧元汇率的敏感程度差异，货币政策对他们的影响效果大于其他国家，如法国和德国。

在借款人净值理论方面，Jappelli（1989）研究了不同国家的储蓄模式，表明意大利和比利时的家庭负债比例较其他国家低，从这一角度看，在意大利和比利时，货币政策通过借款人净值渠道发挥的作用会较小。Kumar（1999）研究发现，典型的英国企业的规模大于欧洲大陆国家的企业规模，其中，意大利、荷兰和西班牙的企业规模较小。而企业越小，融资能力就越弱，货币政策通过借款人净值渠道发挥的作用也越大。Owyang 和 Wall（2004）指出，大企业可以选择多种渠道进行融资，而小企业往往将银行信贷资金作为唯一的融资渠道，因此货币政策对小企业集中的地区影响更大。

在信贷传导渠道的实证研究方面，Anil Kashyap 和 Jeremy Stein（1993，1994）发现，金融结构的不同带来融资能力上的区别，大银行相比小银行具有更好的风险抵抗能力，可以付出相对低廉的成本来寻找融资对象，因此大银行多的地区比小银行多的地区能够更好地应对货币政策的冲击。Cecchetti（1999）指出，一般来说大企业往往有几家银行的信贷支持，而小企业则更多依靠一家银行，因此，中小企业占比较大的意大利、荷兰和西班牙等国家货币政策通过信贷渠道发挥的效力更强。

金融市场的作用机制也对货币政策的区域效应有重要影响。各国货币政策传导机制上的差异会引起单一货币政策效果的国别差异。Peersman（1997）、Montieelli 和 Tristani（1999）及 Ehrmann 和 Wehinger[1]（2000）等人对此进行了深入的研究。其中，Ehrmann 和 Wehinger 运用结构向量自回归的方法分析，发现了 EMU 各国货币政策传导机制的显著差异。Clausen（2002）进一步分析了 EMU 货币政策传导机制的非对称性。他运用反映欧盟各国金融、产品及劳动力市场变化的主要宏观经济指标，对各国货币政策传导渠道的差异所引起的单一货币政策传导效力的非对称性进行了估计。Gambacorta[2]（2002）的研究发现，金融结构的差异会导致货币政策效力地理上的差异性。如果构成货币联盟的各国货币政策传导渠道是非对称的，则能够对各国金融失常信息做出积极反应的货币政策会产生很大的政策效力。Aarle、Garretsen 和 Gobbin（2003）

---

① M EHRMANN. Comparing Monetary Policy Transmission across European Countries. Welt wirt schaftl icges Archiv, 2000（1）：58－83.

② LEONARDO GAMBACORTA. Asymmetric Bank Lengding Channeils and ECB Monetary Policy. Economic Modeling, 2002（20）：25－46.

则从更全面的角度对这一问题进行了分析。他们的分析模型包括了对 EMU 货币政策传导机制的分析以及总供给、总需求冲击与宏观经济政策变动对实际产出、物价、利率及财政平衡的影响。分析结果表明,货币政策变动所引起的 EMU 各国经济的调整存在着显著的差异,各国宏观经济政策工具之间的相互依赖性也存在着显著的国别差异。这说明共同货币政策工具对 EMU 各国产出水平、物价及财政平衡的影响是非对称的。

受这些研究的影响和启发,国外有学者开始研究比较货币政策在欧盟成员国以外的国家所产生的差异化影响,Bernanke B、Gertler M[1] (1995)、Cecchetti S[2] (1999) 以英国、德国和意大利为例,研究了企业结构和银行结构对货币政策的影响,认为以小企业和小银行为主体的国家对货币政策的反应比较大,相比德国和英国而言,意大利货币政策产生反应的时间要慢,强度也小。Hallett and Piscitelli[3] (1999) 以德国、法国和意大利为例对这一问题进行研究,得出了大致相同的结论。也有学者开始研究货币政策在一个国家内部不同区域的差异化影响。George Georgopoulos[4] (2001) 考察了加拿大统一货币政策的区域影响差异,Michae T. Owyang, Howard J. Wall[5] (2004) 运用区域 *VAR* 模型进行研究,发现货币政策冲击在美国各区域间存在很大的差别。

(二) 国内研究现状

国内学者对于货币政策区域性效应的关注较晚,一直到改革开放后,戴根有 (1994) 第一个提出货币政策在不同地区应该区别对待的问题。随着我国地区间经济金融发展差距的拉大,逐渐有越来越多的学者开始关注这个话题,但很多都是从理论研究的角度来探讨货币政策的区域效应。张志军 (1999) 认为宏观金融政策不应是简单的、统一的,而应根据各时期、尤其是各地区的经济金融实情实行区域化、多样化。戴根有 (2001) 认为货币政策传导机制降低了货币政策有效性,应该有针对性地对局部地区实施特殊化的金融政策。

---

① BERNANKE B, GERTLER M. Inside the Black Box: the Credit Channel of Monetary Policy Transmission. NBER Working Paper . 1995.

② CECCHETTI S. Legal Structure, Financial Structure, and the Monetary Policy Transmission Mechanism. FRBNY Economic Policy Review. 1999 (5).

③ HALLETT A, PISCITELLI L. EMU in reality: the effect of a common monetary policy on the economies with different Transmission Mechanisms, CEPR Discussion Paper . 1999.

④ GEORGE GEORGOPOULOS. Measuring Regional Effects of Monetary Policy in Canada. International Advances in Economic Research , 2001 (7).

⑤ MICHAE T OWYANG, HOWARD J WALL. Structural Breaks and Regional Disparities in the Transmission of Monetary Policy. Federal Reserve Bank of ST. LOUIS Working Paper, 2004 (6).

耿同劲（2003）从影响我国货币政策有效性的机制角度和区域因素，覃道爱（2004）从区域经济和金融结构的角度，进行了较深入的分析，提出了有价值的货币政策区域差别化主张。徐联初（2003）指出，中央银行分支行在总行的统一信贷政策下，有必要作一些尝试制定符合区域经济发展实质的区域信贷政策。

而对于货币政策区域效应的实证检验直到 2000 年才开始陆续出现。王振山，王志强（2000）从实证的角度出发采用协整检验和 Granger 因果检验方法，分别对我国 1981—1998 的年度数据和 1993—1998 年的季度数据进行了实证分析，对我国货币传导途径进行研究，实证结论是无论是在 80 年代还是 90 年代，信用渠道都是我国货币政策的主要传导途径，而货币渠道的传导作用不明显。

王剑、刘玄（2005）首先应用时间序列计量模型深入考察了货币政策的行业效应，结果显示货币政策冲击对行业经济的影响程度存在较大差异，总量货币政策难以取得预想的效果。接着根据 1997 年 1 月至 2004 年 8 月的样本数据对货币政策传导的地区差异问题作实证研究，结论表明东部地区在货币政策传导速度和深度上都大大优于中西部地区。范祚军、洪菲（2005）运用 VAR 模型及脉冲响应函数对广西的数据进行实证研究，得出货币政策执行效果在区域间存在明显差异的结论。宋旺（2005）以最优货币区理论为基础研究了货币政策区域效应，并将全国分为中、东、西三个地区进行了实证研究，结论显示货币政策的冲击对东部地区的影响最大、中部次之、西部最小。丁文丽（2005）的博士论文也以此为题，运用理论推理并结合实证检验，运用 VAR 模型，描述了我国统一货币政策效力和区域金融二元结构的矛盾。并提出了货币政策差别化的主张。丁文丽在 2006 年基于菲利普斯—罗利坦的动态分布滞后模型，运用协整关系检验和因果关系检验表明我国各区域之间的货币供给量和信贷供给量对经济增长的推动作用由西向东依次递减。

四、已有的文献对我们研究的启发

（一）有效性和最终目标效应研究方面

随着对货币政策效应研究的不断深入，各主要理论学派是一个逐步继承发展并且不断融合的过程。对货币政策产出效应的一般共识认为货币政策在长期内影响价格和名义产出，而对真实产出没有影响，但是在短期内对实体经济具有持续的影响。在普遍共识基础之上，近期国外在这一领域的研究主要集中于两大领域：第一，运用现代的经济学分析方法和基本理论模型继续对货币政策效应研究，进一步就货币中性这一基本经济理念分析和解释；第二，将目光转向了货币政策传导的机制和微观基础的研究，并期望提出关于货币政策有效性的观点。20 世纪 80 年代，中国货币政策理论研究较少，且比较重视货币需求和货币供给；90 年代，经济迅速发展，我国宏观调控政策经历了重大改革，出现了许多对货币政策最终目标、中介目标选择和政策工具的研究。就目前而言，我国货币政策理论研究存在这样一个事实，即关于货币政策最终目标效应的基础性研究很少，已有的也远没有达成共识。在此情况下，研究金融结构与货币政策传导机制的问题就缺乏基础支撑，其研究意义也将受到限制。

另外，由于西方国家市场经济发展比较完善，其经济体制，国际背景和国内经济发展比较成熟，各经济变量之间存在着比较稳定的理论关系，但是中国的经济结构由于经济改革、各种各样的外界冲击和政策变化等因素的影响不断发生变化。所以那些经典分析框架和模型在中国的适用性将是我们研究的重要内容之一。

在我国理论界，对货币政策最终目标效应这一基本问题的研究不够系统和深入，而且对 $AD-AS$（总供给—总需求）等经典的基础宏观经济分析框架在中国的适用性分析，且将这一框架与现代计量经济模型结合的政策最终目标效应研究更不多见，这些都给本研究留下了研究空间。

（二）货币政策传导渠道研究方面

在此方面的文献，可看出由于实证研究方法、数据变量选择及样本区间选取的不同，使得我国货币政策传导渠道的研究得出的结论成百家之言。但可肯定的是，在对我国货币政策货币传导渠道与信贷传导渠道的对比分析中，大部分研究结论都承认银行信贷渠道在我国货币政策传导机制中起着至关重要的作用。

目前，随着我国经济环境的不断改善，货币政策传导渠道逐渐趋于多元化，利率传导渠道、资产价格传导渠道、汇率传导渠道等作用逐渐显现，不少学者对单一传导渠道的效力进行了深入研究，结论也是各有差异。

通常认为货币政策传导渠道研究应该是一个完整的过程，包括内部传导与外部传导。现有文献中在对货币政策传导渠道进行研究时并未对传导渠道的范围予以界定。通过文献阅读发现，已有的对外部传导渠道的研究不是很深入，在实证研究中，对于单一渠道的分析多数仅仅是定位于中介目标到最终目标这两个变量，忽视传导过程中的具体环节，使得结果存在一定的片面性，同时也难以清晰地认识各渠道在传导过程中所发挥的具体作用。

此外，在对我国货币政策传导渠道进行分析时忽略了一个最重要的问题，即对各传导渠道的媒介市场（如利率市场、汇率市场、债券市场等）的分析。我们认为，对货币政策传导渠道媒介市场的分析是很必要的，因为媒介市场是货币政策经过各传导渠道时发挥作用的基础，如果缺乏对货币政策传导渠道中媒介市场的充分认识，则会使得研究的深入分析不够，另外也会涉及指标选取不明确等问题。只有把握了各媒介市场的实际状况，采用定性分析与定量分析相结合的方法去研究货币政策传导渠道，才更能找出货币政策传导渠道受阻的原因。

（三）金融中介微观结构与货币政策传导方面

在货币政策的有关文献中，专门对微观结构特征的研究文献相对较少，而多数是渗透在传导渠道研究的文献中。从货币政策传导的渠道研究文献中，我们大致可以了解目前国内外在这方面的研究现状。所以，我们从信贷渠道的文献中可以得到一些关于商业银行的结构特征与货币政策的关系方面的启发。

关于我国大部分的学者都得出了信贷渠道在我国货币政策传导过程中有效的结论。但是关于货币政策的银行信贷渠道，即主要从银行贷款供给的角度来考察货币政策传导的文献非常缺少；货币政策是如何通过银行等金融机构来影响信贷供给这一过程在文献中也几乎没有提及和推导。究其原因，一是由于货币政策的传导与商业银行之间关系的理论较少，二是对于我国微观主体的研究尚处于探索阶段，这使得从银行供给的角度考察货币政策的传导在理论支撑上和实际可行上都存在一定的困难。

在我们的分析中，将对以上问题进行详细的阐述和论证。银行贷款的供给者，即银行在金融体系中具有特殊的作用，它在解决信贷市场的信息困难和其他摩擦方面存在着不可替代的优势。因此，研究货币政策传导与商业银行的中介作用显得非常必要。关于金融机构如何在信贷传导渠道中发挥着重要的中介作用值得我们探讨，这也是银行信贷渠道在我国存在的首要条件。

（四）区域效应方面

从已有的研究成果可以看到，就货币政策传导机制而言，国内学者多数都认为信贷配给机制是我国货币政策传导的主要途径；就货币政策效果的地区差异而言，对该问题开展研究的学者都认为这种差异是存在的。就微观主体来说，货币政策涉及的微观主体众多（中央银行、居民、企业等），限于篇幅的局限，从微观基础的角度来研究货币政策区域效应的学者都没有全面地讨论各微观主体行为对货币政策的影响，仅限于居民储蓄或者企业，同时很容易将重点放在描述微观主体的特征上，没有突出微观主体行为对货币政策效应的反映差异。

从目前的研究现状来看，针对全国范围的实证检验，大多是从某一个渠道的角度出发进行的研究，一般是利率渠道或者是信贷渠道，以信贷渠道居多。另外，大部分实证都只是证明了货币政策区域效应的存在性，并没有利用实证结果进一步深入探讨货币政策区域效应的不同表现特征和传导机理，由此得出的结论和建议难以超出前人理论研究讨论的范围。

在货币政策传导的区域效应研究中，一般都是把我国划分为东中西三大经济区，研究货币政策在这三大区域之间的政策效应的差异性，因为区域之间的各个省市的经济金融发展也存在不平衡性，分成三大区不能很好地反应货币政策传导到各省的具体区域效应的表现。我们认为从三大区域分析货币政策传导存在以下不足，由于各个省市经济发展的不平衡，使得货币政策在传导中相对各个省市存在着差异，但三大区域掩盖了区域内部各省市的这种差异性。因此，我们从省市自治区出发，选用现代计量经济学方法中的面板数据模型进行研究，这样的选择更符合我国的实际。

我国货币政策区域效应的研究还不够成熟，研究的广度和深度都还不够，因此十分有必要作进一步的尝试。我们在前人的研究基础上，基于最优货币区理论和我国区域金融差异，从货币政策传导机制出发来研究货币政策的区域效应，通过最优货币区的检验和对我国区域金融的分析，对我国货币政策传导的区域作出初步判断，然后从货币政策传导机制研究我国货币政策的传导渠道，得到产生区域效应的最显著的渠道，进一步使用面板模型来对全国 30 个省、市、自治区的区域效应进行实证分析，提出具体可行的建议与对策。

通过分析，本书力求在已有文献的基础上进行更深入地研究，以期一方面为后续研究提供参考和实证基础，另一方面为货币当局宏观调控决策提供实证支持。

第三章 货币政策传导最终目标效应分析

第一节 宏观经济理论分析框架构建与动态分析

虽然经典的 $AD-AS$ 模型建立在一定的假设基础上，是对现实经济规律的高度抽象和概括，但多数经济学家仍然偏爱 $AD-AS$ 的总量分析方法的实用性，如索洛[①] (1997)、布兰查德 (1997) 均认为 $AD-AS$ 仍然是目前分析宏观经济短期波动与政策效应的公认的核心之一，而且当前西方许多研究部门也仍然在使用和依据 $AD-AS$ 方法建立复杂的结构模型。无论理论分析还是实证检验，经典的西方宏观经济理论对于我国货币政策效应的研究具有很重要借鉴意义。但是目前国内研究多为传导机制研究，且侧重于货币政策通过某一渠道影响宏观经济的分析，而很少从整个宏观经济框架的角度分析货币政策效应。

另外，西方国家市场经济发展的比较完善，其国内经济，国际背景和经济体制发展比较成熟，其各经济变量之间存在着比较稳定的数量关系。但是中国的经济结构由于经济改革、各种各样的外界冲击和政策变化等因素的影响发生了且正发生巨大的变化，不加分析地用西方经济模型和框架来认识中国问题，是难以准确地衡量处于经济体制改革中的中国宏观货币政策的效应。

故本部分将分析和讨论符合中国实际的现代宏观经济分析框架，并在此框架之上利用动态分析方法分析我国货币政策的最终目标效应。

一、西方宏观经济框架与中国经济特点分析

长期以来，凯恩斯的 $AD-AS$ 模型在西方经济学界已被广泛用于学术和政

[①] ROBERT M SOLOW. Is There a Core of Usable Macroeconomics We Should All Believe In?. The American Economic Review, 1997, 87 (2): 230 - 232.

策研究。与此同时，随着经济学理论研究的发展和西方国家宏观经济体制和环境的变化，出现了传统的 AD-AS 模型的各种不同的变形和改进，其中一个重要改进就是将传统静态模型动态化。目前，AD-AS 的现代分析框架主要分为新古典学派和新凯恩斯学派，它们差别主要体现在关于对市场经济的不同理解。新古典学派认为市场经济是完全竞争型的，且其更注重微观基础的研究，而新凯恩斯主义的研究也已经为凯恩斯理论中的个别行为方程提供了一定的微观基础，但我们必须认识到凯恩斯的其他理论仍然缺乏微观基础。

我国改革开放提出在社会主义国家建立市场经济体系，三十年来我国市场经济体制不断完善，取得了举世瞩目的经济成绩，但与西方市场经济相比，中国市场经济仍远不够完善，不完全竞争、垄断及信息传递的非完全性依然存在。中国处于加速工业化和城市化进程中，城市里有大量从农村转移来的剩余劳动力。劳动力市场上存在着大量的剩余劳动力、城乡二元经济也都是中国经济的特点。同时，正如许多学者所指出的，中国经济高增长是由投资高增长所推动的。高投资意味着生产能力的扩大，相对于大量的产品国内消费仍显不足，经济对外贸依赖程度过高。中国经济状况表明，中国目前的市场经济更有如凯恩斯理论体系下供给过剩的非均衡市场经济的特点。正因为如此，新凯恩斯学派以需求分析为核心的宏观经济理论框架更适合于中国。

另一方面，新古典主义重新综合宏观经济学的理论努力是富有成效的，也逐步发展了不确定条件下一般均衡分析的动态方法，然而在纯学术范围外的扩散相当有限。实践中，许多政府机构和研究机构所采用的政策分析和预测的宏观计量模型大多具有凯恩斯特点，如 MPS 模型和 DRI 模型。

综上，从中国实际和国际实践经验来看，我们更倾向于采用具有中国特色的新凯恩斯学派宏观经济框架分析货币政策效应，但并不表示将古典分析框架全盘抛弃。

二、AD-AS 模型在中国的应用

（一）AD-AS 基本框架

依据传统凯恩斯的 AS-AD 模型，货币供给是经济系统外生的，由中央银行通过调控货币政策控制。货币需求决定于社会公众的三个基本动机，即预防性动机、交易性动机及投机性动机。LM 曲线则表示货币市场供给和需求均衡时利率和产出关系。由简单国民收入决定理论可知，支出法核算的总产出等于国民总收入，进而得到 $I=S$（I 代表投资，S 代表储蓄），再结合投资函数就可推导出 IS 曲线，其表示产品市场均衡时的利率与产出关系。LM 曲线和 IS 曲线共同决定总需求（*AD* 曲线），总需求曲线表示货币市场和产品市场同时达到均衡时的产出和价格的负向关系。总供给（*AS* 曲线）则表示要素市场（劳动力市场）的均衡的价格和产出的关系。总供给与总需求共同决定经济均衡下的产出与物价。所以在宏观经济 *AD - AS* 框架下，货币政策影响最终目标的基本过程如下图所示：

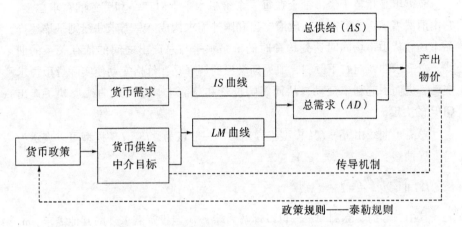

图 3 - 1　货币政策最终目标效应分析框架图

注：图 3 - 1 并不是表述一个货币政策各种目标之间传导机制，而仅仅是在 *AD - AS* 框架下货币政策影响最终目标的基本过程。

在图 3 - 1 所示框架中，货币政策产出效应和价格效应大致是这样一个过程，首先，中央银行货币政策变动（政策工具）到操作目标、中介目标，这过程存在货币供给是否外生的问题；其次，一般地假定货币需求在非流动性陷阱区域和产品市场均衡时，货币供给可以影响总需求；再次，当总供给为非古典情形时，总需求变动将同时引起产出和物价变动，当总供给为古典情形时，总需求变动只会影响价格；最后，最终目标的变动情况通过政策规则反馈影响中央银行货币政策调整。

这一基本框架描述了政策变量和最终目标变量等主要宏观经济变量之间的影响大概关系和过程。从图 3 - 1 中可以看出，该框架包含的变量关系主要有：总需求曲线，总供给曲线，货币政策规则和潜在产出决定。这一主要包含四个变量关系的框架类似于 Rudebusch 等①（2002）所应用的框架，即在传统 *AD - AS* 框架上引入了一些现代经济研究成果，如货币政策规则。现代 *AD - AS*

①　GLENN D RUDEBUSCH, LARS E O. Svensson. Eurosystem Monetary Targeting：Lessons from U. S. Data. European Economic Review, 2002 (2).

框架不仅是在内容上对传统框架的拓展，而且在时间上将其动态化。

本部分将讨论这四种关系的国内外研究情况和中国的具体动态形式，以及从动态的角度利用符合中国实际的四种主要关系式来分析货币政策的最终目标效应。

（二）AD 曲线推导及我国形式

总需求是指整个经济社会在每一个价格水平下对产品和劳务的需求总量，它由消费需求、投资需求、政府支出和国外需求构成。总需求曲线则是描述产品市场和货币市场同时达到均衡时的价格水平与总产出之间的依存关系的曲线。总需求曲线向右下倾斜，凯恩斯学派的解释是：价格变动使实际货币需求变动，进而引起利率变动，从而影响投资和总需求。总需求曲线反映了产出GDP 的决定。

总需求曲线由 $IS - LM$ 模型推导出来。一般认为，$IS - LM$ 模型可以表示为

IS 曲线：$y_t = IS\ (r_t, g_t)$

LM 曲线：$\dfrac{m_t}{p_t} = LM\ (y_t, r_t)$

其中，r_t 为实际利率，g_t 可以理解为除 r_t 决定投资需求外的其他需求，m_t 为货币供给，$\dfrac{m_t}{p_t}$ 则为实际的货币供给，且 $y'_r = IS'_r < 0$，$LM'_y > 0$，$LM'_r < 0$。这里，IS 曲线向右下倾斜，反映了商品市场的均衡和产量 y_t 的决定；LM 曲线向右上倾斜，反映了货币市场的均衡和真实利率 r_t 的决定。将 IS 曲线和 LM 曲线联立消去真实利率 r_t，我们得到产出 y_t 与价格 p_t 的关系，即传统总需求曲线 AD 表达式

$$y_t = AD\ (\frac{m_t}{p_t},\ g_t)$$

前面阐述了总需求曲线描述的变量大致关系，下面继续讨论在中国应该具有的具体函数关系形式。

国外关于总需求函数形式研究较少，在这一领域很少有学者争论的声音，不同的总需求函数形式本质框架却也惊人地相似。Rudebusch 和 Svensson[1]（2002）在其宏观经济模型中提出了当前在西方理论界被较为广泛引用的总需求函数形式，也即是 IS 曲线的一种变形，其表达式如下

$$y_t = \varphi y_{t-1} - \varphi(R_t - \pi_t) + d_t \tag{3-1}$$

---

[1]　GLENN D RUDEBUSCH, LARS E O. Svensson. Eurosystem Monetary Targeting: Lessons from U. S. Data, European Economic Review, 2002 (2).

其中，y_t 为产出，π_t 为通胀率，R_t 则为名义利率，$R_t - \pi_t$ 为真实利率，d_t 为随机扰动，其他符号为正系数。它表示当期产出由上期产出和当期真实利率决定，而且产出和真实利率的关系为反向的。

而国内关于中国总需求函数具体形式研究几乎没有，郑超愚[1]（2002）也将总需求曲线形式设定为线性，并用 OLS 进行估计，得出和上述（3－1）式总需求函数形式所示的产出、价格和名义利率三者的类似依存关系。

鉴于目前国内外相关研究现状，我们将中国总需求曲线形式确定为（3－1）式。

（三）AS 曲线推导及我国形式

总供给，是指经济社会在每一个价格水平上提供的商品和劳务的总量。总供给曲线描述的是要素市场达到均衡时的价格水平和总产出量的依存关系，反映了价格的决定。总供给曲线分为古典总供给曲线（长期供给曲线）和凯恩斯总供给曲线（短期供给曲线），它们是基于对劳动力市场和价格调整的不同假设推导出不同的供给曲线。

通常，总供给曲线可以表示为[2]：

$$p_t = AS\ (y_{t-1},\ \hat{p}_t) \tag{3-2}$$

其中，y_t 代表产出，p_t 代表价格，下标 t 为时间 $\hat{p}_t$ 代表对价格 p_t 的预期。上述公式表明，价格 p_t 不仅取决于经济是否过热（由产量 y_{t-1} 反映），与此同时，它也取决于对价格 p_t 的预期 $\hat{p}_t$。这里，对于 p_t 预期形式主要有两种，即货币主义和新凯恩斯主义的适应性预期和卢卡斯等新古典学派的理性预期。许多研究试图用理性预期的假设来进行解释，然而，大量的经验研究似乎并不支持这一假设。高坚和杨念[3]（2007）利用中国的检验数据发现 $\hat{p}_t$ 在中国为一种适应性预期（adaptive expectation），即 $\hat{p}_t = f(p_{t-1})$。加入价格的适应性预期，中国的总供给曲线就可以表示为

$$p_t = AS\ (p_{t-1},\ y_{t-1}) \tag{3-3}$$

前面阐述了总供给曲线描述的变量大致关系，下文将从菲利普斯曲线出发，继续讨论在我国上述变量应该具有的具体函数关系形式。

原始的菲利普斯曲线表示货币工资的变化率同失业率之间存在着非线性的

① 郑超愚. 中国总需求函数及其货币政策含义 [J]. 金融研究，2002（5）.
② 高坚，杨念. 中国的总供给——总需求模型：财政和货币政策分析框架 [J]. 数量经济技术经济研究，2007（5）.
③ 高坚，杨念. 中国的总供给——总需求模型：财政和货币政策分析框架 [J]. 数量经济技术经济研究，2007（5）.

负相关关系。Samuelson 和 Solow① (1960) 发表的著名的《达到并维持稳定的价格水平问题：反通货膨胀政策的分析》一文中，对原始的菲利普斯曲线加以修正，得到了一般理解的菲利普斯曲线，即失业率与通货膨胀率之间的负向关系。Friedman② (1968) 等人提出的附加预期的菲利普斯曲线可以表示为

$$\pi_t = \pi_t^e - \varepsilon \ (U - U^*) \tag{3-4}$$

其中，π_t 为当期实际通胀率，π^e 为预期的当期通胀水平。Friedman 附加预期的菲利普斯曲线很快被实践验证。20 世纪 70 年代以来，Friedman 的"自然率"假说和增加预期的菲利普斯曲线已成了学术界公认的正统观点。

菲利普斯曲线是表示经济增长率、物价上涨率和失业率三者的两两关系，故其主要有三种表达方式，即"失业—物价"型、"产出—失业"型和"产出—物价"型。传统的一般菲利普斯曲线是 Samuelson 的"失业—物价"菲利普斯曲线。而"产出—物价"菲利普斯曲线由传统的菲利普斯曲线和奥肯定律 $(U - U^* = \delta \ (y_t - y_t^n))$ 相结合而推导出来，它描述了经济增长率和通货膨胀率的关系，也正好是一条总供给曲线。所以我们所需要利用的中国总供给曲线表达式也就是中国的"产出—物价"菲利普斯曲线的形式。

新凯恩斯的菲利普斯曲线分为两种，一种是 Fuhrer（1997）提出的新凯恩斯黏性价格模型，它与新古典学派菲利普斯曲线相似，他假设厂商采用前瞻式单一定价规则，通货膨胀与前期通胀无关，而受到预期通胀与产出边际成本的影响，但模型拟合效果不佳；另一种是新凯恩斯混合菲利普斯曲线，Gali 和 Gertler（1999）假设厂商可以采用前瞻式与后顾式两种定价方式，通货膨胀受到前期及预期通货膨胀与产出边际成本的影响。曾利飞、徐剑刚和唐国兴③ (2006) 经实证认为中国菲利普斯曲线更符合新凯恩斯混合菲利普斯曲线，亦即认为通货膨胀受前期通货膨胀影响。高坚和杨念④ (2007) 按照中国的检验数据发现 π_t^e 在中国为一种适应性预期（adaptive expectation）。

正如前文所述，(3-4) 式中的预期形式在中国情况更符合 Friedman 和新

① PAUL A SAMUELSON, ROBERT M SOLOW. Analytical Aspects of Anti-Inflation Policy. The American Economic Review, 1960, 50 (2): 177-194.

② MILTON FRIEDMAN. The role of monetary policy, he American Economic Review Vol. 58, No. 1: 1-17.

③ 曾利飞, 徐剑刚, 唐国兴. 开放经济下中国新凯恩斯混合菲利普斯曲线 [J]. 数量经济技术经济研究, 2006 (3).

④ 高坚, 杨念. 中国的总供给—总需求模型: 财政和货币政策分析框架 [J]. 数量经济技术经济研究, 2007 (5).

凯恩斯的适应性预期，即 π_t^e 主要决定于 π_{t-1}。所以"产出—物价"型菲利普斯曲线的中国新凯恩斯形式简写为

$$\pi_t = \delta\pi_{t-1} + k\ (y_{t-1} - y_{t-1}^n)\ + s_t \tag{3-5}$$

其中，y_t 为经济增长率，π_t 为通胀率，y^n 则为潜在经济增长率，$y_{t-1} - y_{t-1}^n$ 为产出缺口，s_t 为随机扰动，其他符号为正系数。它表示本期实际通胀由上期通胀率、产出缺口和价格冲击 s_t 决定。而（3-5）式正是符合中国实际的新凯恩斯总供给曲线。

（四）货币政策规则

货币政策规则是中央银行进行货币政策决策和操作的指导性原则。关于中央银行政策实践，过去经济学家争论的焦点问题是货币政策是否应该按照一个单一规则（货币主义）来制定，以及中央银行是否应当灵活地按相机抉择制定政策。Barro 和 Gordon（1983）证明，在相机抉择下，产出没有系统性提高，而社会承受了较高的通货胀。这一结论从根本上改变了长期以来的规则与相机抉择之争。

最优的、时间一致的、前瞻性的、稳健的货币政策规则不仅可以指导中央银行制定出切实可行的货币政策，促进经济的平稳发展，而且可以提高货币政策的有效性、可信性和透明性。目前在理论界和政府机构的应用中，货币政策规则主要有三种：完全承诺货币规则、泰勒规则和麦克勒姆规则，其中泰勒规则影响最大。

泰勒①（1993，1999）提出了泰勒规则（Taylor rules），它表明了中央银行的短期利率工具依经济状态而进行调整的方法，描述了短期利率如何针对通胀率和产出变化调整的准则。泰勒提出的泰勒规则简化表达式如下

$$R_t = \beta\pi_t + \gamma\ (y_t - y_t^n)\ + \varepsilon_t \tag{3-6}$$

其中 R_t 为货币政策工具的短期名义利率，π_t 当期通胀水平，$(y_t - y_t^n)$ 为当期产出缺口，其他符号为正系数。

泰勒规则作为一种新的货币政策规则被广泛应用于研究宏观经济模型，以及检验发达国家和新兴工业化国家的货币政策。鉴于泰勒规则的重要性，近来学者们不断对其进行推广和发展，如对其前瞻性、稳健性等方面的研究和推广。

我国理论界和政府机构的学者（如中央银行研究员）对货币政策规则做

① TAYLOR, JOHN B. Discretion versus Policy Rules in Practice. Carnegie - Rochester Conf. Ser. Public Policy, 1993 (39)：195 - 214.

了大量研究，特别是泰勒规则在中国的检验。谢平和罗雄[1]（2002）运用历史分析法和反应函数法首次将中国货币政策运用于检验泰勒规则，通过计算中国货币政策中利率的泰勒规则值，并与其实际值进行比较表明，泰勒规则可以很好地衡量中国货币政策，利率规则值与实际值的偏离之处恰恰是政策操作滞后于经济形势发展之时。进而他们认为泰勒规则能够为中国货币政策提供一个参照尺度，衡量货币政策的松紧。类似地，刘斌[2]（2003）通过以社会福利为基准，计算和比较三种货币政策决策方式对社会福利的影响，并计算与福利损失等价的通胀率变化，得出结论是：最优的泰勒规则能够很好地近似完全承诺的最优货币政策规则，也认为泰勒规则为进一步改进我国货币政策的决策和操作提供了一个指导方向。国内许多其他学者也得到相类似的结论，也有学者针对中国的实际对泰勒规则做了一些修改。

最初的泰勒规则表示中央银行能够及时根据当期经济形势实施货币政策，但我国统计体系不够完善，中央银行难以及时准确地把握经济形势，且因为我国中央银行货币政策委员会例会为季度一次（国外普遍为一个月）可能导致决策内部时滞较长。故正如部分研究者的做法，我们认为在（3-6）式右边应该加入 R_{t-1} 项，即表示我国中央银行货币政策具有一定的连贯性和滞后性。

$$R_t = \theta R_{t-1} + \beta \pi_t + \gamma \ (y_t - y_t^n) \ + \varepsilon_t \qquad (3-7)$$

综上论述可知，泰勒规则为中国最优的政策规则。国内学者对泰勒规则的其他一些修改，例如引入一些其他的宏观经济变量，但我们分析框架引入变量有限，故视其他变量影响可以忽略。综上，我们将（3-7）式形式的泰勒规则作为中国的最优的货币政策规则。

（五）潜在产出影响因素分析

潜在产出和产出缺口均是宏观经济学的重要概念，Levy（1962）最早提出潜在产出的概念，并给出了其定义，即潜在产出是指在合理稳定的价格水平下，使用最佳可利用的技术、最低成本的投入组合并且资本和劳动力的利用率达到充分就业要求所能生产出来的物品和服务。产出缺口是指实际产出与潜在产出的差值，它可以测度经济波动和景气情况，反映了现有经济资源的利用程度。多数情况下，人们更加关注经济的相对情况，所以一般地潜在产出是潜在经济增长情况，产出缺口则是实际增长和潜在增长率之差。

潜在产出有着重要的政策意义，是分析宏观经济运行态势的重要工具和政

① 谢平，罗雄. 泰勒规则及其在中国货币政策中的检验 [J]. 经济研究，2002 (3).
② 刘斌. 最优货币政策规则的选择及在我国的应用 [J]. 经济研究，2003 (9).

府制定宏观经济政策的重要依据。实际经济名义增长率超过潜在增长率过多表示经济偏热，政府应采取紧缩的宏观调控政策，使经济恢复平稳；实际经济增长率低于潜在增长率表示经济有衰退迹象，政府应采取扩张的宏观调控政策来抵抗衰退。而且在前文中所提到的菲利普斯曲线、政策规则中均包含了潜在产出这一变量，可以看出其在宏观经济分析中的重要性。

潜在产出不可以直接观测，我们需要对它进行估算。潜在产出估算是一个困难而又复杂的工作。需先了解其影响因素哪些和决定式应该是什么样。大多数学者均认为在短期内潜在产出受反映宏观经济态势核心变量的影响很小，且它更多地与社会资源和新技术进步有关。而社会资源比较固定，技术进步也具有较强的惯性，所以潜在产出也是比较稳定具有惯性的变量。所以我们采用Rudebusch 等[1]（2002）研究中的潜在产出模型，认为其决定情形可以表示为

$$y_t^n = \rho y_{t-1}^n + \varepsilon_t \qquad\qquad (3-8)$$

y^n 为潜在经济增长率，ρ 为滞后项系数，ε_t 为随机误差项，也即可认为是社会资源变动和技术冲击。（3-8）式表示当期潜在产出由上期潜在产出，社会资源变动和技术冲击共同影响，而不受其他宏观经济变量影响。我们将潜在产出放入宏观经济分析框架，是因为潜在产出的重要意义。选择（3-8）式的理由是：第一，宏观经济分析框架构建的目的是分析各变量之间的关系，而社会资源和技术进步并不是这一框架所关注的变量，故可以省略；第二，国内关于潜在产出决定式的研究很少，多数研究是估算潜在产出，所以社会资源和技术进步与潜在产出在中国的具体关系没有参考，且不希望在非我们主题问题上耗费笔墨。

三、货币政策效应动态分析

经济学分析方法主要可以分为三类，即静态均衡分析、比较静态分析、动态均衡分析。比较静态均衡分析是静态分析与动态分析相结合，有助于人们认识经济事物的基本轮廓。在经济学研究中，比较静态分析最成功的应用之一就是在传统的静态的 $IS-LM-AS$ 的框架下的宏观经济政策效果分析。

在经济学中，动态分析是对经济变动的过程所进行的分析，其中包括分析有关变量在一定时间过程中的变动，这些经济变量在变动过程中的相互影响和彼此制约的关系，以及它们在每一个时点上变动的速率等。动态分析法的一个

---

① GLENN D RUDEBUSCH, LARS E O. Svensson. Eurosystem Monetary Targeting: Lessons from U. S. Data. European Economic Review, 2002 (2).

重要特点是考虑时间因素的影响，并把经济现象的变化当做一个连续的过程来看待。

上一部分对 $AD-AS$ 框架的四个主要经济关系分别阐述了近期国内外有较大影响的相关研究情况，国外研究主要表现于将传统的凯恩斯的 $AD-AS$ 框架的内容扩充和动态化，国内研究则主要集中于最新国外相关研究成果与中国实际经济状况结合的研究。通过研究成果总结和分析，在上一部分我们提出了具有中国特色的总需求、总供给、政策规则和潜在产出的各变量动态关系数学表达式。本部分将上一部分所述这四个变量关系汇总，就构建了类似于 Rudebusch[1] (2002) 的并具有中国特色的宏观经济 $AD-AS$ 分析构架，进而利用动态分析方法来分析货币政策的最终目标效应。

将前文所述宏观经济分析框架中所包含宏观经济变量之间的主要关系，即 (3-1) 式至 (3-8) 式汇总如下

$$y_t = \varphi y_{t-1} - \varphi \ (R_{t-1} - \pi_{t-1}) + d_t \quad (总需求曲线) \qquad (3-9)$$

$$\pi_t = \delta \pi_{t-1} + k \ (y_{t-1} - y_{t-1}^n) + s_t \quad (总供给曲线) \qquad (3-10)$$

$$R_t = \theta R_{t-1} + \beta \pi_t + \gamma \ (y_t - y_t^n) + \varepsilon_t \quad (泰勒规则) \qquad (3-11)$$

$$y_t^n = \rho y_{t-1}^n + \varepsilon_t \quad (潜在产出) \qquad (3-12)$$

在上述分析框架中，短期名义利率 R_t 是政策变量（政策工具）。在美国短期联邦基金利率被广泛认为是政策变量。在我国中央银行可以直接控制一年期存贷款利率，同时银行间同业拆借利率也直接受中央银行调节存款准备金率等政策变动影响，所以国内学者多数将一年期存贷款利率（或短期同业拆借利率）为政策变量。在此我们先不确定政策变量具体替代指标，也将名义短期利率作为政策变量。

我们可以发现 (3-9) 式至 (3-12) 式不仅包含传统的静态的 $AD-AS$ 模型所包含变量之间的确定的函数关系，而且包含了变量之间的动态调整关系，在上述框架下动态分析货币政策效应如下：

假设当期经济处于全局（货币市场、产品市场及要素市场）均衡状态，我国中央银行突然紧缩货币政策，如提高双率（准备金率和银行存贷利率），政策冲击 ε_t 正向变动，短期名义利率 R_t 上升；进而；在 π_t 不变的情况下，当期真实利率 $(R_t - \pi_t)$ 也会随之上升，因为 (3-9) 式（总需求曲线）中真实利率的系数为 $-\varphi$，故下期货币实际产出 y_{t+1} 随之将减少 $-\varphi$；(3-12)

---

① GLENN D RUDEBUSCH, LARS E O. Svensson. Eurosystem Monetary Targeting: Lessons from U. S. Data. European Economic Review, 2002 (2).

式表示潜在产出比较稳定，受其他变量影响小，故产出缺口（$y_{t-1} - y_{t+1}^n$）随实际产出 y_{t+1} 减少而向负值方向变动；（3-10）式表示，通胀率 π_{t+2} 随（$y_{t+1} - y_{t+1}^n$）负向变动而下降。这样紧缩货币政策短期将带来实际产出 y_{t+1} 减少和通胀率 π_{t+2} 下降，即此时最终目标效应为：产出效应为负和价格相应也为负。（3-9）式和（3-10）式分别包含了产出和通胀的滞后项，表明货币政策的最终目标效应会持续一段时间，π_{t+x} 和（$y_{t+x} - y_{t+x}^n$）分别会下降，可知此时（3-11）式中 R_t 的 x 期后滞效应非常小（因为 $\theta < 1$），故中央银行趋于调低短期名义利率 R_{t+x}。这样，整个过程可缩影为 $R_t \uparrow \rightarrow R_{t+x} \downarrow$。正是由于这样一个反向调节机制的存在，经济将在一种新状态下重新达到均衡，政策冲击 ε_t 影响将逐渐衰灭。同时，从框架看出来货币政策需要通过影响产出才能进一步影响价格，经过两期后货币政策才会产生价格效应，即货币政策的产出效应快于价格效应。上述过程可总结为：紧缩货币政策将产生负的产出和价格效应，且货币政策的产出效应快于价格效应，这两种负效应在持续一段时间后逐渐衰灭，经济重新恢复均衡。同理可利用相同思路分析扩张货币政策效应，分析基本结论为：扩张货币政策将产生正的产出和价格效应，类似地这一影响也将在持续一段时间后逐渐衰灭。

四、小结

前面通过文献研究和经济特点分析得到了中国特色的现代 $AD-AS$ 框架，并利用其动态分析了货币政策的最终目标效应，得到：紧缩货币政策会产生负的产出和价格效应，货币政策的产出效应快于价格效应，而且两者均在持续一段时间后逐渐衰灭。这一分析过程优点是在一定的假设条件下，分析过程形象简单，结论也易于理解。但是现实的宏观经济应该是一种更为复杂系统，上述动态分析理论框架的许多假设是难以满足的。分析框架是否还存在一些细节上的不足，例如，在分析框架中变量关系引入的滞后阶数为一期，但现实货币政策效果可能要经过一段时间滞后才可能发挥。上述动态分析只能粗略地判断各变量变动方向，即货币政策效应的正负问题，难以分析和判断货币政策效应的程度及时滞问题。

人们认识经济事物和经济现象大都经历着一个从简单到复杂，由表到里，由感性到理性的过程。故紧接着我们需要关注和分析货币政策最终目标效应的大小和时滞情况，下文将建立计量经济动态模型来分析最终目标效应以期达到此目的，同时实证检验动态分析的结论。

第二节　实证分析

一、货币政策效应动态分析实证模型发展沿革

向量自回归（VAR）是基于数据统计性质建立的模型，VAR 模型把系统中每一个内生变量作为系统中所有内生变量的滞后项函数来构造模型，从而将单变量自回归模型推广到多元时间序列变量组成的向量自回归模型。VAR 模型是处理相关经济指标的分析与预测最易操作的模型之一，并且在一定条件下，多元 MA 和 ARMA 模型也可以转化为 VAR 模型。Sims[1]（1980）的经典文章发表，将 VAR 模型引入到经济学中，推动了经济系统动态性分析的广泛应用。自此，VAR 模型受到越来越多的经济工作者的重视。VAR 模型常用于预测相互联系的时间序列系统及分析随机扰动对变量系统的动态冲击，从而解释各种经济冲击对经济变量形成的影响。

同时自 Bernanke 和 Blinder[2]（1992）与 Sims（1992）后，国内外试图利用向量自回归模型（VAR）来分析货币政策对经济变量影响的文献也大量涌现，这样做的关键是正确地识别政策冲击变量。这一方法不需要区分内生和外生变量，且能从总体上合理评估了主要宏观经济变量对货币政策变动的反应。

尽管简单的无约束 VAR 有诸多优点，但它却只考虑了各个变量与它们的滞后期值的相互关系，且认为每个变量与系统中所有内生变量的滞后项都有关。而在现实经济中，很多宏观经济变量可能与其他变量的同期值有关；同时可能与某些变量的滞后项并没有关系，即忽略了变量间存在短期和长期的一些结构约束信息，这些都是变量的经济理论关系。针对这一问题，Sims 提出结构 VAR 模型（SVAR）。结构 VAR 能够依据现有的经济理论，考虑变量间的同期关系和长期关系，从而相比较于无约束的 VAR 能更精确地去解释变量间的动态关系，所得到的扰动项就是无约束 VAR 模型所不能解释的其他因素的影响。

无约束 VAR 和 SVAR 模型被广泛地运用于货币政策的研究中，但学者对其批评的声音没有停息过，Bernanke 认为存在以下三个不足之处[3]：第一，许多有用的经济信息没有引入模型中，从而影响实证结论；第二，有些变量不能引

---

① CHRISTOPHER A SIMS. Macroeconomics and Reality. Econometrica, 1980, 48(1): 1-48.

② BEN S BERNANKE, ALAN S BLINDER. The American Economic Review, 1992, 82 (4): 901-921.

③ BEN S BERNANKE, JEAN BOIVIN, PIOTR ELIASZ. Quarterly Journal of Economics, 2005, 120 (2): 387-422.

入模型当中，即模型中的变量必须为可观测的，而如总供给曲线中包含的"潜在产出"和预期因素都是难以观测的；第三，VAR 的脉冲响应只能分析模型所含变量之间的冲击影响，在 VAR 中就不能估计没有引入模型中其他变量的冲击影响，而多数时候学者和官方很关注这些影响。学者们认为正因为上述 VAR 信息缺失等问题的存在导致大量 VAR 的实证结论存在许多与经济理论不相符之处，即"产出之谜"①，或"价格之谜"②，其中最著名的是 Sims（1992）提出的"价格之谜"③。

为解决上述信息缺失等问题，学者们做了许多尝试，其中一种重要思路就是用少量包含大量宏观经济数据信息的因子来建模。目前在宏观经济研究中，因子模型被广泛地运用于从大量时间序列中信息提取。主要有两种方法：第一种为 Stock 和 Watson④（2002）提出的利用静态主成分来估计因子；第二种为 Forni 等（2003）提出的利用动态主成分来估计因子。所以 Bernanke 等⑤（2005）提出的 *Factor - augmented VAR*（*FAVAR*）模型，并利用 Stock 和 Watson（2002）的"两步法"估计，则是解决 VAR 模型中信息缺失问题的有效尝试。这一做法的成功与否的关键是静态主成分能在多大程度上反映宏观经济系统数据信息。

二、建模思路

在上一部分动态分析中，我们运用的经济理论框架包含的各宏观经济变量之间关系包括当期关系也包括滞后期的关系，这些关系一般就是变量之间的理论结构信息。结合前面所述 SVAR 相关内容可知，若利用 VAR 模型来分析和实证变量之间的动态关系，我们应该建立有约束 VAR（SVAR）模型。

然而，在我们动态分析框架下，有些变量是不可以观测的，如（3 - 5）式中的潜在产出。在动态分析中，只要其主要性质和影响因素就可以进行分析。但是在实证部分要引入 VAR 模型中实证则必须输入其数据。正如前面所

---

① 正向利率冲击之后产出水平没有下降，反而上升了。

② 正向利率冲击之后价格水平没有下降，反而上升了。

③ Sims 最先在 1992 年发现在大量 VAR 文献中普遍存在这样一个谜团，即货币政策紧缩将引起物价的轻微上涨而不是经济理论所述的下降。他认为主要是由于 VAR 模型没有捕捉到中央银行拥有的关于未来通胀情况的信息。

④ JH STOCK, MW WATSON. Macroeconomic forecasting using diffusion indexes. Journal of Business and Economic Statistics, 2002.

⑤ BEN S BERNANKE, JEAN BOIVIN, PIOTR ELIASZ. Quarterly Journal of Economics, 2005, 120（2）：387 - 422.

分析地，*VAR* 系列模型存在信息缺失等问题。鉴于这些问题存在，Bernanke 提出的 *FAVAR* 模型提供了另外一条思路。但 *FAVAR* 模型分析结果的可靠性也是建立在估计出来的因子能够较好地代表整体宏观经济各变量信息的条件之上。

鉴于上述分析，我们在宏观经济分析框架基础上实证货币政策效应是选择 *SVAR* 模型，还是 *FAVAR* 模型，关键在于对信息结构的假设不同。如果假设潜在产出估计值能够较好代表真实潜在产出，主要宏观经济变量能很好地观测且能够代表整体经济形势信息，即 *VAR* 模型的信息缺失问题不严重，则我们应建立 *SVAR*。如假设潜在产出是不可观测且难以估计的，并且主要宏观经济变量不能代表整体经济形势信息，那么我们就应该建立 *FAVAR* 模型。我们的实证与动态分析思路是：首先，一方面，我们先利用一定的方法估计潜在产出，然后利用估计结果建立 *SVAR* 模型；另一方面，我们直接将潜在产出看成不可观测变量，建立 *FAVAR* 模型。其次，比较和评价两种模型的实证结果。最后，利用比较结果形成我们最终实证结论，并进行动态分析货币政策最终目标效应。将上述建模思路正如图 3-2 所示。

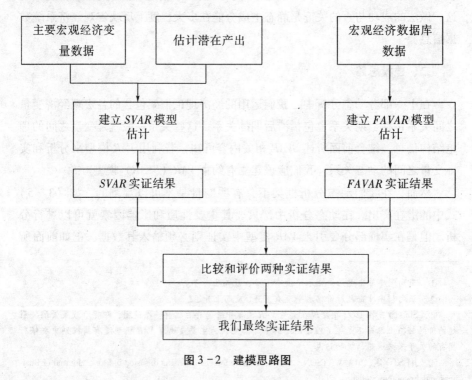

图 3-2　建模思路图

三、政策工具替代变量选择

我们选取七天银行间同业拆借利率为政策工具替代变量，选取理由：

我国中央银行货币政策工具（手段）主要包括公开市场操作、调节基准利率和银行存贷款利率等。近年来，人行加强了对利率工具的运用，"双率"调整逐年频繁。公开市场业务和"双率"调整都直接反映在银行间的资金供求状况和同业拆借利率变动，可以说同业拆借利率是中央银行货币政策的风向标。选择某种货币政策工具（如存贷款利率）来度量货币政策（各种工具）变动，就显得不够全面。

中央银行从 20 世纪 90 年代开始逐渐完善货币供应量统计，并逐步将其作为中介目标。我国操作目标没有明确的说法，一般认为为基础货币或短期利率。而基础货币对政策调整的反应不如同业拆借利率灵敏，所以综合反映货币政策各种工具变动的最佳指标是市场化的短期利率，而在我国我们认为同业拆借利率是合理选择。

在利率市场化高的金融市场上，中央银行调整货币政策工具，如调整基准利率、公开市场操作等，会立即引起市场短期利率的变动。故中央银行可基于其通货膨胀和产出目标，根据当前的通胀缺口和产出缺口，以其货币政策反应函数——泰勒规则作为参考调整市场短期利率，进而引导中长期利率（货币供应量）来影响总需求，以实现其经济目标。在美国联邦基金利率就是这样的短期利率，亦即是受美联储直接影响的短期同业拆借市场利率。同时国内多数学者实证表明了我国同业拆借利率符合泰勒规则的政策调整机制①，只不过，我国中央银行对同业拆借利率的控制和影响更间接一些。目前，中国利率没有完全市场化，我们选取一个已经市场化的短期利率作为市场利率的代理变量，并且假定这一短期利率为中国货币政策的工具变量，这个指标应当符合市场利率的要求，即能够较充分反映社会资金的供求信息，它就应该是同业拆借利率（谢平等，2002）。

四、SVAR 实证

（一）SVAR 模型理论

k 个变量的无约束的 $VAR(p)$ 模型数学表达

---

① 国内学者均利用我国同业拆借市场利率实证了泰勒规则在我国的存在，如谢平等（2002）、张屹山等（2007）分别发表于《经济研究》的研究成果。

$$y_t = A_1 y_{t-1} + \Delta + A_p y_{t-p} + Bx_t + \varepsilon_t \qquad (3-13)$$

其中，y_t 为 k 维内生变量向量，x_t 为 d 维外生变量向量，p 是滞后阶数，T 是样本个数，ε_t 是 0 均值独立同分布的扰动项。$k \times k$ 维的矩阵 A_1，…，A_p 和 $k \times d$ 维矩阵 B 均待估参数矩阵。若没有外生变量（3-13）式，则化为 $A(L)y_t = \varepsilon_t$，$A(L)$ 为滞后算子 L 的 $k \times k$ 维的参数矩阵。（3-13）式可以直接运用估计方法（OLS）估计待估参数。

k 个变量的 $SVAR(p)$ 模型为：

$$B_0 y_t = \Gamma_1 y_{t-1} + \Delta + \Gamma_p y_{t-p} + u_t \qquad (3-14)$$

或者 $B(L)y_t = u_t$，$B(L)$ 为滞后算子 L 的 $k \times k$ 维的参数矩阵。（3-14）式中 u_t 满足：$E(u_t u_t') = I_k$。如果 $B(L)$ 可逆，则（3-14）式同样可以表示成为

$$y_t = B^{-1}(L)u_t = D_0 u_t + D_1 u_{t-1} + \cdots + D_i u_{t-i} + \cdots \qquad (3-15)$$

结构式参数（3-14）式不能被直接估计，需要利用简化参数来计算。很明显地，但（3-10）式中的参数多于（3-13）式的，所以需要对（3-14）式中的参数施加一定的约束能从简化参数估计值计算得到结构参数估计。约束个数至少为 $n(n+1)/2$ 个才能使 $SVAR$ 的参数全部可以识别。这些约束条件一般均来自于经济理论，可以是短期的，也可以是长期的。

短期约束：（3-14）式中 B_0 矩阵表示的是变量同期系数关系，即短期关系。若 B_0 可逆，则 B_0^{-1} 左乘（3-14）式就可以得到 $B_0^{-1}u_t = \varepsilon_t$，可见 B_0 是结构扰动和简化扰动之间的转换矩阵。所以如果经济理论是短期约束，我们可以通过对 B_0^{-1} 施加短期约束来识别 $SVAR$。

长期约束：长期约束最早是由 Blanchard 和 Quah（1989）提出来的。如果是对（3-15）式中系数矩阵 D_i（$i=1$，2，…）上的约束通常被称为长期约束。最常见的长期约束形式是对矩阵 $\sum_{i=0}^{\infty} D_i$（累积脉冲响应函数矩阵）的第 i 行和第 j 列系数施加约束，通常设为 0，表示第 i 个变量对第 j 个变量冲击的累积乘数效应为 0。

脉冲响应函数：由式（3-15）可知

$$d_{ij}^{(q)} = \frac{\partial y_{i,t+q}}{\partial u_{jt}} \qquad (3-16)$$

是系数矩阵 D_q 的第 i 行第 j 列元素，它描述了在时刻 t，其他变量和早期变量不变的情况下，$y_{i,t+q}$ 对 y_{jt} 的一个结构冲击的反应。因此一般地，由 y_j 的结构脉冲引起的 y_i 的响应函数为

$$d_{ij}^{(1)}, \ d_{ij}^{(2)}, \ d_{ij}^{(3)}, \ \cdots$$

且由 y_j 的结构脉冲引起的 y_i 的累积反应函数为 $\sum\limits_{q=0}^{\infty} d_{ij}^{(q)}$

累积响应函数矩阵表示为

$$\Psi = \sum_{q=0}^{\infty} D_q \qquad\qquad (3-17)$$

由 Ψ 的第 i 行第 j 列元素就表示 y_j 的结构脉冲引起的 y_i 的累积反应函数

方差分解：脉冲响应函数描述的是 VAR 模型中一个内生变量的冲击对系统中其他变量的影响。而方差分解是通过分析每一个结构冲击对内生变量变化（通过常用方差来度量）的贡献度，进一步评价不同结构冲击的重要性。因此方差分解可以给出 VAR 模型中的变量产生影响的每个随机扰动的相对重要性的信息。

将 y_{it} 描述成 VMA（无限阶移动平均模型）形式为

$$y_{it} = \sum_{j=1}^{k} \left(c_{ij}^{(0)} \varepsilon_{jt} + c_{ij}^{(1)} \varepsilon_{jt-1} + c_{ij}^{(2)} \varepsilon_{jt-2} + c_{ij}^{(3)} \varepsilon_{jt-3} + \cdots \right)$$

则 $VAR(y_{it}) = \sum\limits_{j=1}^{k} \left[\sum\limits_{q=0}^{\infty} (c_{ij}^{(q)})^2 \sigma_{jj} \right]$，$\sigma_{jj}$ 为 ε_{jt} 的方差。

所以 y_i 的方差可以分解成 k 种不相关的影响，因此为了测度各个扰动项相对 y_i 的方差有多大程度的贡献，定义了标准如

$$RVC_{j \to i}(\infty) = \frac{\sum\limits_{q=0}^{\infty} (c_{ij}^{(q)})^2 \sigma_{jj}}{VAR(y_{it})} = \frac{\sum\limits_{q=0}^{\infty} (c_{ij}^{(q)})^2 \sigma_{jj}}{\sum\limits_{j=1}^{k} \left[\sum\limits_{q=0}^{\infty} (c_{ij}^{(q)})^2 \sigma_{jj} \right]} \qquad (3-18)$$

即第 j 个扰动对 y_i 方差相对贡献度，从而根据这一贡献度判别第 j 个扰动的相对重要性。实际上是 VAR (y_{it}) 无法算的，因为它包含了无穷项。如果模型是平稳的，$c_{ij}^{(q)}$ 的值是几何级数衰减，所以 VAR (y_{it}) 中第二个连加符号只加到有限即可。

当然许多时候并不需要我们根据上述脉冲响应函数和方差分解的定义来计算两者，在一般计量软件中现成程序和算法可以帮助我们直接计算。

（二）数据收集和数据预处理

设 SVAR 模型形式为

$$B_0 y_t = \Gamma_1 y_{t-1} + \Delta + \Gamma_p y_{t-p} + u_t$$

结合宏观经济模型和框架可知，我们引入的内生变量为：产出 (y_t)，通胀率 (π_t) 和政策变量 (R_t)。从潜在产出的决定式中看出潜在产出 (y_t^n) 几

乎不受其他宏观经济变量影响，所以潜在产出（y_t^n）更像 VAR 系统中的一个外生变量。

我们所用数据刚好为 11 年的月度数据，即从 1998 年 1 月至 2008 年 12 月的月度数据。之所以选取截止 2008 年的完整年度数据，因为 2009 年数据可能还会被修改调整，部分指标甚至有较大变动。宏观经济指标选取：对于产出变量，由于没有月度 GDP，故用工业增加值代表，用 CPI 表示通胀，短期名义利率用我国同业拆借市场的银行间七天同业拆借利率代表，用 $SHIBOR$ 表示。这三个指标我们从中经数据网获得。

经过简单分析可知月度工业增加值（IP）数据具有明显的季节效应，我们先对其进行季节调整。我们选用的 CPI 指数为同比，故其不存在季节效应，$SHIBOR$ 也无需剔除季节效应。相对而言，社会各界更加关注产出增长率的变动，故我们对季节调整后的月度工业增加值也求出环比增长速度，同时利用同比 CPI 指数求出其月度增长速度，用来反映物价月度变动情况。工业增加值处理：先季节调整，后在求环比增长速度，用 IP 表示；CPI 指数：求出环比增长速度。

我们产出选择名义产出的原因是：我们主要研究内容为货币政策的最终目标效应，而我国中央银行对于经济增长这一最终目标更多关注名义增长，且名义变量和通胀水平相结合即可以反映实际变量的情况。

（三）潜在产出估计

潜在产出没有可观测的统计数据，需要估计，对潜在产出的定义不同决定了估算方法不同。目前学术界关于潜在产出有两类定义：第一类是以凯恩斯的理论为基础的，在此定义下，潜在产出估算方法多为总量的生产函数；第二类定义是以新古典理论为基础的，度量潜在产出主要是利用各种滤波方法，来去除实际产出的偶然波动成分。近期国外相关研究运用上述第二类定义（古典周期）的较多。我们也遵照第二类定义（古典周期），进而利用滤波法估计潜在产出。其中，最常用的是 HP 滤波法。类似地，我们借鉴郭庆旺和贾俊雪[①]（2004）的 HP 滤波法对潜在产出进行估计。

由于我们利用工业增加值来代替产出，故潜在产出也用工业增加值来估计。利用 EViews 中 HP 滤波，对季节调整后 IP 进行滤波。虽然关于参数 λ 的选取有点随意性，但一般都使用 Hodrick 和 Prescott（1980）建议使用的 1600，这似乎已经成为一种"潜在标准"，故我们设定参数为 $\lambda = 1600$。

---

① 郭庆旺，贾俊雪. 中国潜在产出与产出缺口的估算 [J]. 经济研究，2004 (5).

我们利用季节调整后的月度工业增加值估计的月度潜在产出,走势图如图
3-3。

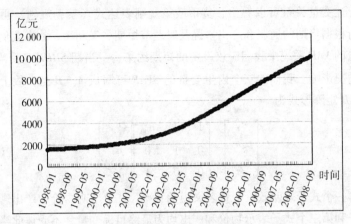

图3-3 *PO* 走势图

同样利用估计出潜在产出绝对值求潜在产出的环比增长速度,处理后的序
列我们用 *PO*(potential output)代表。

(四)平稳性检验

我们利用无趋势的 ADF 对预处理后变量进行检验,输出结果如下:

表3-1 平稳性检验结果表

变量	ADF 值	ADF 5% 临界值	检验结论
IP	-16.456 47	-2.883 753	平稳
PO	-2.447 548	-2.883 753	平稳
CPI	-9.998 373	-2.883 753	平稳
SHIOR	-5.683 356	-2.883 753	平稳

IP 为变量工业增加值环比增速,*PO* 为潜在产出环比增速,*CPI* 为物价指
数的环比增速,*SHIBOR* 为银行间七天同业拆借利率。从上表检验结果可以看
出,通过各变量均为平稳的,可以利用这些变量,并结合我们的宏观经济动态分
析框架,建立货币政策最终目标效应分析的宏观动态系统(*VAR* 系统)。

(五)约束识别

回顾前文所阐述的宏观经济动态分析框架如下

$$y_t = \varphi y_{t-1} - \varphi (R_{t-1} - \pi_{t-1}) + d_t \quad (总需求曲线)$$

$$\pi_t = \delta \pi_{t-1} + k (y_{t-1} - y_{t-1}^n) + s_t \quad (总供给曲线)$$

$$R_t = \theta R_{t-1} + \beta \pi_t + \gamma \; (y_t - y_t^n) \; + \varepsilon_t \; (\text{泰勒规则})$$

$$y_t^n = \rho y_{t-1}^n + \varepsilon_t \; (\text{潜在产出})$$

从上述变量关系可以看出，货币政策规则表达式（泰勒规则）可以看出中央银行根据当期的通胀和产出情况及时调节短期名义利率，故在我们的三个内生变量的 VAR 系统中我们应该设定的短期约束为：当期 SHIBOR 受当期 CPI 和产出情况影响。我们的三个内生变量的 SVAR 可写成 $A-B$ 型，故上述约束可写成 AB 矩阵形式为

$$\begin{bmatrix} \varepsilon_t^R \\ \varepsilon_t^{IP} \\ \varepsilon_t^{CPI} \end{bmatrix} = \begin{bmatrix} 1 & a_{12} & a_{13} \\ 0 & 1 & 0 \\ 0 & 0 & 1 \end{bmatrix} \begin{bmatrix} u_t^R \\ u_t^{IP} \\ u_t^{CPI} \end{bmatrix} \tag{3-19}$$

其中，第一个式子表明政策变量名义短期利率，只受当期物价和产出影响；第二个式子和第三个式子表示物价和产出均为最终目标变量，不受彼此当期值和政策变量当期的影响。由于货币政策滞后效应，一个月内货币政策对最终目标影响肯定非常微弱。

正如前文 SVAR 模型理论所述，我们引入的是三个内生变量的 SVAR，故需要至少 $3 \times (3+1)/2 = 6$ 个约束，而我们引入了 7 个识别条件，故可以对模型进行识别，进而通过观察系统的脉冲响应函数和方差分解来判断货币货币的结构性冲击对产出和价格水平的影响轨迹和程度。

（六）估计过程

滞后阶数选择，检验结果：

表 3-2　　　　　　　　　　　滞后阶数选择表

Lag	LogL	LR	FPE	AIC	SC	HQ
0.00	590.14	NA	0.00	-9.50	-9.36	-9.44
1.00	652.59	119.83	0.00	-10.37	-10.02 *	-10.22 *
2.00	664.83	22.88 *	5.99e-09 *	-10.42 *	-9.87	-10.20
3.00	669.66	8.79	0.00	-10.35	-9.60	-10.05
4.00	672.98	5.89	0.00	-10.26	-9.30	-9.87
5.00	678.84	10.09	0.00	-10.21	-9.04	-9.74
6.00	683.92	8.51	0.00	-10.15	-8.77	-9.59
7.00	695.77	19.26	0.00	-10.19	-8.61	-9.55
8.00	699.91	6.54	0.00	-10.11	-8.33	-9.39

从表3－2结果可以看出，滞后阶数应该选择2阶，所以我们先估计一个2阶的包含内生变量（*IP*，*CPI*，*SHIBOR*）和外生变量（*PO*）的无约束 *VAR*，然后再利用（3－19）式估计结构因子。EViews 的输出结果为表3－3。

表3－3 结构因子估计输出表

	Coefficient	Std. Error	z－Statistic	Prob.
C（1）	0.353192	0.088045	4.011491	0.0001
C（2）	−1.10597	0.088045	−12.5614	0.0000

从上表看出来，z 统计量两个系数均显著，表明 *SHIBOR* 确实受当期 *CPI* 和产出情况影响。同时表明（3－14）式描述的短期约束形式是成立的。

稳定性检验结果如图3－4。

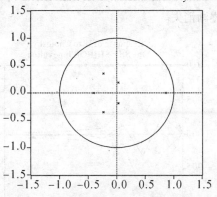

Inverse Roots of AR characteristic Polyomial

图3－4 稳定性检验图

图3－4表示，AR 单位根均在单位圆内，我们所建立的三维的 *SVAR*（2）是稳定的，可以用于制作脉冲响应函数和方差分解，并进一步分析货币政策效应。

（七）脉冲响应函数估计与结果分析

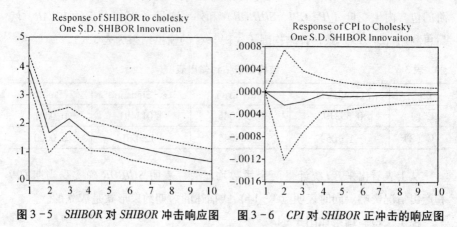

图3-5 *SHIBOR* 对 *SHIBOR* 冲击响应图　　图3-6 *CPI* 对 *SHIBOR* 正冲击的响应图

从图3-6看出，物价受利率正冲击影响会迅速下降，四、五期后影响就变得相当微弱，且逐渐消失。

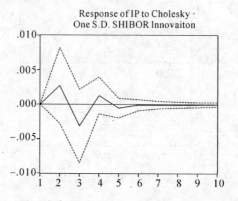

图3-7 *IP*（产出）对 *SHIBOR*（利率）正冲击的响应图

从图3-5、图3-6和图3-7的脉冲响应结果可以看出几点：第一，物价对利率冲击响应过程，即货币政策紧缩（利率正冲击）；使二、三期的物价出现下降，四期后物价基本稳定；第二，产出对利率冲击响应过程，即货币政策紧缩（利率正冲击），使二期的产出反而上升，三期产出才开始下降，五、六期后恢复稳定。

从上面实证结果可以看出，物价对货币政策的响应过程符合经济理论。虽然 *SVAR* 的实证结论不存在 Sims 的"价格之谜"，但产出的响应过程却明显不符合经济理论，即存在前文所述"产出之谜"，同时产出对利率的冲击响应不稳定。这些都说明了 *SVAR* 模型存在"信息缺失"的问题。

下文将利用 *FAVAR* 模型实证，如果提取的因子能够很好地代表宏观经济信息，*FAVAR* 应该可以克服 *VAR* 的信息缺失问题。

五、*FAVAR* 实证

（一）*FAVAR* 模型理论

FAVAR 模型最早由 Bernanke（2005）提出来，其主要特点就是将估计的包含了大量信息的少量因子引入到标准的 *VAR* 中。而将这些因子引入到 *VAR* 中正是解决 *VAR* 的信息缺失问题的一种尝试。在此简单阐述一下 *FAVAR* 模型的理论模型。

1. 模型表达式

设 X_t 是一个 $N \times 1$ 的变量向量，它包含了经济统计数据库中的几十甚至上百的宏观经济指标，N 为指标个数；Y_t 为一个 $M \times 1$ 的变量向量（可观测变量），它包含可观测的主要宏观经济指标，通常 M 低于 $8 \sim 10$ 个，当然 Y_t 是 X_t 的一个子集；F_t 为一个 $K \times 1$ 的变量向量，它包含可以概括 X_t 中信息的因子（不可观测变量），K 通常也较小。

FAVAR 由两部分组成，即向量 $(Y_t, F_t)^T$ 的动态模型和静态因子估计式，分别如下

$$\begin{bmatrix} Y_t \\ F_t \end{bmatrix} = B(L) \begin{bmatrix} Y_{t-1} \\ F_{t-1} \end{bmatrix} + \varepsilon_t \qquad (3-20)$$

$$X_t = \Lambda^y Y_t + \Lambda^f F_t + u_t \qquad (3-21)$$

其中，$B(L)$ 滞后算子矩阵，为有限的 d 阶；ε_t 是 $(M+K) \times 1$ 扰动向量，均值为 0 向量，协方差阵为 Ω_ε；Λ^y 为 $N \times M$，Λ^f 为 $N \times K$；u_t 为 $N \times 1$ 的扰动向量，0 均值，可以存在弱自相关。（3-20）式是一个标准的 *VAR*，而（3-21）式是一个因子估计模型。先利用（3-21）式估计因子得到 $\hat{F}_t$，然后代入（3-21）式与 Y_t 一起就成为了一个标准的 *VAR* 模型。

FAVAR 的关键就是要求 $M+K < < N$，即少量的 K 个因子能较好地捕捉到包含 N 个指标的 X_t 的信息。从（3-21）式看出，Y_t 和 F_t（可以相关）代表了信息集 X_t 的动态变化。利用（3-21）式形式表达 X_t 的动态变化的优点就是可以用主成分来估计因子（Stock 和 Watson（2002））①。关于因子个数 K 的

---

① JH STOCK, MW WATSON. Macroeconomic forecasting using diffusion indexes. Journal of Business and Economic Statistics, 2002.

确定，Stock 等认为应该用信息准则来判断，而 Bai 和 Ng 专门对此提出一种判断准则。Bernanke 等（2005）认为 Bai 的准则并不能解决问题，建议估计不同的 k 然后再比较结果。

2. 估计和识别问题

FAVAR 的估计思路有两种：第一种，两步法，即先利用（3-21）式估计因子得到，然后代入（3-20）式与 Y_t 一起就成为了一个标准的 VAR 模型，进而直接估计这一标准 VAR 模型；第二种，一步法，即利用 Bayes 似然估计法估计。Bernanke 认为没有明显证据证明这两种估计方法估计结果孰优孰劣，而两步法计算相对简单。我们将利用"两步法"估计 FAVAR。这样（3-20）式表示的 VAR 的估计必须在不可观测因子 F_t 基础之上才能进行，两步法的重点也就在于因子 F_t 的估计。

首先先讨论因子 F_t 的识别和估计。我们参照 Bernanke 利用简单回归方法来估计因子 F_t。先将 X_t 分为慢速变动（slow - moving）和快速变动（fast - moving）两类时序变量，快速变动变量是指对经济信息和政策变动非常敏感的变量，例如价格指数和金融资产价格等。然后，一般因子，用 $\hat{C}_t$ (F_t, Y_t) 表示，从 X_t 中所有变量的主成分（例如提取 X_t 的 $M+K$ 个主成分）；慢速变动因子用 $\hat{C}_t$ (F_t) 表示，从慢速变动变量中提取出来的主成分。一般因子 $\hat{C}_t$ (F_t, Y_t) 对慢速变动因子 $\hat{C}_t$ (F_t) 和政策变量 R_t 的回归方程为

$$\hat{C}_t (F_t, Y_t) = b_c \hat{C}_t (F_t) + b_r R_t + e_t \qquad (3-22)$$

估计（3-22）式，利用估计结果计算 $\hat{C}_t(F_t, Y_t) - \hat{b}_r R_t$，进而可得到 F_t 的估计 $\hat{F}_t$，这样得到 $\hat{F}_t$ 可能有多个，所以需要加入 $\hat{F}_t$ 的识别约束条件，即 $\hat{F}_t$ 为标准化的 $\hat{F}_t$（唯一的）。注意到 $\hat{C}_t$ (F_t, Y_t) 等均是变量向量，所以需利用上述估计过程 F_t 中的每个变量。在 $\hat{F}_t$ 的基础上，代入（3-21）式形成标准 VAR，再用 OLS 直接估计。这样就完成了对 FAVAR 的估计。

当然，（3-21）式是标准 VAR，像其他的 VAR 模型一样，也需要为政策冲击识别作一些假定。依照 Bernanke 的做法，我们假设政策冲击形式为 Cholesky 类型，即利用残差协方差矩阵的 Cholesky 因子的逆来作为正交化脉冲，并将政策变量 SHIBOR 排在最后。

正如前文在 FAVAR 模型理论所说，它将变量分为两类，即可观测变量 Y_t 和不可观测变量 F_t（或者称为因子）。如果认为宏观经济分析框架中的主要宏观变量均可观测且 VAR 无"信息缺失"，即 F_t 为空集，则 FAVAR 实证模型就应该是一个 VAR，就如前文建立 SVAR 一样。

然而现实情况下，F_t 一般不为空集，即 $K \neq 0$，理由是：①由于经济理论和统计实践，确实有变量不可观测，例如中国的失业情况和潜在产出，潜在产出的估计也是非常困难的；②即使主要经济变量可以观察，但也可能不能很好地描述整体经济概况，即存在"信息缺失"。引入因子 F_t 解决了某些变量不可观测和"信息缺失"的问题。

当然关于可观测变量设定是根据实际情况而进行的，故在动态分析框架下，我们认为产出、物价和利率是可以观测的，而潜在产出是不可观测的。可观测变量有三个，但因子 F_t 的个数可以不止一个，具体视因子提取情况而定。

（二）数据收集与预处理

对于数据集 X_t 中指标的选取方法，主要参照 Stock 和 Watson 的做法选取指标模块，然后在每一模块选取代表指标。从中经专网宏观月度数据库中选取了 59 个指标，均为期限从 1998 年 01 月到 2008 年 12 月的月度数据。主要的模块包括：运输邮电、固投和房地产、贸易、物价、政府财政、金融和证券、经济景气指数、产出。

尽可能使指标模块和指标与 Stock 和 Watson 选取的保持一致。虽然选出指标大部分相同（类似）Stock 和 Watson 选出的指标，但由于数据库的不同难免存在相异之处。（具体指标见第三章附录二）

因为要引入到平稳数据模型 FAVAR 中，故预处理过程是对每个指标均进行平稳化。平稳化过程中我们采用的 9 步骤如下：①无处理；②取对数；③一阶差分；④一阶差分的对数；⑤二阶差分；⑥二阶差分的对数；⑦季节调整；⑧已季节调整序列对数；⑨已季节调整序列一阶差分。每个指标均按顺序进行上述步骤处理，直到通过单位根检验为止。并将 X_t 中指标分类，即分为快速变动变量（fast moving）和慢速变动变量（slow moving），将金融和房地产等相关指标定为快速变动变量，其他均为慢速变动变量。（指标预处理和分类结果见附录二）

（三）模型估计

在上面分类和预处理的基础上，本部分利用前面模型理论部分所介绍的 "two-step" 估计方法估计 FAVAR。

第一步为因子 $\hat{F}_t$ 估计。提取 X_t（59 个指标）的 5 个主成分，即提取出一般因子 $\hat{C}_t (F_t, Y_t)$。然后利用慢动变量（41 个指标）提取出了慢速变动因子 $\hat{C}_t (F_t)$，这里 $\hat{C}_t (F_t)$ 的提取个数事先不确定，以特征根来确定个数。将 $\hat{C}_t (F_t, Y_t)$ 中每个主成分分别对 $\hat{C}_t (F_t)$ 所包含的全部主成分和政策变量（SHIBOR）回归，得到回归系数。再利用 $\hat{C}_t (F_t, Y_t) - \hat{b}_r R_t$ 并进行标准化可以估计出 5 个 $\hat{F}_t$（$K = 5$，与 $\hat{C}_t (F_t, Y_t)$ 个数相同）。

第二步将第一步估计出来的 5 个因子 $\hat{F}_t$ 引入到第二步 VAR 模型中，建立一个标准的 VAR，内生变量为产出（IP）、物价（CPI）、政策变量（SHIBOR）和估计出的 $\hat{F}_t$，即 $K = 5$，$M = 3$。产出（IP）、物价（CPI）、政策变量（SHIBOR）的数据和预处理同于 SVAR 模型实证部分。

完成上述两步之后，就需要对模型做稳定检验。下面是估计的 5 因子 FAVAR 模型的稳定性检验：

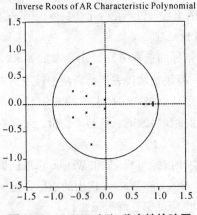

图 3 - 8　FAVAR（5）稳定性检验图

从图 3 - 8 可以看出，5 因子的 FAVAR 模型是稳定的，进而可以利用它生成脉冲响应函数（在 Cholesky 冲击识别中，SHIBOR 冲击排最后），并就可以运用于货币政策的最终目标效应分析。

六、SVAR 和 FAVAR 脉冲响应函数对比分析

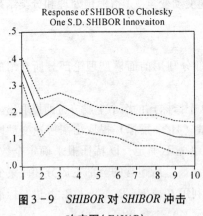

图 3 - 9　SHIBOR 对 SHIBOR 冲击响应图（FAVAR）

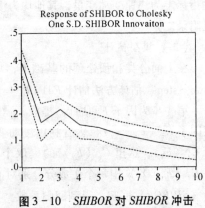

图 3 - 10　SHIBOR 对 SHIBOR 冲击响应图（SVAR）

从两脉冲响应图对比来看，SHIBOR 对 SHIBOR 冲击的响应均会衰减，且衰减速度相当。这两图表示 SVAR 和 FAVAR 模型均为稳定的。

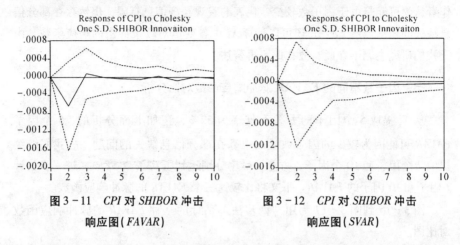

图 3-11　CPI 对 SHIBOR 冲击
响应图(FAVAR)

图 3-12　CPI 对 SHIBOR 冲击
响应图(SVAR)

从图 3-11 看出，CPI 受利率正冲击会较快地表现出通胀率下降，而且恢复稳定的速度也相当快。从上面两脉冲响应图对比来看，FAVAR 中 CPI 对利率冲击后恢复稳定的速度快很多。

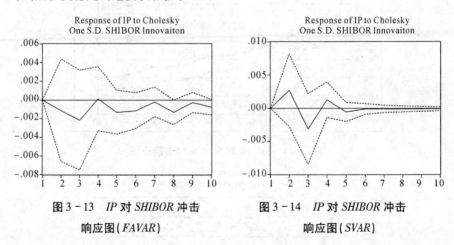

图 3-13　IP 对 SHIBOR 冲击
响应图(FAVAR)

图 3-14　IP 对 SHIBOR 冲击
响应图(SVAR)

从图 3-13 和图 3-14 脉冲响应可以看出，给定一个标准差的 SHIBOR 冲击，IP 的响应过程是：IP 在第二、三期持续下降，第四期保持不变，第五、六期开始平缓。这一过程的经济意义是利率正冲击会导致第二、三期的产出下降，第四期产出几乎不变，五、六期又开始下降，伴随着振幅缩小，这样的过程将持续一段时间。从两脉冲响应图对比来看，5 因子的 FAVAR 消除了前面 SVAR 部分存在的"产出之谜"，而且产出对利率变动的响应将持续一段时间，说明货币政策产出效应有较长的滞后期。虽然 5 因子的 *FAVAR* 模型较好地修正了 *VAR* 系统的"产出之谜",但不难看出,货币政策产出效应仍然不稳定。作者认为可能是由于因子数较少,代表的宏观经济信息有限,仍然存在部分信息缺失问题。当然 *FAVAR* 还可以计算 X_t 中各变量对政策冲击的响应函数,由于我们研究主题不在此,故在此不再赘述。

七、因子数不同的 *FAVAR* 脉冲响应函数对比分析

从 X_t 提取 5 个因子的方差贡献率为 52%,正如上面分析的,5 个因子 *FAVAR* 可能因为较少的因子数量而也存在部分信息缺失的问题。故我们继续提取 7 个因子和 10 个因子,方差贡献率分别达到了 63% 和 78%,进一步估计 7 因子和 10 因子的 *FAVAR*。下文将比较这三个 *FAVAR* 的脉冲响应函数。

图 3 – 15 到图 3 – 17 为用"两步法"估计的三种 *FAVAR* 的脉冲响应函数对比图。

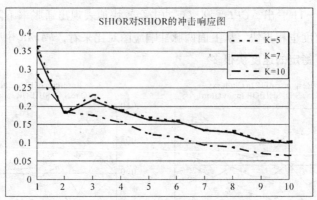

图 3 – 15　*SHIOR* 对 *SHIOR* 冲击响应图

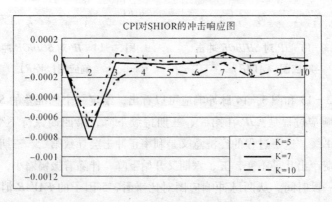

图 3 – 16　*CPI* 对 *SHIOR* 冲击响应图

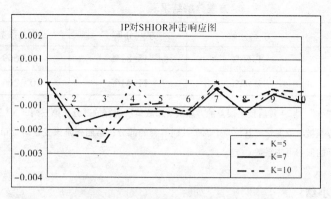

图 3 - 17 *IP* 对 *SHIOR* 冲击响应图

从图 3 - 17 来看，就 *IP* 对 *SHIBOR* 的脉冲响应与 5 因子 *FAVAR* 比较，7 因子和 10 因子的脉冲响应更稳定，也许正是因为 7 因子和 10 因子所代表信息更多。从上面三个图来看，7 因子和 10 因子的脉冲响应更接近，说明信息的边际贡献是递减的。但是另一方面，总体上三种 *FAVAR* 的脉冲响应函数走势基本一致，说明了 5 因子模型已经捕捉了大部分信息和 *FAVAR* 模型有一定的稳定性。同时我们还尝试了因子相同而变量不同滞后阶数的 *FAVAR*，结果变化也不大，即也说明 *FAVAR* 具有一定的稳定性。

这里存在一个问题，即因子个数设定具体应该多少个合适？*Bai* 和 *Ng* (2002) 提出了从 X_t 中提取因子个数的标准。尽管如此，这一标准并没有说明应该引入 *VAR* 中多少个因子。但可以根据估计结果对因子个数变动的一个敏感程度来判断，即要综合权衡考虑因子增加带来的结果改进和计算估计成本。就我们而言，5 个因子到 7 个因子 *FAVAR* 估计的脉冲响应函数变动较小，而因子个数从 7 个到 10 个则几乎没有变化。如果事先我们没有估计 10 个因子 *FA-VAR*，7 个因子结果就比较满意了，再增加因子会带来计算成本、自由度和识别方面的问题。

结合上述分析我们对 5 因子 *FAVAR* 做了方差分解（12 期），用以分析各冲击的相对重要程度，其输出结果①如表 3 - 4：（详细结果见第三章附录）

---

① 我们依照 Andrew 等（2005）利用 FAVAR 分析英国货币政策效应时所采用的方差分解结果输出形式。

表 3 - 4   方差分解结果表

	方差分解 *	方差分解 **	可决系数
IP	1.66%	15.81%	0.2669
CPI	1.02%	11.41%	0.1266

注：第二列"＊"是 24 月后预测误差的方差被货币政策所解释的部分；第三列"＊＊"是 24 月后预测误差的方差被政策变量和其他 5 个因子共同解释的部分；第四列是该变量对货币政策变量和其他 5 个因子的回归可决系数。

八、实证小结

上面几个部分先分别利用 SVAR 与 FAVAR 进行了实证，并将 SVAR 与 FA-VAR 估计结果比较得到：FAVAR 估计结果优于 SVAR，并对 SVAR 信息缺失引起的"产出之谜"有所改善。而且比较了因子个数不同的 FAVAR 实证效果，发现 FAVAR 具有较强的稳定性，7 个因子后因子的边际信息贡献非常小。所以我们利用 FAVAR 的估计结果来分析和实证货币政策的最终目标效应（产出和物价效应）。

首先，FAVAR 脉冲响应分析方面，基本结论有两点：第一，货币政策价格效应，从图 3 - 16 看出，利率正冲击，即政策紧缩，在第二期物价出现较大降幅，第三期下降速度开始减小，第四、五期之后政策效应就非常微弱了。这一过程表明物价货币政策变动的反应比较灵敏，但持续的时间相对而言较短。当然我们利用的是物价环比数据，由于"翘尾效应"的存在，同比物价的反应会更迟钝和更持久。这一反应过程基本证实了在动态分析得到的货币政策价格效应结论。第二，货币政策产出效应，从图 3 - 17 看出，利率正冲击，即货币政策紧缩，第二期产出表现为一定程度下降，这一下降的趋势和幅度均基本维持到第六期，第七期政策产出效应的紧缩作用变得小了许多，之后产出下降幅度波动地衰减。我们得出货币政策的产出效应和价格效应滞后时间为两三个月。这短于普遍认为的货币政策效应的滞后时间，可能因为我们采用的政策替代变量是短期市场化的利率，它是一种操作目标的指标，故时滞会变短。

其次，方差分析方面，我们利用方差分解技术来分析货币政策冲击的相对重要性。从表 3 - 4 可以看出产出和物价的预测误差的方差大部分被自身冲击解释，只有百分之十几被因子和货币政策变量解释，而货币政策冲击与因子冲击重要程度相当。这一结论可能说明在我们的宏观经济分析框架中的总供给和总需求表达式中的自回归项相对重要，而货币政策影响是有限的，这一结论似乎不太符合中国实际。但是相对于脉冲响应函数，方差分解是比较粗略的分析，其分析结论应该谨慎对待。

从实证结果来看，第三章利用宏观经济框架进行动态分析的结论中对货币政策的产出效应和价格效应的判断基本正确，逐步衰退的过程也得到了实证。理论动态分析结论认为产出效应是快于价格效应的，但是实证发现价格对货币政策的反应明显灵敏于工业增加值。在验证理论动态分析结论的基础上，实证分析对货币政策最终目标效应提供了更详尽的分析结论。物价对货币政策反应剧烈而且迅速，持续时间也较短，而产出效应则相对较为迟缓，反应幅度较小，持续的时间则较长，反应过程不是很稳定。

第三节　小结

一、结论

我们利用经济理论框架分析了货币政策的最终目标效应，即产出与价格效应，并且利用计量经济模型进行了实证检验和分析。得到的简要结论如下：

1. 货币政策对价格影响相对较大，紧缩货币政策导致物价下降，货币政策扩张则引起价格上升。价格对货币政策变动反应较为灵敏，且货币政策价格效应持续的时间也较短，大致持续三个月后就相当微弱了。价格效应没有方向反复和幅度的波动，说明此政策效应是比较稳定的。价格结论大致是符合理论界和实践界普遍看法，但是滞后时间显得较短，主要可能因为我们采用的是月度环比 CPI 指数作为物价替代指标，其对货币政策反应应该是相当迅速的。

2. 名义产出对货币政策冲击反应相对较小，货币紧缩导致名义产出下降，货币政策扩张则引致名义产出上升。名义产出对货币政策变动反应也较为灵敏，但货币政策名义产出效应持续时间也较长，大致从第二个月一直持续到第六、七个月，第七月之后虽然效应振幅趋于减小，但波动反复且衰减速度慢。这一效应在前半年内较为稳定，半年后有波动。

我们主旨在于分析货币政策最终目标效应，即货币政策对"币值稳定"和"经济增长"的影响。正如前文所述，我们主要分析的名义产出效应是因为中央银行和社会各界对此关注度更高，因为它更明显和直接。

3. 有效性方面，我们在文献回顾部分讨论了货币政策最终目标效应和有效性的联系，故期望通过最终目标效应分析获得有效性方面的一些启发。在将名义产出效应扣除价格效应后可得到实际产出效应的大致情况。短期内货币政策对实际产出的影响不确定，但中长期来看影响的方向和时滞均是可推测出来的。在前两个月，实际产出对货币政策变动的反应方向和幅度均难以确定，但由于价格效应微弱和名义产出效应的持续，从第三个月开始，紧缩政策的实际产出效应为负，反之扩张政策的实际产出效应为正，且持续到半年左右。

二、政策建议

我们分析货币政策的效应的主旨之一是为货币政策操作提供一些参考和依据。在了解货币政策效应基础上，并结合宏观经济实际状况科学制定合理货币的政策。

1. 货币政策实施方面。货币政策的价格效应和产出效应的方向是比较稳定的，说明合理地运用货币政策能烫平经济波动，即能发挥所谓的"经济稳定器"的作用。为保持经济平稳增长，在经济出现过热时应该紧缩货币政策，而在经济偏冷时则应扩张货币。

2. 货币政策时滞方面。把握货币政策效应时滞的稳定规律，提高货币政策的前瞻性和主动性。经济运行具有固有惯性和周期，某种货币政策实施的效应要在一段时间之后才能显露出来。我们的实证分析表明，我国的货币政策时滞是客观存在。货币政策时滞的存在说明了出台货币政策时间选择的重要性，如果中央银行不能预先对未来经济形势的可能变化作出准确的判断而采取相应的行动，而是仅仅等到货币政策最终目标发生变化时，则未来经济发展就会与调控目标发生较大的变化，货币政策效力就将降低。主要有以下四点建议，首先，我国货币政策产出效应时滞的多变性要求中央银行必须提高货币政策的预测水平，这是提高准确把握和判断效应时滞变动的基础。其次，适度超前的前瞻性货币政策调控方法要求货币政策的调控时间前移。因为在调控存在"效应滞后"的情况下，要尽可能"熨平"经济波动，各项调控措施的实施在时间上就必须有一个"提前量"。再次，宏观调控的力度逐渐递减。适度超前的货币政策的最终目的是要求使货币政策调控效果的最大值与经济波动或经济偏差的最大值在时间上的一致。最后，有效地缩短货币政策的效应时滞是提升我国货币政策效力的必然选择。

3. 政策搭配方面。财政政策对经济的拉动作用直接且明显，而货币政策的价格效应大于产出效应，且产出的滞后效应不稳定，这一事实告诉我们：货币政策侧重于通胀与通缩的调节，财政政策则应该侧重于调节产出方面。在通胀高涨、实体经济运行平稳时，应该主要采用紧缩货币政策调控物价，并辅以适度宽松的财政政策保持经济增长。在物价稳定、经济紧缩时，采用积极财政政策刺激经济增长，并辅以适度收紧货币政策预防物价上涨。例如，就 2009 年上半年经济形势来看，通胀预期显现而经济没有恢复正常增长，当局应该将宽松的货币政策适度收紧，防止实际通胀产生，继续维持积极的财政政策以刺激经济增长。在经济紧缩时转变效果不良的"相机抉择"的货币政策调控方式，并辅以积极的财政政策予以支持和配合。

第四章　货币政策传导渠道研究

第一节　对我国货币政策传导渠道的基本认识

我国货币政策传导经过多年改革与完善，初步形成中央银行→货币市场→金融机构→企业和居民的间接传导体系，初步建立以政策工具→操作目标→中介目标→最终目标的间接传导机制。当前我国货币政策传导与西方以利率传导为核心的传导机制不同，又和直接调控制度下的传导机制不同。在西方，货币政策传导顺序通常是货币供给→利率→投资→产出，尽管有以货币供应量为中介目标的，但利率是作为货币政策传导的主要的中介目标，而我国利率尚未实现完全市场化，属于由中央银行控制的外生变量，且受具体经济环境的影响使我国货币政策传导机制有其特殊性。在我国，1997 年底前，尽管有数据反映信贷规模与 GDP 间并不匹配，但信贷规模却是货币政策的中介目标。1998 年后，取消贷款限额，货币供应量开始成为货币政策中介目标。有学者认为，尽管货币供应量被确立为货币政策的中介目标，但信贷规模仍起着重要的中介作用[1]。

目前，我国市场经济发展及体制转轨过程中，货币政策传导表现出一定过渡性，有以下特点：一是市场机制作用不断增强，货币政策的间接传导机制逐步建立并处于完善中；二是以信贷传导渠道为主的货币政策传导渠道呈现多元化，货币政策的直接传导与间接传导共同发挥作用；三是货币政策传导基础有了显著改善，但货币市场与资本市场连接还不完善，利率还未完全市场化，资产价格调整渠道不畅；四是受多重目标约束，货币政策传导的信号不稳定，各主体对货币政策的预期不确定，影响了货币政策传导的通畅。

---

[1]　蒋瑛琨，刘艳武，赵振全. 货币渠道与信贷渠道传导机制有效性的实证分析——兼论货币政策中介目标的选择 [J]. 金融研究，2005（5）.

依已有的货币政策传导渠道理论并结合我国货币政策传导机制的独特之处，从传导渠道角度看，我国货币政策主要传导渠道同样可分为两大类：货币渠道与信用渠道。在货币渠道中，由于从中介目标到最终目标传导过程所依靠的变量不同，货币渠道又可具体区分为利率渠道、资产价格渠道（股票价格渠道、房地产价格渠道）、汇率渠道。信用渠道中银行信贷渠道影响较为明显。经对国外货币政策传导渠道机理的探讨，并结合我国的实际情况，本书认为我国货币政策传导渠道的具体传导过程如图4-1所示。

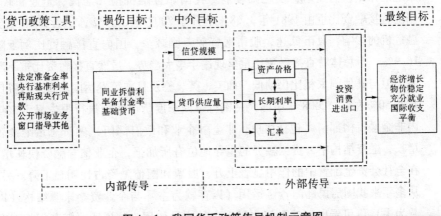

图4-1　我国货币政策传导机制示意图

从现已形成的货币政策间接传导体系可看出，货币政策传导途径有三个基本环节：①从中央银行到商业银行等金融机构和金融市场。中央银行的货币政策工具操作，首先影响商业银行等金融机构的准备金、融资成本、信用能力和行为，及金融市场上货币供给与需求的状况；②从商业银行等金融机构和金融市场到企业、居民等非金融部门的各类经济行为主体。商业银行等金融机构根据中央银行政策调整其行为，从而对各类经济行为主体的消费、储蓄、投资等活动产生影响；③从非金融部门经济行为主体到社会各经济变量，包括总支出量、总产出量、物价、就业等。

由于货币政策从中介目标到最终目标的传导要经过各个市场，因而要认识与了解我国货币政策传导渠道，首先应对各渠道所在的市场诸如货币市场、债券市场、股票市场及房地产市场等的发展状况进行定性描述，这样有利于我们更清楚地了解各渠道运行的实际状况，同时也有助于我们发现货币政策经由各渠道传导时所存在的问题，此外也有助于对实证研究结果进行充分的认识与理解。信贷渠道所在的市场主要是信贷市场，利率渠道所在的市场主要是货币市场，资产价格渠道所在的市场主要是股票市场、房地产市场，汇率渠道所在的市场主要是外汇市场。由于各个市场的整体状况是抽象的，因而在具体的描述统计分析中，对各个市场的研究应通过与该市场相关变量的数据来予以说明。

一、对我国货币政策信用传导渠道的认识

现阶段，银行贷款仍在企业融资构成中占主导，银行信贷政策及资金来源的变化对企业、居民行为有重要的影响。通常，信贷渠道的传导效应取决于借款人对银行的依存度，即间接融资/融资总量。若间接融资比重较高，则信贷渠道的作用较为显著，反之则较弱。我国非金融机构（居民、企业和政府）国内直接融资比重由 1981 年 1.68% 上升至 2007 年 21.3%，尽管 2008 年受金融危机的影响，股市低迷，股市融资额急剧减少，国内直接融资比例下降到 16.9%，但总体看直接融资比重呈现逐年增大趋势。虽然直接融资比重不断提高，但与其他国家相比仍偏低，如美、英、德及日本等发达国家直接融资比例均在 50% 左右。2008 年中国人民银行第四季度货币政策执行报告显示该年国内非金融机构部门（包括住户、非金融企业和政府部门）融资总量继续较快增长，融资结构中，贷款融资的主导地位有所加强，企业债券融资快速增长，在全社会资金配置中的作用显著上升，股票和国债融资占比明显下降。另外，从多年来我国居民部门资金运用（以存款为主）与企业资金来源结构（以贷款为主）更可看出间接融资在经济中的主导作用。这说明，随着间接融资比重的逐渐下降，银行信贷渠道在我国货币政策传导中的作用逐渐减弱，但直接融资在融资结构中始终占较大比重，因而其仍将发挥重要的作用。

货币增长、经济增长和物价增长间的关系，很大程度上反映了货币政策中介目标与最终目标间的传导关系。由表 4-1 知，1998 年至 2003 年，M_2 的增长一直远高于 GDP、CPI 增长之和，而从 2004 年至 2008 年 M_2 增长与 GDP、CPI 的增长之和逐渐接近，表明我国货币信贷政策的作用在发挥，既保持币值的长期稳定又促进经济的高速发展。同时，M_2/GDP 自 1998 年后不断变大，近 5 年一直在 1.6 上下浮动，说明货币的适度增长在促进经济快速增长同时，也加快了经济货币化的程度。此外，$LOAN/M_2$ 自 1998 年至今一直高于 60% 且逐年下降，这也说明信贷渠道作用在逐渐减弱。

表 4-1　1998—2006 年我国 M_2、GDP、CPI、LOAN 之间变化关系　单位:%

时间	M_2 同比增长率	GDP 增长率	通货膨胀率	贷款增长率	M_2/GDP	LOAN/M_2	M_2 增长率 - GDP 增长率 - 通货膨胀率
1998	14.8	7.8	-0.8	15.50	1.238	82.80	7.8
1999	14.7	7.6	-1.4	8.33	1.337	78.18	8.5
2000	12.3	8.4	0.4	6.01	1.357	73.82	3.5
2001	17.6	8.3	0.7	13.03	1.444	70.95	8.6
2002	16.8	9.1	-0.8	16.90	1.537	70.97	8.5
2003	19.6	10.0	1.2	21.10	1.629	71.87	8.4
2004	14.7	10.1	3.9	12.08	1.589	70.13	0.7
2005	17.6	10.4	1.8	9.25	1.631	65.17	5.4
2006	15.7	11.1	1.5	15.75	1.631	65.20	3.1
2007	16.7	13.0	4.8	16.13	1.568	64.86	-1.1
2008	17.8	9.0	5.9	15.94	1.580	63.85	2.9

数据来源于中经网、中国人民银行、中国国家统计局网。

通过分析,可看出近年来我国货币政策信贷渠道传导呈现以下特点。

1. 总量上,1998 年后各商业银行存在巨额存贷差,且逐年扩大,使银行资金利用效率低下、储蓄不能有效转化为投资,可能抑制经济的进一步发展。

表 4-2　　　　　金融机构各项存、贷款状况表　　　单位:亿元人民币

时间	金融机构各项存款余额	金融机构各项贷款余额	存贷差额（存款-贷款）	存贷比（贷款/存款）（%）
1998	95 697.9	86 524.1	9173.8	90.41
1999	108 778.9	93 734.3	15 045	86.17
2000	123 804.4	99 371.1	24 433	80.26
2001	143 617	112 315	31 302	78.20
2002	170 917	131 294	39 623	76.82
2003	208 056	158 996	49 060	76.42
2004	241 424	178 198	63 226	73.81
2005	287 170	194 690	92 480	67.80
2006	335 459.8	225 347.2	110 113	67.18
2007	389 371.2	261 690.9	127 680	67.21
2008	466 203	303 395	162 808	65.08

数据来源：中经专网数据库。

由表 4 - 2 知，我国金融机构的存贷差自 1998 年来逐年增大，从 1998 年 9000 多亿增加至 2008 年近 17 万亿，增加近 17.75 倍。而存贷比指标，有逐年下降之势，反映出金融机构总贷款额在总存款额中占比不断减少。对此现象，有国内学者认为，从全国范围看，存贷差扩大不是问题。并指出：由于债券市场、票据市场、回购市场、同业拆借市场的发展，商业银行资产逐渐多元化，其存贷差扩大是必然趋势①。我国金融机构业务仍集中于存贷款，存贷比偏高。1995 年颁布的《中华人民共和国商业银行法》要求商业银行余额存贷比控制在 75% 内②。目前，发达国家存贷比一般不超过 50%，而我国却超过 60%。近些年，我国商业银行存贷比不断下降，且伴随商业银行资产逐渐多元化，存贷比将会继续下降。

2. 结构上，银行信贷资金投向不对称，中小企业"借贷难"问题普遍存在。

在目前我国社会资金总量不紧，存在巨大的"存贷差"前提下，资金分配的结构性矛盾依然客观存在。经济全球化及入世后我国经济的不断放开，使金融业竞争日趋激烈。金融机构特别是国有商业银行普遍加大集约化经营力度，壮大其资金实力，积极参与国际金融竞争。但实际操作中，往往忽视一般客户信贷需求，竞相向少数优质客户发放贷款，而大部分企业尤其是急需资金的中小企业往往不能获得足够的贷款支持。与大企业比，中小企业融资渠道狭窄，它们从资本市场融资机会非常小，更多依赖于银行贷款，是信贷渠道传导的最重要载体，它们在国民经济中的比重大小、涉及面宽窄是判断信贷渠道是否起作用及作用大小的重要指标。据中国工商总局统计，截至 2008 年年底，我国 99% 以上的企业都是中小企业，对 GDP 的贡献超过了 60%，吸纳了 70% 以上的新增就业人口，中小企业已经成为推动我国经济发展的一支生力军③。

实践表明，中小企业大量存在是一个不分地区和发展阶段的普遍现象，是经济发展的内在要求和必然结果，是保证合理市场价格形成、维护市场竞争活力、确保经济稳定运行、就业充分的前提和条件。艾瑞市场咨询 2008 年 7 月发布的《2007—2008 中国中小企业 B2B 电子商务究报告》显示，截至 2007 年我国中小企业总数达到 3453 万家。据国家统计局统计，中小企业工业产值、实现利税和出口总额分别占全国的 60%、53% 和 60% 左右，中小企业还吸纳

① 戴根有. 对当前货币政策有关争论问题的看法 [N]. 金融时报（京），2002 - 07 - 10.
② 引自《中国人民银行统计季报》2002 年第三季度报告。
③ 经济参考报 http://it.sohu.com/20090831/n266338489.shtml.

75%以上的城镇就业人口①。该调查还显示，诸多中小企业由于自身规模小、大项目少、财务管理不规范、信用等级低等客观原因，达不到银行信贷要求的条件，很难获得金融机构的信贷资金支持，大多中小企业把资金不足作为制约企业生存与发展的头等大事。中小企业所获得的金融资源与其在国民经济、社会发展中的作用极不相称，具体表现在：①融资通道过窄。证券市场门槛高及中小企业创业投资体制不健全等因素使其难通过资本市场公开筹集资金。据中国人民银行2003年8月调查显示，我国中小企业融资中有98.7%来自银行贷款，直接融资仅占1.3%。②获得信贷支持少。因贷款交易和监控成本高等原因，银行不愿对中小企业放贷，而中小企业也因资信低、缺乏抵押资产等原因难获得银行信贷支持。据统计，2003年全国乡镇、个体私营、"三资"企业短期贷款仅占银行全部短期贷款的14.4%②。国家统计局数据显示，2000年非国有企业创造产值占全部工业增加值的64.5%，得到银行贷款仅占48%，而2005—2007年非国有企业贷款比重平均为42%，这种资金分布的不对称使货币政策不能有效传导到实体经济，成为经济发展的制约因素。

由此看出，信贷市场在货币政策传导及促进经济发展中举足轻重，信贷渠道在我国货币政策传导中仍旧发挥着重要的作用，但却呈现出逐渐减弱的趋势，同时由于信贷渠道中存在的一些制约因素，使得信贷渠道的作用也受到一定的影响。

二、对我国货币政策利率传导渠道的认识

货币政策利率传导渠道的传导市场主要是货币市场，涵盖同业拆借市场、证券回购市场、票据市场等。货币市场指融资期限在一年以下的金融市场，由同业拆借市场、票据贴现市场、可转让大额定期存单市场和短期证券市场四个子市场构成。货币市场具有传导货币政策的功能，其中同业拆借市场是传导中央银行货币政策的重要渠道、票据市场为中央银行提供了宏观调控的载体和渠道、国库券等短期债券是中央银行进行公开市场业务操作的主要工具。

利率高低反映出一国经济运行的基本状况，其变动又将影响所有宏观经济变量如国民生产总值、物价水平等。一直以来，我国对利率实行管制，包括存贷款利率在内的绝大多数利率均按官定利率来执行，利率很难反映资金的价

---

① 引自《2007—2008年中国中小企业B2B电子商务行业发展报告》，艾瑞咨询集团，2008.07。

② 引自中国工商贸易网信息中心. http://www.cicbiz.cn/Invest/news_detail.asp? Investment-NewsID=27

格，其结构也易扭曲，严重阻碍了货币政策的顺利执行，利率在我国货币政策传导中所起的作用也不明显。

随着我国经济体制改革推进，利率市场化进程加快，利率在货币政策传导中的作用日益扩大。1999年底，我国相继放开银行间同业拆借、贴现市场、债券回购及现券市场利率，政策性金融债和国债也实现了利率招标市场化发行，利率市场弹性得以提高。2003年，中央银行宣布扩大金融机构贷款利率浮动区间，使利率成为资源配置和宏观调控的重要手段。

近年，为应对国际、国内经济形势变化，中央银行日益重视利率的杠杆作用，利率在中央银行与金融机构间、货币市场各交易主体间的传导作用不断加强。尤其是2007年以来，国内价格水平存在上涨压力、国际环境趋于复杂，中央银行统筹考虑总量和结构因素，灵活运用利率杠杆，先后六次上调金融机构人民币存贷款基准利率。其中，一年期存款基准利率从年初的2.52%上调至年末的4.14%，累计上调1.62个百分点；一年期贷款基准利率从年初的6.12%上调至年末的7.47%，累计上调1.35个百分点[①]。2008年，中央银行为应对金融危机对我国经济增长产生的负面影响，落实适度宽松的货币政策，进一步扩大内需，保持国民经济持续平稳较快发展，自9月起先后五次下调金融机构存贷款基准利率。其中，1年期存款基准利率由4.14%下调至2.25%，累计下调1.89个百分点；1年期贷款基准利率由7.47%下调至5.31%，累计下调2.16个百分点[②]。如此频繁地使用利率杠杆以调控经济在我国尚属少见，但这反映出利率的调控作用已经得到认可。

表4-3　　　　1998—2008年我国存贷款名义利率与实际利率状况　　　　单位:%

年份	一年期存款基准利率	一年期贷款基准利率	存款实际利率	贷款实际利率	贷存利差	通货膨胀率	全社会商品零售价格增幅
1998	4.86	7.47	5.66	8.27	2.61	-0.8	-2.6
1999	3.02	6.12	4.42	7.52	3.11	-1.4	-3
2000	2.25	5.85	1.85	5.45	3.60	0.4	-1.5
2001	2.25	5.85	1.55	5.15	3.60	0.7	-0.8
2002	2.12	5.58	2.92	6.38	3.47	-0.8	-1.3
2003	1.98	5.31	0.78	4.11	3.33	1.2	-0.1

① 引自中国人民银行发布《2007年第四季度中国货币政策执行报告》，14-15页。
② 引自中国人民银行发布《2008年第四季度中国货币政策执行报告》，17-18页。

表4-3(续)

年份	一年期存款基准利率	一年期贷款基准利率	存款实际利率	贷款实际利率	贷存利差	通货膨胀率	全社会商品零售价格增幅
2004	2.12	5.45	-1.79	1.54	3.33	3.9	2.8
2005	2.25	5.58	0.45	3.78	3.33	1.8	0.8
2006	2.39	5.85	0.89	4.35	3.47	1.5	1.0
2007	3.33	6.81	-1.47	2.01	3.48	4.8	3.8
2008	3.28	6.53	-2.62	0.62	3.25	5.9	5.9

从表4-3看出，1998年后我国存款实际利率不断下降，尤其是2007、2008年存款实际利率已为负值，而贷款实际利率也在不断下降，但仍处于正利率水平。这说明，1998年后，在经济体制转换的过程中我们试图采取一种以低资金成本促进经济快速发展的战略；另一方面，这种低资金成本扩张是建立在牺牲银行利益基础上，这导致部分银行经营困难、不良资产比例上升，使商业银行的货币政策传导能力下降。

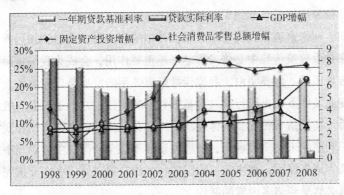

图4-2　一年期贷款利率与GDP增长率、固定资产投资增长率等变量关系图

通常，贷款利率与主要经济变量间的关系，很难用准确的数量关系来描述，但可用图示大致反映其趋势，如图4-2示。尽管名义利率变化与GDP变化在趋势上一致，但彼此间的相关性不太显著。GDP、投资、消费增长与实际变量间呈现出明显的负相关，尽管这种负相关从年份看并非一一对应，表明当实际利率较低时，投资、消费旺盛，经济增长强劲，但利率杠杆作用存在时滞。这说明制定、实施货币政策时，应充分考虑实际利率的变化，不能简单采用相机抉择的方法，时机与规则选择同样重要。

货币市场既是利率政策传导的平台和继续向资本市场传导的纽带，也是货币当局合理制定利率政策的重要信息来源和市场依据。1998 年以来，随着中央银行货币政策调控手段的转变，经济货币化及金融市场化程度提高，货币市场得到了长足发展，各子市场建设正不断趋于成熟。近些年，货币市场的发展呈现出鲜明的特点：市场成交量大幅增长，短期交易比重提高，货币市场特征更为明显伴随着市场交易量的不断增大、市场交易成员的日益增加以及货币市场工具的不断创新，货币市场不断向前发展。不断完善的货币市场将为利率杠杆作用的发挥提供一个很好的平台，货币政策经由利率渠道传导的效果也将日益明显。现阶段，利率敏感性与传导方式已发生较大变化。实际利率的不断下行，一方面将降低国债发行成本，使中央银行得以通过发行国债筹措大量资金，以扩大内需、拉动投资增长。2008 年，中央银行加强对市场利率引导，发挥其调节资金供求的作用，协调公开市场操作、存贷款利率、准备金政策等工具，全年累计发行中央银行票据 4.3 万亿，银行间债券市场累计发行债券 25 625.8 亿，同比增加 16.9%[①]。该趋势与我国近年来固定资产投资总额、社会消费品零售总额的大幅增长相吻合，尽管 2003 至 2008 年固定资产投资总额增幅变化较小，但仍保持在一个较高的水平。另一方面，减少企业利息支出，对扩大投资支持经济增长也起到了积极作用。

综上可知，利率渠道在我国货币政策传导中的作用逐渐凸显，长远看，利率传导渠道在货币政策传导中必将发挥越来越重要作用，会成为我国货币政策的又一主要传导渠道。但要明白，利率传导渠道效用的发挥是以完善的金融市场为基础，在此条件下中央银行通过对基础利率的调控，才能迅速而有效地通过完善的货币市场把信号传导到实体经济中。而目前完善的金融市场在我国尚不完全具备，利率尚未完全市场化，金融体系的不健全、微观主体对利率反应的灵敏性不高等诸多原因，都决定了我国的利率传导渠道处于一个渐进完善的过程，其效果必然受到诸多因素的制约。

三、对我国货币政策资产价格传导渠道的认识

资产价格传导渠道的传导市场主要是股票市场与房地产市场。随着我国资本市场不断发展，资产价格对货币政策、国民经济影响渐强，尽管其目前尚不作为货币政策的中介目标，但其作为货币政策的一条传导渠道应引起重视。原因在于[②]：①资产价格的"财富效应"和"投资效应"可通过资源配置、产权

---

① 数据来源于中国人民银行发布《2008 年第四季度中国货币政策执行报告》。
② 董亮. 中国货币政策资产价格传导效应的理论与实证研究 [D]. 上海交通大学, 2008.

交易、风险定价等对经济产生影响；②金融市场的开放使货币需求不稳定，货币供应量不能如实反映货币需求的满足度，市场利率将可能成为货币政策的中介目标，而资产价格与利率联系密切，相互影响，以利率作为中介目标而将资产价格置于调控之外则不太科学；③资产价格变动对居民消费、投资需求乃至经济预期变动有很重要影响，金融泡沫的形成与破灭已成为实体经济波动的先兆和直接动因。

1. 我国股市发展状况及其对货币政策的影响。考察股市发展水平时，常借助以下指标：①资本化率：股票流通市值/名义 GDP，反映股市发展状况。②交易率：股票成交总额/名义 GDP，反映以经济总量为基础的股市流动性。③换手率：股票成交金额/流通市值，同样反映股市流动性。

十年来，我国股市规模不断扩大、交易率不断提高，如表 4 - 4 示。这不仅增加了固定资产投资，加快了企业的技术进步，而且推动了经济更快的增长。股市是我国金融深化的重要环节，逐渐成为经济增长中一股不可忽视的推动力量。

表 4 - 4　　　　　　1998—2008 年我国股市发展水平状况

年份	资本化率	交易率	换手率	年份	资本化率	交易率	换手率
1998	0.068	0.279	4.097	2004	0.073	0.265	3.622
1999	0.092	0.349	3.813	2005	0.058	0.173	2.979
2000	0.162	0.613	3.781	2006	0.118	0.427	3.618
2001	0.132	0.349	2.648	2007	0.362	1.790	4.949
2002	0.104	0.233	2.242	2008	0.150	0.888	5.908
2003	0.097	0.236	2.437				

我国股市是一个政策型、资金助推型的新兴市场，资金来源与储蓄存款有密切关系。图 4 - 3 显示，上证综指与 GDP 大体保持一致上升的走势，储蓄存款增加额与 GDP 走势渐进平行，这说明随着我国经济发展，人们收入增加、生活水平提高的同时，储蓄存款稳步上升，为资本市场提供了充足资金。此外，十年的股指运行态势总体上反映了国民经济发展状况，可将股市作为国民经济的晴雨表。同时，上证综指大体上在 GDP 与储蓄存款形成的上升通道中运行，其中 GDP 持续上行决定上证综指向上运行，储蓄存款的增减变动决定上证综指在通道中波浪式攀升，可认为 GDP 与储蓄存款是上证综指运行的基本制约力量。

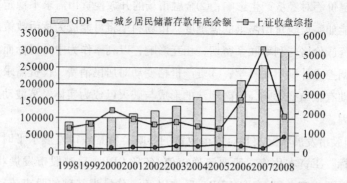

图4-3 1998—2008 年我国上证综指、GDP、城乡居民储蓄存款增加额曲线图

资本市场的发展已对货币供应量产生了极其重要的影响。股市每一次动荡总会引致货币供应量变动。股市低迷时，证券市场资金会向银行回流，导致 M_2 增长过快。图4-4示，1998 至 2005 八年间，我国股市一直处于低迷状态，股指处在 2000 点以下，此时大量资金逐渐从股市中回抽到银行体系，导致 M_2 大幅增长，M_2 年增速保持在 12% 以上，2003 年几乎达到 20%。2006 年、2007 年我国股市繁荣，大量资金进入股市，M_2 虽有增长但相比而言增幅较小。

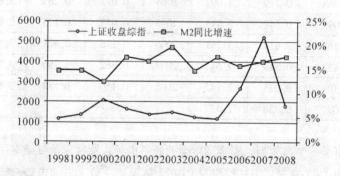

图4-4 1998—2008 年我国上证综指与 M_2 增速变化示意图

2. 我国房地产市场发展状况及其对货币政策的影响。1998 年住房制度改革后，我国房地产业取得了较大发展，已成为国民经济重要的支柱产业。1998 年以来，房地产业增加值占国内生产总值的比重稳定处于 4% 以上且逐渐上升，如图4-5 所示。2003 年房地产开发投资对 GDP 增长的贡献率为 17.7%，比 1998 年提高 12.7 个百分点，2004 年达到 18.2%，2008 年超过 20%。房地产业投资的增加直接扩大了国民经济中的投资需求，并带动其他相关行业发

展，由于与房地产密切相关的产业主要集中在第三产业，房地产业的发展对带动第三产业较快发展从而促进我国产业结构的优化和调整发挥了积极作用。

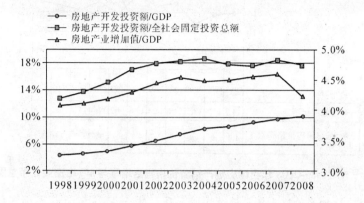

图4-5　1998—2008年我国房地产对GDP、固定资产投资总额的影响

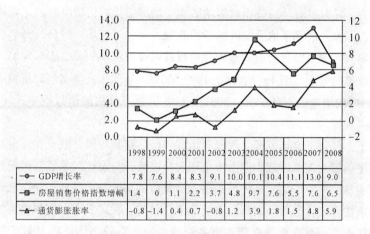

	1998	1999	2000	2001	2002	2003	2004	2005	2006	2007	2008
GDP增长率	7.8	7.6	8.4	8.3	9.1	10.0	10.1	10.4	11.1	13.0	9.0
房屋销售价格指数增幅	1.4	0	1.1	2.2	3.7	4.8	9.7	7.6	5.5	7.6	6.5
通货膨胀率	-0.8	-1.4	0.4	0.7	-0.8	1.2	3.9	1.8	1.5	4.8	5.9

图4-6　1998—2008年我国房地产销售价格指数增幅与GDP、通货膨胀率变化示意图

房地产价格对实体经济的影响日益增强，房地产销售价格指数与GDP之间呈现出一定的正相关，而通货膨胀率变化也与其走向基本保持一致。另外，房地产价格对货币政策的影响也越来越大，其不断上升的发展态势影响着货币供给与需求，从而影响着货币政策的制定、实施及传导效率。

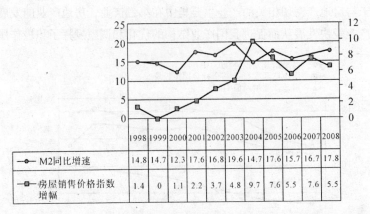

	1998	1999	2000	2001	2002	2003	2004	2005	2006	2007	2008
M2同比增速	14.8	14.7	12.3	17.6	16.8	19.6	14.7	17.6	15.7	16.7	17.8
房屋销售价格指数增幅	1.4	0	1.1	2.2	3.7	4.8	9.7	7.6	5.5	7.6	5.5

图 4-7　1998—2008 年我国房地产销售价格指数增幅与 M_2 增速变化示意图

另外，房地产价格十年来连续快速上升，对经济和社会产生了诸多负面影响。宏观上看，房地产价格的不断上涨可能通过财富效应和产业链传导而增加通胀压力，同时也会冲减货币政策的效应、增加银行的信贷风险。比如通货膨胀时期，国家一般都采取紧缩性的货币政策，但由于房地产价格高涨，境外大量热钱涌入，中央银行会增加基础货币投放以维护汇率稳定，从而冲销了紧缩性货币政策的效应。图 4-7 反映，1999 至 2004 年间，我国房地产价格不断高升，而 M_2 的增速也不断扩大。2004 年后，房地产价格回落过程中，M_2 的增速也相应减缓。

综上，经过十多年发展，我国股市和房市已初具规模，股价和房价变化对货币政策的影响逐渐显现。但由于市场起步较晚，与发达国家成熟市场相比还存在有明显的差距，尤其是传导渠道发挥效应的部分前提条件的缺失已成为制约资本市场有效传导货币政策的重要因素。目前，我国股市融资规模与发达国家相比较小，所有股票筹资额占资本形成总额比重较小，托宾 Q 效应难以充分发挥，而房市由于市场化程度不足、供给结构不合理等因素制约也难以发挥其对货币政策应有的传导作用。同时，股市与房市存在的种种制度性障碍，也严重阻滞了货币政策通过资产价格向实体经济传导的效率。但随着我国资本市场的快速发展和完善，货币政策的资产价格传导渠道作用将会逐步体现并不断增强。2007 年，温家宝总理在政府工作报告中提出，要大力发展资本市场，推进多层次资本市场体系建设，扩大直接融资规模和比重。当前，我国资本市场改革进入一个新时期，发展前景广阔，但面临金融危机的蔓延，国内外经济仍然存在不确定性，这将给资本市场带来新的挑战。

四、对我国货币政策汇率传导渠道的认识

汇率传导渠道的传导市场主要是外汇市场。纵观我国汇率制度演进过程，可看出 20 世纪 70 年代，我国实行钉住由十几种主要货币构成的货币篮子的有管理的浮动汇率制度，改革开放后实行以维持出口产品竞争力为目标的多重汇率制度，1994 年后我们又实行单一的有管理的浮动汇率制度。人民币事实上钉住美元的汇率制度是中国政府应对 1997 年亚洲金融危机的临时性措施。亚洲金融危机之后，由于人民币与美元脱钩可能导致人民币升值，不利于出口增长，我国政府并未改变人民币事实上钉住美元的状况。2005 年 7 月 21 日，中国人民银行宣布：我国开始实行以市场供求为基础、参考一篮子货币进行调节、有管理的浮动汇率制度，并让人民币对美元升值 2%。这一决定标志着我国汇率制度改革和经济增长战略调整正进入一个新的阶段。汇率制度改革既增加了人民币汇率的弹性，又给中央银行干预外汇市场留下了足够的空间，保证了人民币汇率的稳定。

通常用外贸依存度（外贸与 GDP 的比值）来衡量一个经济体对外贸的依赖程度。图 4-8 中各项指标的变动轨迹显示，1998 年后我国经济国际化水平快速提高。1998 年，我国外贸依存度仅为 31.8%，2006 年已达 66.5%。2007年、2008 年又分别下降了约 2~6 个百分点。我国加入世界贸易组织后根据其规则而采取的各项措施加快了我国经济国际化的步伐，我国经济对整个世界经济的依赖性和影响力都大大加强。我国资本账户管制的逐步放松，国际资本流动规模的不断扩大，都使汇率制度对我国货币政策效应的影响成为令人关注的现实问题。

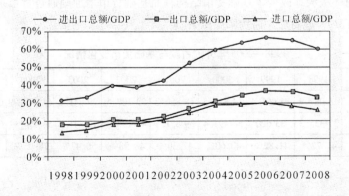

图 4-8　1998—2008 年我国进出口项目占 GDP 的比重

2006 年, 我国外汇储备已突破万亿美元, 成为全球第一外汇储备大国。而 2008 年全球面临的流动性过剩压力, 势必造成大量资金进入我国。大量流入的资本加上我国大量贸易顺差, 积累了巨额外汇储备。伴随外汇储备增长, 基础货币投放量快速增加, M_2 同比增长 15.7%, 经济明显出现流动性过剩问题。如图 4 - 9 示, 2000 年以来, 外汇储备增速远高于 M_2 增速。

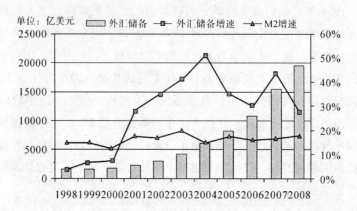

图 4 - 9　1998—2008 年我国外汇储备、M_2 增速情况

汇率弹性的不足形成基础货币投放中外汇占款的大量增加, 再加上中央银行对冲的不完全, 从而将这种全球流动性转化为国内市场上的流动性。表 4 - 5 数据表明, 外汇占款在基础货币供给中的比重逐年递增。1998 年, 外汇占款占基础货币的比重接近 42%, 2005 年已达到 96.57%, 2007 年底 113.4% [1], 上升近 2.7 倍。从新增量的角度看, 2003 年开始, 外汇占款新增量已超过基础货币新增量。外汇占款的大量增加导致基础货币投放的不断增加, 同时还极大地改变了基础货币结构, 而基础货币增加则通过货币乘数传递至 M_1 和 M_2, 进而加大通货膨胀压力。

表 4 - 5　　　　1998—2005 年外汇占款与基础货币变化情况

年份	1998	1999	2000	2001	2002	2003	2004	2005
外汇占款	13 087.9	14 061.4	14 814.5	18 850.2	22 107.4	29 841.8	45 939.99	62 139.96
基础货币	31 335.3	33 620	36 491.4	39 851.7	45 138.2	52 841.4	58 856.11	64 343.13
占 比	41.77%	41.82%	40.60%	47.30%	48.98%	56.47%	78.05%	96.57%

①　中国经济增长与宏观稳定课题组. 外部冲击与中国的通货膨胀 [J]. 经济研究, 2008 (5).

表4-5(续)

年份	1998	1999	2000	2001	2002	2003	2004	2005
△外汇占款	438.6	973.5	753.1	4035.7	3257.2	7734.4	16 098.19	16 199.97
△基础货币	702.50	2284.7	2871.4	3360.3	5286.5	7703.2	6014.71	5487.02
△占比	62.43%	42.61%	26.23%	120.1%	61.61%	100.4% -	267.65%	295.24%

资料来源:中国统计数据库。(注:△表示新增量)

在现行的汇率制度和外汇管理制度下,货币政策通过外汇市场的传导必然出现一些难以回避的问题:

(1)经常项目、资本项目持续顺差,中央银行不得不被动收购外汇而吐出基础货币。中央银行通过公开市场业务来对冲基础货币的增长,势必使货币政策中操作目标被动。

(2)宽松货币政策下,中央银行在公开市场上的对冲行为对信贷市场形成一定的紧缩效应,与货币政策目标相悖。

(3)企业、居民不能根据市场信号主动进行本外币资产的调整与组合,导致货币市场与资本市场间的联系被人为割断,利率只能通过贸易和境内外资金流动影响汇率进而影响国际收支,最后影响国内货币供给和经济形势。

当前,我国汇率制度对货币政策独立性的冲击较大,汇率制度改革迫在眉睫。利率的逐步自由化,使汇率政策变得更有弹性。此外,2007年以来我国金融业的全面放开,货币政策通过汇率变化引起出口变化和国际金融资本的流动影响国民收入的效应越来越明显,汇率渠道在我国货币政策传导机制中扮演着重要的角色,其作用和地位将开始慢慢显现。

第二节 对我国货币政策传导渠道的实证研究

通过以上对我国货币政策各传导渠道的认识,可看出信贷渠道、利率渠道、资产价格渠道和汇率渠道在我国货币政策传导中作用都比较大。但上述对货币政策各传导渠道所在的市场的分析,只是对我国货币政策的传导渠道效果有了初步的认识与了解,这些定性分析的研究并不充分,需要进一步用定量方法来进行深入研究。

目前,我国货币政策传导的信贷传导渠道、利率渠道、资产价格渠道以及汇率渠道的作用都在不断显现,随着利率市场化改革推进及金融市场的不断完善，我国货币政策传导机制将出现多元传导渠道共存的局面。现阶段我国利率尚未完全市场化，外汇不能自由兑换，我国货币政策的汇率传导渠道尽管作用已渐显，但是仍较微弱，而资产负债表渠道效应、银行资本渠道效应在我国尚不明显，鉴于这些原因，本书将重点对信贷渠道、利率渠道、资产价格渠道（股票价格渠道、房地产价格渠道）进行实证研究，分别分析我国货币政策这几个传导渠道的传导效率，找出其特点及存在的问题。在分别对这几个传导渠道进行实证时，前提假设是其他传导渠道的效果不变，即实证过程中不考虑各货币政策传导渠道相互之间存在的交互效应。另外，单独对一个传导渠道进行研究也是为了实证分析的可操作性。同时，还假设中央银行做出的货币政策决策是理性的，内部传导过程中任何货币政策的实施都会引起货币供给的变化，其最终表现形式是货币供给量的变动，这是货币政策外部传导的开始，也是实证分析时的初始变量的确定依据。

本章将在第三章对我国货币政策传导渠道的分析思路基础上，从狭义的货币政策传导渠道着手，首先关注于两大主要传导渠道的状况，从总体上把握我国货币政策传导的效应，以更好地理解我国的货币政策传导机制，之后再对各单一渠道进行研究，分析各单一渠道的传导效应，寻找其中存在的制约环节。

一、方法介绍及变量、数据选取

（一）实证方法简介

在实证分析方法上，本章主要用到单位根检验、协整检验、误差修正模型、向量自回归（VAR）模型以及基于 VAR 的 Granger 因果检验等。计量经济建模中，对于特定的时间序列，通常我们先运用 ADF 单位根检验来检验其是否平稳，若各时间序列都是单整的，则可进行协整检验，证明序列间存在长期稳定关系，进一步建立误差修正模型或 VAR 模型等。

1. 单位根检验。通常平稳时间序列是以一种不变的振幅围绕均值波动，而非平稳序列不具有这一性质。若某一时间序列是平稳的，则该序列不具有单位根，反之则具有单位根。检验变量序列是否平稳的方法称为单位根检验。

单位根检验是序列的平稳性检验，如果不检验序列的平稳性直接 OLS 容易导致伪回归。为避免伪回归现象的出现，现代计量经济建模中一般都首先对时间序列进行单位根检验以验证其平稳性。平稳性检验的方法有多种，目前常用的是 ADF 检验，其原假设是序列存在一个单位根，即非平稳。如果 ADF 检验统计量拒绝原假设，则说明序列是平稳的；否则序列是非平稳的。

单位根检验既是协整检验的必要前提，也是 Granger 因果检验的前提。

2. 协整检验。协整关系是指一些经济变量本身是非平稳序列，但是它们的线性组合是平稳序列。协整检验的目的是看一组非平稳序列的线性组合是否平稳的。协整检验既是诊断变量之间是否存在长期依存关系的一种检验方法，又是具体建立变量之间长期稳定方程的一种方法。

当检验的数据是非平稳（即存在单位根），并且各个序列是同阶单整（协整检验的前提），想进一步确定变量之间是否存在协整关系，可以进行协整检验，协整检验主要有 EG 两步法和 Johansen 极大似然估计法，后者主要适用于多个变量的多种协整关系的估计和检验，具有相对较高的检验势。当变量之间存在协整关系时，可以建立 ECM 进一步考察短期关系。

3. 向量自回归模型（VAR）及其脉冲响应函数。传统联立方程组的结构型模型是用经济理论来建立变量之间关系的模型。由于联立方程组模型存在偏倚性问题，使得参数估计不再具有统计的最优性质。Sims（1980）提出了使用模型中的所有当期变量对所有变量的若干滞后变量进行回归，用于相关时间序列系统的预测和分析随机扰动对变量系统的动态影响，这是一种非结构化的多方程模型，它不带有任何事先约束条件，将每个变量均视为内生变量，避开了结构建模方法中需要对系统中每个内生变量关于所有变量滞后值函数的建模问题，它突出的一个核心问题是"让数据自己说话"（Gujarati，1997）。VAR 模型常用于预测相互联系的时间序列系统及分析随机扰动对变量系统的动态冲击，从而解释各种经济冲击对经济变量形成的影响。

VAR 模型的表达式为

$$y_t = A_1 y_{t-1} + A_2 y_{t-2} + \cdots + A_n y_{t-n} + B x_t + \varepsilon_t$$

其中 y_t 是一个内生变量列向量，x_t 是外生变量向量，A_1，$\cdots A_n$ 和 B 是待估系数矩阵，而 ε_t 为 $(n \times 1)$ 维向量是误差项，可视为随机干扰项，即白噪音向量，$t = 1$，2，$\cdots n$。

在实际应用中，由于 VAR 模型是一种非理论性的模型，主要用来估计联合内生变量的动态关系，不带有任何实现约束条件，因此在分析该模型时，要对模型单个参数估计值的经济解释是非常困难的。为了对参数估计值作出合理的经济解释，往往不去问一个变量的变化对另一个变量的影响如何，而是考虑当一个误差项发生变化，或者模型受到某种冲击时，将对各个变量产生一些什么样的影响，通过观察系统的脉冲响应函数来达到其目的，而更直观的是观察脉冲响应图。脉冲响应函数表示系统对每个变量的单位冲击所产生的反应，它具体刻画了在扰动项上增加一个数值等于标准差的冲击对于各变量当前值和未来值的影响，对一个变量增加一个冲击将直接影响这个变量，并且通过 VAR

模型的动态结构传导给其他变量。

4. Granger 因果检验。向量自回归模型中变量的选择应遵循有关经济理论的指导，但一些变量在预测另一些变量时的有用程度如何，是否应纳入一个 VAR 系统中，往往表现为一个实证问题。Granger（1969）提出的两变量间的因果关系检验可为向量自回归模型中变量的选择提供一些参考依据。此外，VAR 模型虽有优点，但其不足在于其估计参数不具有经济意义。鉴于 VAR 模型将所有变量看做是内生变量，反映不出变量之间的因果关系，而 Granger 因果检验在 VAR 框架下可以说明这个问题。

因而，在 VAR 框架下，可以进行 Granger 因果检验，其基本原理是，对于变量 Y_t 和 X_t，如果变量 X_t 过去和现在的信息有助于改进变量 Y_t 的预测，则说 Y_t 是由 X_t 的 Granger 原因引起的，或者说 X_t 是引起 Y_t 变动的原因。其滞后时间长度的选择则是根据 AkaiKe 信息评价标准（AIC）和 Schwarz（SC）评价标准确定的。检验方程为

$$y_t = A_0 + A_1 y_{i-1} + \cdots + A_k y_{t-k} + B_1 x_{t-1} + \cdots + B_k x_{t-k}$$

其中，A、B 是 Y 与 X 的系数，k 是最大滞后阶数。检验时，若计算的 F 统计量 F_e 大于 F 的临界值，则认为 X_t 是引起 Y_t 变动的原因。

（二）变量及样本区间的选取

《中国人民银行法》明确规定我国的货币政策目标是"保持货币币值稳定，并以此促进经济增长"。币值稳定包括对内币值稳定（保持国内物价稳定）和对外币值稳定（汇率稳定）两个方面，本章将重点考虑货币政策的对内币值稳定和促进经济增长两个目标。

通常，用 GDP 来反映经济增长，但鉴于 GDP 没有月度数据，而工业增加值在 GDP 中绝对比重较大，故选择月度工业增加值作为经济增长代理变量。

目前多数国家采用居民消费价格指数来反映物价稳定及通货膨胀程度，选取该指标作为物价稳定指标的变量。

社会消费零售总额指各种经济类型的批发零售贸易业、餐饮业、制造业和其他行业对城乡居民和社会集团的消费品零售额和农民对非农业居民零售额的总和。它由社会商品供给和有支付能力的商品需求的规模所决定，是研究人民生活水平、社会零售商品购买力、社会生产、货币流通和物价的发展变化趋势的重要资料。它反映了一定时期内人民物质文化生活水平的提高情况，反映社会商品购买力的实现程度，可以用来反映全社会的消费状况。

固定资产投资额是以货币表现的建造和购置固定资产活动的工作量，它是反映固定资产投资规模、速度、比例关系和使用方向的综合性指标。通常我们

用该指标来反映全社会的投资状况。

目前我国货币政策的操作目标是基础货币，中介目标是货币供应量。按流动性不同将货币供应量分为三个层次：M_0、M_1、M_2。M_0是流动性最强的金融资产，与消费物价水平密切相关；M_1包含流通中的货币、居民及非金融企业等可用于转账支付的活期存款，流动性也非常强，主要用于观察企业资金松紧；M_2包含M_1以及定期存款、储蓄存款与其他存款，尽管流动性偏弱，但其与最终产出之间的相关性相对要高于：M_0和M_1（如表4-6），且能够反映社会总需求的变化和未来通货膨胀的压力状况。

表4-6　　　　　　　　M_0、M_1、M_2与INC间的相关系数

	M_0	M_1	M_2
INC	0.9783	0.9834	0.9897

注：表中 INC 为工业增加值。

信贷规模指银行体系对社会大众及各经济单位存贷款总额度。一般地，我们常用贷款量来描述信贷规模，且由于与最终目标有密切的相关性、准确性较强、数据容易获得、具有可测性等优点，其可以被用来作为货币政策的中介目标。本章依照《中国统计年鉴》的统计标准，选用金融机构各项贷款余额来反映信贷规模。

在我国，长期利率（主要是贷款利率）受到一定程度的管制（下限管制），是一种非完全市场化的利率。已统计、公布的长期贷款利率指标主要有三年期、五年期、五年以上利率三种。由于中央银行是先确定一年期存款利率的浮动范围，再据以确定其他期限存款利率及贷款利率的浮动范围，将1998年1月至2008年12月的三年期、五年期和五年以上贷款利率与一年期存款利率进行对比分析，发现三年期利率与存款利率的趋同性更强。此外，尽管目前我国同业拆借利率经历利率市场化改革的时间最长，市场化程度也最高，但其在货币政策传导中是作为操作工具来使用。同时长期国债利率也由于期限的原因不具有适用性。基于此，本章选用三年期贷款利率的实际值作为长期利率的替代变量。

房地产价格指数是反映房地产价格变动趋势和变动程度的相对数，用于说明房价在不同时期的涨跌幅度。上证综指是上海证券交易所编制的，以上海证券交易所挂牌上市的全部股票为计算范围，以发行量为权数综合制成，它反映了上海证券交易市场的总体走势，可作为我国股价变动的指标。本章选择上证综合指数收盘价来反映股票价格水平、房地产销售价格指数来反映房产价格水平。

对于样本区间，本章将选取 1998—2008 年间各变量的月度数据。之所以如此选取，主要因为自从 1998 年 1 月起，中国人民银行取消了对商业银行的限额管理，我国基本实现了货币政策由直接向间接宏观调控方式的转变，与此同时，货币市场、资本市场等金融市场在我国也获得了长足的发展，为货币政策传导的改善创造了有利的市场环境。此外，月度数据样本点较多，不仅符合统计规律，而且高频数据更能够准确反映经济的波动性。

（三）数据来源及预处理

本章数据主要来自中经网、《中国人民银行统计季报》及中国人民银行网站。

由于全社会固定资产投资总额的数据是累计数据，且每年一月份的资料都未进行统计，本章采用的处理办法是将二月份累计值的一半作为一月份数值的替代。三年期名义贷款利率的月度数据通过对三年期利率原始数据按照期限加权平均而得，三年期实际贷款利率（Li）则由三年期名义贷款利率减去通货膨胀率获得。

经济指标的月度或季度时间序列包含四种变动要素：长期趋势要素 T、循环要素 C、季节变动要素 S 以及不规则要素 I。经济分析中，季节变动要素和不规则变动要素往往掩盖了经济发展中的客观变化，给研究和分析经济发展趋势和判断目前经济所处的状态带来困难，因而，在经济分析之前需要对经济时间序列进行季节调整，剔除其中的季节变动要素和不规则要素。所以，本章将对部分原始数据进行 $X-11$ 季节调整处理。

为避免数据的波动性，接下来对经季节调整后的国内生产总值、消费价格指数、社会消费零售总额、固定资产投资额、广义货币供应量、金融机构贷款总额、上证综合指数收盘价、房地产销售价格指数这几个变量的数据进行对数处理。对经过以上预处理后的变量用以下符号予以简记，如表 4-7。

表 4-7 经预处理之后变量的简记表示

变量名称	经预处理后简记
工业增加值	INC
居民消费价格指数	CPI
社会消费零售总额	C
固定资产投资总额	I
货币供应量	M_2
金融机构各项贷款余额	$LOAN$

表4-7(续)

变量名称	经预处理后简记
长期利率	LI (*)
房地产价格指数	SI
上证综合指数	RI

备注: * 表示未对利率取对数。

二、对我国货币政策传导主渠道效应的实证分析

在分析我国货币政策传导的主渠道问题时，主要是研究货币渠道与信贷渠道目前是否共存，及其各自对我国经济的影响程度，即研究货币供应量（M_2）、信贷规模（$LOAN$）与宏观经济（INC）之间的关系。

为正确揭示货币渠道、信贷渠道对宏观经济的影响，避免伪回归的出现，对变量 INC、M_2、$LOAN$ 进行平稳性检验，结果如表4-8。

表4-8　　　　货币渠道、信贷渠道代理变量平稳性检验结果

变量名称	统计量	t 值	显著性水平	临界值
INC	$ADF\ Test\ Statistic$	0.371 969	1%	-3.4826
M_2	$ADF\ Test\ Statistic$	0.705 497	5%	-2.8842
$LOAN$	$ADF\ Test\ Statistic$	0.885 834	10%	-2.5787

可看出，在5%的显著性水平下，各变量的 ADF 检验统计量 t 值均大于临界值 -2.8842，因而拒绝原假设，可认为变量 INC、M_2、$LOAN$ 均不平稳。

经过一阶差分之后，再进行平稳性检验，如表4-9。

表4-9　　　　货币渠道、信贷渠道代理变量一阶差分后平稳性检验结果

变量名称	统计量	t 值	显著性水平	临界值
INC	$ADF\ Test\ Statistic$	-5.227 901	1%	-3.4831
M_2	$ADF\ Test\ Statistic$	-5.530 738	5%	-2.8844
$LOAN$	$ADF\ Test\ Statistic$	-3.526 073	10%	-2.5788

此时，可以看出在在5%的显著性水平下，变量 ADF 检验统计量 t 值均小于临界值 -2.8844，接受原假设，即认为变量 INC、M_2、$LOAN$ 此时均平稳，说明 INC、M_2、$LOAN$ 均为 I（1）的非平稳序列。用 $Johansen$ 检验来验证变量

INC、M_2、$LOAN$ 之间是否存在协整关系，在检验的确定性趋势假设中，选定"数据中无确定性趋势，协整方程中有截距项"，检验结果如表 4-10 示。

表 4-10　　　货币渠道、信贷渠道代表变量协整性检验结果

原假设	特征根	迹统计量	0.05 *Critical Value*	最大特征值统计量	0.05 *Critical Value*
None **	0.233 899	44.952 78	35.192 75	33.838 03	22.299 62
At most 1	0.059 844	11.114 75	20.261 84	7.837 054	15.892 10
At most 2	0.025 478	3.277 698	9.164 546	3.277 698	9.164 546

*（**）denotes rejection of the hypothesis at 5%（1%）significe level.

由检验结果知，在 0.05 显著性水平下，迹统计量有 44.952 78 > 35.192 75，11.114 75 < 20.261 84；最大特征值统计量检验有 33.838 03 > 22.299 62，因而变量 INC、M_2、$LOAN$ 之间存在协整关系，从而表明三者之间存在着长期的均衡关系。

对 INC、M_2、$LOAN$ 直接进行回归，发现 M_2 的回归系数为负值，明显不符合经济意义，通过大量回归模型的比对（结果见第四章附录），结果表明只有在 M_2 滞后 6 期时，其与 $LOAN$、INC 之间的回归效果较好，且与实际经济相对较为吻合，回归模型如下

$$INC_t = -9.594 + 1.120LOAN_t + 0.368M_{2\,t-6} \qquad (4-1)$$
$$p = (0.0000) \quad (0.0000) \qquad (0.047)$$
$$\bar{R}^2 = 0.982,\ DW = 1.261,\ F = 3198.190$$

模型的修正可决系数为 0.982，其中 $LOAN$ 与 M_2 系数分别为 1.120 和 0.368，说明在货币供应量不变情况下，贷款每增加 1%，工业增加值将增加 1.12%；而在贷款规模不变情况下，M_2 每增加 1%，工业增加值将增加 0.368%。各变量的回归系数都为正，符合经济学意义，且货币供应量对宏观经济的影响具有一定的滞后性，滞后时间大致为 6 个月。

令 $\varepsilon_t = INC_t - (-9.594 + 1.120LOAN_t + 0.368M_{2\,t-6})$，检验知 ε_t 是平稳序列，则得到以下误差修正模型

$$\Delta INC_t = -0.0005 + 0.9554\Delta LOAN_t + 0.3996\Delta M_{2\,t-6} - 0.1921\varepsilon_{t-1} \qquad (4-2)$$
$$P = (0.6276)\ (0.0687) \qquad (0.4563) \qquad (0.0011)$$

这个由各变量的一阶差分组成的方程反映出了变量之间短期波动的关系。模型中误差项 ε_{t-1} 的系数为 -0.1921 大于 -1 且小于 0，反映了长期均衡对短期变动的负反馈调整机制，同时其绝对值较小，表明了调整的幅度较小。

该误差修正模型不但反映了货币政策波动对工业生产波动的影响力，也反映了变量之间的长期关系对短期波动的影响，从一定程度上也进一步揭示出货币政策的变化对经济增长变化的影响力。而模型（4-1）式则充分反映了变量之间长期的均衡关系，即反映了货币政策的变化对宏观经济长期均衡的影响。另外，我们从模型中可看出 LOAN 的系数为 1.120 大于 M_2 的系数 0.368，进一步说明了金融机构信贷总额较货币供应量 M_2 相比对最终实体经济的影响要大。

综上分析，我们认为广义货币供应量 M_2、金融机构各项贷款余额 LOAN 与工业增加值 INC 之间存在长期的均衡关系，M_2、LOAN、CPI 之间也存在长期均衡关系。货币政策的货币渠道、信贷渠道共同构成了我国货币政策传导的主要传导渠道，而信贷传导渠道对实体经济的影响力也强于货币渠道。同时，货币政策的短期调整对经济增长有着显著的影响，当货币供应量以及银行储备金增加时，会对经济增长带来显著的活力。长期来看，货币供应量、贷款与工业生产之间保持着有一种协同变化的规律，货币政策的调整对经济形势的变化有着不可忽视的长期效应。

三、对我国货币政策资产价格传导渠道效应的实证分析

从资产价格渠道传导理论知，资产价格（股价、房价）在货币政策从中介目标到最终目标的传导过程中起着桥梁作用。货币政策的变化最终由 M_2 来反映，M_2 变化影响资产价格，而在此过程中，利率也会不同程度地影响资产价格，即资产价格的变动是 M_2、利率共同作用的结果。接着，资产价格的变化又会影响到投资、消费等，最终引致宏观经济的变动。

在对我国货币政策资产价格传导渠道实证时，本章将对股票市场、房地产市场分别予以研究。同时，将分成两个阶段进行实证研究，第一阶段研究货币政策对资产价格的影响，第二阶段研究资产价格对实体经济的影响。

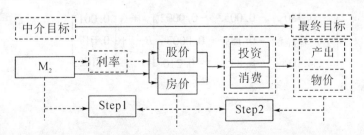

图4-10　货币政策资产价格传导渠道实证研究步骤

（一）房地产价格传导渠道效应实证研究

首先，我们探讨货币政策对房地产价格的影响，主要考虑货币供应量（M_2）及实际长期利率（LI）两方面因素对房地产价格的影响。

表 4-11 　　　房地产价格传导渠道各变量单位根检验结果

变量名称	统计量	t 值	显著性水平	临界值
RI	*ADF Test Statistic*	-2.605 456	1%	-3.482 035
一阶差分后			5%	-2.884 109
RI	*ADF Test Statistic*	-5.219 331	10%	-2.578 884

通过平稳性检验知，RI 是 I（1）序列，而 M_2、LI 也是 I（1）序列，经协整检验知，RI、M_2、LI 之间同样存在协整关系，建立如下协整方程

$$RI = 4.289 + 0.029 * M_2 - 0.002LI \qquad (4-3)$$
$$P = (0.000)\ (0.0024)\qquad (0.2326)$$

同样长期看，房地产价格与货币供应量同向变动，但与利率反向变动，揭示货币政策能够通过综合调整货币供应量和利率而达到调控房价的目的。同时可以看到房地产价格对货币供应量的系数为 0.029，房地产价格对利率的系数为 -0.002，前者绝对值大于后者，这说明从长期看货币供给量对房地产价格的冲击更大一点。

记

$$B = [\ RI\quad M_2\quad LI\ ]'$$

利用 EViews5.0 估计 *VAR* 模型，多次试验后，发现滞后期数同样为 2 时 *AIC* 和 *SC* 信息量取值最小，因而得到估计结果如下

$$B_t = \begin{bmatrix} 1.288 & -0.113 & -0.0001 \\ -0.448 & -0.235 & -0.0004 \\ -31.387 & -9.681 & -0.411 \end{bmatrix} B_{t-1}$$

$$+ \begin{bmatrix} -0.480 & -0.005 & -0.0002 \\ 0.371 & -0.189 & 0.0003 \\ -54.034 & -8.832 & -0.210 \end{bmatrix} B_{t-2} + \begin{bmatrix} 0.001 \\ 0.017 \\ 0.162 \end{bmatrix}$$

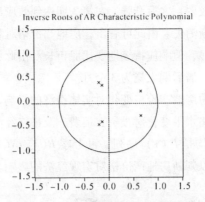

图 4 - 11　VAR 系统稳定性检验结果

由图 4 - 11 检验知，该 VAR 系统是稳定的。采用蒙特卡洛（Monte Carlo）随机模拟法来计算房地产价格（RI）对货币政策（M_2、LI 变化）冲击的动态响应，将考察的冲击作用的期限设为 10 期，Cholesky Ordering 选项中变量顺序设置为：SI、LI、M_2，可分别得到房地产价格在选定时段内对两个代表货币政策手段变量的单独冲击的脉冲响应函数图，货币供给、利率对房地产价格的冲击均具有统计显著性，脉冲响应效果具体如图 4 - 12 所示，其中横轴表示冲击作用的滞后期间数（单位：月度），纵轴表示对冲击的响应。

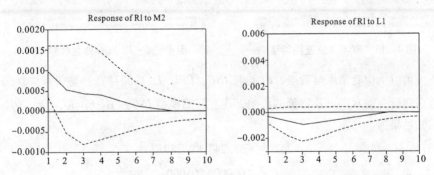

图 4 - 12　房地产价格水平变化对货币供给量 M_2、实际利率 R 冲击的响应

由房地产价格对货币供应量冲击的反映看出，扩张性货币政策对房地产价格的冲击较为明显，货币供给冲击对房地产价格的影响具有一个助推作用，且效果明显，而且对房地产价格存在较为持久的正向影响，但正向影响效应随时间递减。这在一定程度上显示出我国货币供应量的增长对我国房地产价格泡沫的膨胀起到了重要的支撑和助推作用。而当长期利率受货币供应量变化冲击产生相应后，其对房地产价格也产生一个冲击。可看出，在整个冲击期限内房价对长期利率冲击的响应一直为负，这与经济理论同样吻合的。可看出，起初房

价对利率变动的反应较弱，之后渐强，在第 3 期达到效应最大，之后又开始减弱，第 8 期后影响逐渐消失。由此可看出，房地产价格对利率变化反应的敏感性并没有股价那么明显，但响应持续期要比股市长。由此可认为房地产价格对利率冲击具有滞后性，滞后期大概为 3 个月。

现在，我们将考虑房地产价格变化对实体经济的影响。对实体经济的影响将主要考虑房地产价格水平变化对投资、消费、及最终经济总体的影响。由于 RI、INC、CPI、I、C 均是 I（1）序列，可考察 RI 与 INC、CPI、I、C 间是否分别存在协整关系，以判断房地产价格对宏观经济的影响。

Series: RI INC
Lags interval: 1 to 4

Eigenvalue	Likelihood Ratio	5 Percent Critical Value	1 Percent Critical Value	Hypothesized No. of CE(s)
0.195757	37.28392	19.96	24.60	None **
0.100894	12.23073	9.24	12.97	At most 1 *

*(**) denotes rejection of the hypothesis at 5%(1%) significance level
L.R. test indicates 2 cointegrating equation(s) at 5% significance level

图 4 - 13 RI 与 INC 协整检验结果

Series: RI CPI
Lags interval: 1 to 10

Eigenvalue	Likelihood Ratio	5 Percent Critical Value	1 Percent Critical Value	Hypothesized No. of CE(s)
0.215343	32.19164	19.96	24.60	None **
0.023264	2.848152	9.24	12.97	At most 1

*(**) denotes rejection of the hypothesis at 5%(1%) significance level
L.R. test indicates 1 cointegrating equation(s) at 5% significance level

图 4 - 14 RI 与 CPI 协整检验结果

Series: RI I
Lags interval: 1 to 4

Eigenvalue	Likelihood Ratio	5 Percent Critical Value	1 Percent Critical Value	Hypothesized No. of CE(s)
0.144837	29.27832	19.96	24.60	None **
0.071398	9.407488	9.24	12.97	At most 1 *

*(**) denotes rejection of the hypothesis at 5%(1%) significance level
L.R. test indicates 2 cointegrating equation(s) at 5% significance level

图 4 - 15 RI 与 I 协整检验结果

Series: RI C
Lags interval: 1 to 4

Eigenvalue	Likelihood Ratio	5 Percent Critical Value	1 Percent Critical Value	Hypothesized No. of CE(s)
0.171817	33.24623	19.96	24.60	None **
0.070866	9.334754	9.24	12.97	At most 1 **

*(**) denotes rejection of the hypothesis at 5%(1%) significance level
L.R. test indicates 2 cointegrating equation(s) at 5% significance level

图 4 - 16 RI 与 C 协整检验结果

由以上检验结果可看出，RI 均与 INC、CPI、I、C 间存在协整关系。首先考虑房价变动对产出及物价的影响，建立回归模型 $INC_t = \beta_1 + \beta_2 RI_t + \varepsilon_t$，$OLS$ 回归结果为

$$INC = -37.247 + 9.780RI \qquad (4-4)$$

$$P = (0.000)(0.000)$$

$$R^2 = 0.485、DW = 0.042$$

由于 DW 远小于 2，所以该模型存在自相关，运用科克兰内—奥克特法进行修正。由上模型得残差一阶自回归模型 $\varepsilon_t = 0.012 + 0.965\varepsilon_{t-1}$，利用该模型做广义差分方程 $INC_t - \hat{\rho}_1 INC_{t-1} = \beta_1^* (1 - \hat{\rho}_1) + \beta_2^* (RI_t - \hat{\rho}_1 RI_{t-1}) + \varepsilon_t^{(1)}$，经 OLS 估计得

$$INC^* = 0.147 + 0.926RI^* \qquad (4-5)$$

$$P = (0.000) \quad (0.000)$$

$$R^2 = 0.333 \quad DW = 2.072$$

此时模型已不存在自相关，将回归系数还原，由差分方程式得

$$\hat{\beta}_1 = \hat{\beta}_1^* / (1 - \hat{\rho}_1) = 4.194 \qquad \hat{\beta}_2 = \hat{\beta}_2^* = 0.926$$

最终修正后的模型为

$$\hat{INC} = 4.194 + 0.926 * RI \qquad\qquad (4-6)$$

依此方法分别利用 RI 对 CPI 作回归，同样模型均存在自相关，利用科克兰内—奥克特法进行修正，得到修正后的模型为

$$\hat{CPI} = 0.157 + 0.851RI \qquad\qquad (4-7)$$
$$P = (0.000) \quad (0.021)$$
$$R^2 = 0.304 \quad DW = 1.657$$

由以上模型的系数看出，最终产出、物价对房地产价格的变动比较敏感。

在 EViews5.0 中用 $Granger$ 因果检验来分析各变量之间的关系和相互作用，结果如表 4-12 示。

表 4-12　　房地产价格传导渠道各变量 $Granger$ 因果检验结果

原假设	观测数	F 值	$Probability$（%）	结果
$INC\ does\ not\ Granger\ Cause\ RI$	128	1.442 80	0.224 14	接受原假设
$RI\ does\ not\ Granger\ Cause\ INC$	128	1.981 77	0.101 66	接受原假设
$I\ does\ not\ Granger\ Cause\ RI$	128	3.372 74	0.011 85	拒绝原假设
$RI\ does\ not\ Granger\ Cause\ I$	128	0.612 59	0.654 38	接受原假设
$C\ does\ not\ Granger\ Cause\ RI$	128	2.328 26	0.060 08	接受原假设
$RI\ does\ not\ Granger\ Cause\ C$	128	0.464 74	0.761 49	接受原假设
$CPI\ does\ not\ Granger\ Cause\ RI$	128	1.085 58	0.366 85	接受原假设
$RI\ does\ not\ Granger\ Cause\ CPI$	128	1.204 77	0.312 44	拒绝原假设

在 5% 显著性水平下，RI 与 INC、RI 与 C、RI 与 CPI 之间均不存在 Granger 因果关系。此外，RI 不是 I 的 $Granger$ 原因，但 I 却是 RI 的 Granger 原因。这表明，我国房地产价格渠道中房地产价格并不是产生投资、消费以及经济增长的原因。

为进一步研究房价变化对实体经济的影响，我们进行脉冲响应分析，$Cholesky\ Ordering$ 选项中变量顺序设置为 INC、RI；CPI、RI。由结果看出，当给房价一个正冲击时，INC 响应刚开始并不明显，第 2 期时达到最大，短期内波动较大，第 7 期后开始围绕 0 小幅波动，由此看出货币政策通过房地产价格

传导能够促进经济增长，但影响并不稳定。对 *CPI* 来说，在冲击期内其对股价冲击的响应始终为正。起始时响应较为明显，到第 3 期时为 0，之后又有响应但几乎趋于 0，这说明物价对房价变化的响应较为敏感。事实上与股价一样，房价的上涨对物价上涨同样有推动作用。

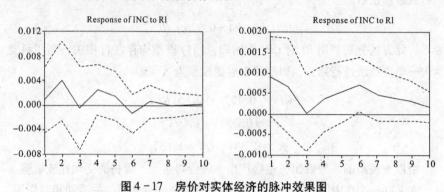

图 4 - 17 房价对实体经济的脉冲效果图

（二）股票价格传导渠道效应实证研究

首先，我们探讨货币政策对股票价格的影响。对 *SI*、*LI* 进行平稳性检验，结果证明 *SI*、*LI* 都是 I（1）序列。

表 4 - 13 上证综指 *SI*、三年期存款实际利率 *LI* 单位根检验结果

变量名称	统计量	t 值	显著性水平	临界值
SI	*ADF Test Statistic*	- 1.905 361	1%	- 3.481 623
LI	*ADF Test Statistic*	- 2.784 144	5%	- 2.883 930
			10%	- 2.578 788
一阶差分后				
SI	*ADF Test Statistic*	- 5.181 236	1%	- 3.4826
LI	*ADF Test Statistic*	- 16.015 59	5%	- 2.8842
			10%	- 2.5787

此外，由于 M_2 也是 I（1）序列，通过协整检验可知 *SI*、*LI*、M_2 之间存在协整关系。

Unrestricted Cointegration Rank Test (Trace)

Hypothesized No. of CE(s)	Eigenvalue	Trace Statistic	0.05 Critical Value	Prob.**
None *	0.165585	30.06017	29.79707	0.0466
At most 1	0.046399	7.070029	15.49471	0.5695
At most 2	0.008127	1.036311	3.841466	0.3087

Trace test indicates 1 cointegrating eqn(s) at the 0.05 level
* denotes rejection of the hypothesis at the 0.05 level
**MacKinnon-Haug-Michelis (1999) p-values

图 4-18 SI、M_2、LI 协整检验结果

建立协整方程

$$SI = 4.255 + 0.276M_2 - 0.033LI \qquad (4-8)$$
$$P = (0.000) \quad (0.0022) \quad (0.0483)$$

从长期来看，股票价格与货币供应量同向波动，但与利率反向波动，揭示货币政策能够通过综合调整货币供应量和利率而达到调控股价的目的。同时可看到股票价格对货币供应量的系数为 0.276，股票价格对利率的系数为 -0.033，两系数在 5% 显著性水平下均显著且前者绝对值大于后者，从长期看货币供给量对股票价格的冲击更大一点。

由前面的理论部分，可知道当中央银行实行扩张性货币政策时，公众增加对资产的购买，使得资产价格上升，反之则反。根据我国货币政策的实施情况和相关的货币政策手段对资产价格的影响，本章考虑将 M_2 及长期利率（LI）两个代理变量引入 VAR 模型。

记 $A = \begin{bmatrix} SI & M_2 & LI \end{bmatrix}'$ 是 SI、M_2、LI 的一个向量组合，利用 EViews5.0 估计 VAR 模型，经过多次试验后，发现在滞后期数为 2 时 AIC 和 SC 信息量取值最小，因而得到估计结果如下

$$A_t = \begin{bmatrix} 0.917 & -1.049 & -0.009 \\ 0.010 & -0.238 & -0.006 \\ -1.019 & -5.780 & -0.409 \end{bmatrix} A_{t-1}$$

$$+ \begin{bmatrix} 0.322 & -0.971 & -0.006 \\ -0.010 & -0.143 & 0.0002 \\ 0.610 & -10.066 & -0.212 \end{bmatrix} A_{t-2} + \begin{bmatrix} 0.026 \\ 0.017 \\ 0.141 \end{bmatrix}$$

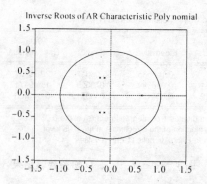

Inverse Roots of AR Characteristic Poly nomial

图 4 - 19　VAR 系统稳定性检验结果

从图 4 - 19 可看出，所建 *VAR* 模型的所有根全在单位圆内，因而该 *VAR* 系统是稳定的，变量之间的关系是长期均衡的。接着，对估计的 *VAR* 模型进行脉冲响应函数分析。本章采用蒙特卡洛（Monte Carlo）随机模拟方法来计算股票价格（*SI*）对货币政策（M_2、*LI* 变化）冲击的动态响应，经多次试算，发现在 10 期之后冲击的响应逐渐消失，因而本章将考察的冲击作用的期限设为 10 期，且脉冲响应分析中 *Cholesky Ordering* 选项中冲击变量的顺序设置不同时，得出的冲击效应图是不同的，本章顺序设置为 *SI*、*LI*、M_2，可分别得到股票价格在选定时段内对两个代表货币政策手段变量的单独冲击的脉冲响应函数图，货币供给、利率对股票价格的冲击具有均具有统计显著性，脉冲响应效果具体如图 4 - 20 所示，其中横轴表示冲击作用的滞后期间数（单位：月度），纵轴表示对冲击的响应。

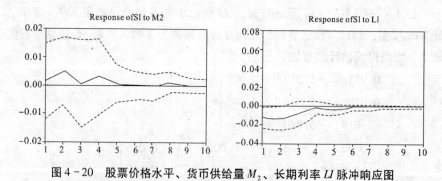

Response of SI to M2　　　　Response of SI to LI

图 4 - 20　股票价格水平、货币供给量 M_2、长期利率 *LI* 脉冲响应图

给货币供应量一个正冲击时，股价在整个冲击期内都为正，第 2 期达到最大值，短期内货币政策对股价的影响存在波动，第 5 期后影响逐渐消失。由此可认为，股价对货币政策的变化的响应较为敏感，货币供应量的变化对抑制股票价格上涨或拉升股票价格的作用会在短时间内迅速显现，但长期内，股价对货币政策的反应将逐渐减弱。而当长期利率受货币供应量变化冲击产生响应后，其对股票价格也产生一个冲击。可看出，在整个冲击期限内股价对长期利率冲击的响应一直为负，这与经济规律是吻合的。此外，到第 2 期时负响应达到最大，之后逐渐减弱，到第 4 期时响应渐趋于 0，这说明股价对于利率的响应同样较为敏感，但存在一个短暂的滞后期。

接下来，考虑股票价格变化对实体经济的影响。对实体经济的影响将主要考虑股票价格水平变化对投资、消费及最终经济总体的影响。

表 4 - 14　　　　　　股票价格传导渠道各变量单位根检验结果

变量名称	统计量	t 值	显著性水平	临界值
I	ADF Test Statistic	0.367 669	1%	-3.481 623
C	ADF Test Statistic	2.051 651	5%	-2.883 930
CPI	ADF Test Statistic	-2.067 948	10%	-2.578 788
一阶差分后				
I	ADF Test Statistic	-17.074 23	1%	-3.4826
C	ADF Test Statistic	-14.287 41	5%	-2.8842
CPI	ADF Test Statistic	-3.378 992	10%	-2.5787

分别对 I、C、CPI 进行单位检验，结果表明这三个变量都是 I（1）序列，如表 18 示，由前述可知 INC、SI 也是 I（1）序列。在此前提下，可进行协整检验，以探讨 SI 与 I、C、INC、CPI 间的关系，结果如图 4 - 21 到图 4 - 24。

Series: SI INC
Lags interval: 1 to 4

Eigenvalue	Likelihood Ratio	5 Percent Critical Value	1 Percent Critical Value	Hypothesized No. of CE(s)
0.187168	26.24348	19.96	24.60	None **
0.020755	2.411890	9.24	12.97	At most 1

*(**) denotes rejection of the hypothesis at 5%(1%) significance level
L.R. test indicates 1 cointegrating equation(s) at 5% significance level

图 4 - 21　SI 与 INC 协整检验结果

Series: SI CPI
Lags interval: 1 to 4

Eigenvalue	Likelihood Ratio	5 Percent Critical Value	1 Percent Critical Value	Hypothesized No. of CE(s)
0.109948	16.21749	15.41	20.04	None *
0.017401	2.123998	3.76	6.65	At most 1

*(**) denotes rejection of the hypothesis at 5%(1%) significance level
L.R. test indicates 1 cointegrating equation(s) at 5% significance level

图 4 - 22　SI 与 CPI 协整检验结果

Series: SI I
Lags interval: 1 to 4

Eigenvalue	Likelihood Ratio	5 Percent Critical Value	1 Percent Critical Value	Hypothesized No. of CE(s)
0.126155	22.79051	19.96	24.60	None *
0.043620	5.664233	9.24	12.97	At most 1

*(**) denotes rejection of the hypothesis at 5%(1%) significance level
L.R. test indicates 1 cointegrating equation(s) at 5% significance level

图 4 - 23　SI 与 I 协整检验结果

Series: SI C
Lags interval: 1 to 4

Eigenvalue	Likelihood Ratio	5 Percent Critical Value	1 Percent Critical Value	Hypothesized No. of CE(s)
0.127763	23.37150	19.96	24.60	None *
0.046230	6.011308	9.24	12.97	At most 1

*(**) denotes rejection of the hypothesis at 5%(1%) significance level
L.R. test indicates 1 cointegrating equation(s) at 5% significance level

图 4 - 24　SI 与 C 协整检验结果

由检验结果知，上证综指 SI 与 INC、CPI、I、C 之间均存在协整关系。此外，直接用 SI 对 INC、CPI、I、C 作回归，由回归结果知模型存在自相关，对模型进行修正，修正后的模型为

$$\hat{I} = 2.213 + 0.969SI \qquad\qquad (4-9)$$
$$P = (0.000) \ (0.000)$$

$$\hat{C} = 2.213 + 0.586SI \qquad\qquad (4-10)$$
$$P = (0.000) \ (0.000)$$

$$\hat{INC} = 3.658 + 0.599SI \qquad\qquad (4-11)$$
$$P = (0.000) \ (0.000)$$

$$\hat{CPI} = 4.315 + 0.041SI \qquad\qquad (4-12)$$
$$P = (0.000) \ (0.000)$$

接着，在 EViews5.0 中用 Granger 因果检验来分析各变量之间的关系和相互作用。在 0.05 的显著性水平之下，结果如表 4-15。

表 4-15 　股票价格传导渠道各变量之间的 Granger 因果检验结果

原假设	观测数	F 值	Probability（%）	结果
INC does not Granger Cause SI	128	0.748 21	0.561 09	接受原假设
SI does not Granger Cause INC	128	0.624 46	0.645 95	接受原假设
I does not Granger Cause SI	128	0.271 38	0.895 92	接受原假设
SI does not Granger Cause I	128	0.184 89	0.945 87	接受原假设
C does not Granger Cause SI	128	0.408 89	0.801 94	接受原假设
SI does not Granger Cause C	128	0.586 74	0.672 85	接受原假设
CPI does not Granger Cause SI	128	2.103 48	0.084 61	接受原假设
SI does not Granger Cause CPI	128	2.938 14	0.023 38	拒绝原假设

由表 4-15 可看出，在 95% 的置信水平下，上证综指不是 INC、社会消费品零售总额及固定资产投资总额的 Granger 原因，但上证综指确是 CPI 的 Granger 原因。同样，可发现 INC、CPI、社会消费品零售总额及固定资产投资总额也不是上证综指的 Granger 原因。为进一步了解股价变动对实体经济的影响，进行下面的脉冲响应分析。Cholesky Ordering 选项中变量顺序设置为 INC、SI；CPI、SI。由结果看出，当给股价一个正冲击时，在第一期内 INC 有一正向的反应，但迅速减弱，在冲击期内始终围绕 0 小幅波动。对 CPI 来说，在冲击期内其对股价冲击的响应始终为正。起始时冲击响应较为明显，随后减弱，

之后再增强，在第 4 期达到最大值，从第 7 期开始影响逐渐消失。同时看出 *CPI* 对股价冲击的响应波动性较大。

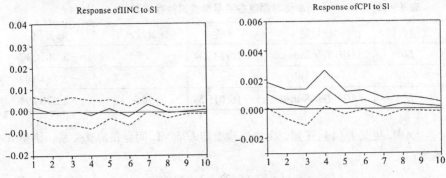

图 4 - 25   股价对宏观经济的脉冲效果图

由此，我们认为目前股价对我国经济增长的冲击力较弱，但是其对物价的冲击较为明显。而且（4 - 9）式表明，在其他因素不变情况下，股价每变动 1%，对投资的促进作用 0.969%，相比较而言要高于其对消费、工业增加值以及物价的影响。

综上，在资产价格传导渠道中，货币政策从中介目标到资产价格的传导较为顺畅。货币政策通过股票价格传导对实体经济影响不明显，通过房地产价格传导对实体经济有影响但不稳定，而货币政策通过资产价格传导对物价上涨作用较明显。总体而言，货币政策从资产价格到最终实体经济的传导不太通畅。

四、对我国货币政策利率传导渠道效应的实证分析

货币政策利率传导渠道中，利率是中介目标到最终目标的桥梁，货币政策的变化反映在货币供应量的变化上，进而通过利率影响投资、消费等，最终影响宏观经济。前面的描述统计分析中，已经说明利率在利率渠道传导中的重要作用。在实证部分，首先讨论货币政策的变化对长期利率的影响，进而讨论长期利率的变化对宏观经济的影响。

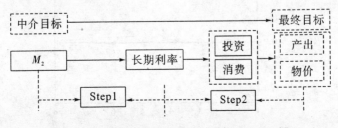

图 4 - 26   货币政策利率传导渠道实证研究步骤

首先，我们探讨货币政策对长期贷款利率的影响。经单位根检验，知 LI 是 I（1）序列。

表 4-16   利率传导渠道各变量单位根检验结果

变量名称	统计量	t 值	显著性水平	临界值
LI	*ADF Test Statistic*	-2.784 144	1%	-3.481 217
一阶差分后			5%	-2.884 109
LI	*ADF Test Statistic*	-16.015 59	10%	-2.578 694

而 M_2 也是 I（1）序列，由协整检验知 LI 与 M_2 间存在协整关系，协整方程为：

$$LI = 52.68471 - 3.920M_2 \qquad (4-13)$$
$$P = （0.000）（0.000）$$

从长期趋势来看，货币供给量对长期贷款利率具有负向效应，货币供应量每增加1%，长期利率则下降3.92。根据货币政策实施情况及相关的货币政策手段对长期利率的影响，建立下面 VAR 模型，考虑货币政策对长期利率的短期动态影响。

记

$$C = \begin{bmatrix} LI & M_2 \end{bmatrix}'$$

利用 EViews5.0 估计 VAR 模型，经过试验后，发现在滞后期数为 2 时 AIC 信息量值最小，估计结果为

$$C_t = \begin{bmatrix} -0.403 & -5.282 \\ -0.003 & -0.247 \end{bmatrix} C_{t-1} + \begin{bmatrix} -0.206 & -9.255 \\ 0.0001 & -0.153 \end{bmatrix} C_{t-2} + \begin{bmatrix} 0.1232 \\ 0.0177 \end{bmatrix}$$

采用蒙特卡洛（Monte Carlo）随机模拟方法计算长期贷款利率（LI）对货币政策（M_2 变化）冲击的动态响应，将考察的冲击作用的期限设为 8 期，可以得到长期利率在选定时段内对货币供应量单独冲击的脉冲响应函数图。

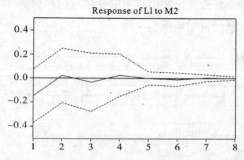

图 4-27　长期利率对货币供应量的脉冲响应图

从脉冲响应图可看出，给定货币供应量 M_2 一正冲击，长期利率对该响应为负，在第 2 期响应逐渐消失，之后在 0 左右小幅波动。可看出，利率对货币供应量的变化较为敏感，但影响时间较短，即货币政策从货币供应量到长期利率的传导效果不是特别明显。

接下来，我们研究长期利率的变化对最终实体经济的影响。主要研究长期利率与经济增长、物价各变量之间的关系。由于长期利率 LI、INC、CPI 均是 $I(1)$ 序列，通过协整检验知 LI 与 INC、CPI 之间均存在协整关系，即可认为长期利率与宏观经济之间保持着一个长期的均衡关系，协整方程分别为

$$\hat{INC} = 9.001 - 0.167LI \qquad (4-14)$$
$$P = (0.000)\ (0.000)$$

$$\hat{CPI} = 4.660 - 0.008LI \qquad (4-15)$$
$$P = (0.000)\ (0.000)$$

从该方程可以看出，利率与 INC、CPI 的回归系数均为负值，符合经济意义。当经济出现通货膨胀时，中央银行会提高利率即实行紧缩性货币政策来抑制消费、投资的增长，从而使得经济增长放缓，同时控制物价的过快增长。LI 对 INC 回归系数的绝对值要大于 LI 对 CPI 回归系数的绝对值，说明利率变化对实际产出的影响要大于其对物价的影响。但要具体了解 LI 与 INC、CPI 之间是否存在因果关系，则要进行进一步的分析。

表 4-17　　　　利率传导渠道各变量 *Granger* 因果检验结果

原假设	观测数	F 值	*Probability*（%）	结果
INC does not Granger Cause LI	128	0.921 71	0.453 80	接受原假设
LI does not Granger Cause INC	128	1.268 85	0.286 11	接受原假设
CPI does not Granger Cause LI	128	9.823 41	6.7E-07	拒绝原假设
LI does not Granger Cause CPI	128	1.166 46	0.329 14	接受原假设
M_2 *does not Granger Cause LI*	128	1.151 94	0.335 67	接受原假设
LI does not Granger Cause M_2	128	0.839 06	0.503 03	接受原假设

为进一步了解变量之间的因果关系，对以上变量进行 Granger 因果检验，结果如表 4-17 所示。在 5% 的显著性水平下，可看出：

（1）长期利率 LI 与 M_2 之间不存在相互的 Granger 因果关系。可以认为由于我国还未完全实现利率市场化，受到长期利率管制的影响，货币供应量的变动不能通过长期利率的敏感反应进而传导到实体经济中去，形成了货币供应量

和长期利率变动之间的货币政策信号断层。

（2）长期利率 LI 不是 CPI 的 Granger 原因。长期利率与物价之间互不影响，说明了我国利率传导机制对稳定物价这个最终目标的传导是失效的。

（3）长期利率 LI 与 INC 之间不存在相互的 Granger 因果关系。说明目前我国货币政策利率传导渠道较传导效应仍然不高，货币政策的变化通过利率渠道传导仍未引起经济增长的明显变动，货币政策利率渠道仍然传导受阻。

为了解利率渠道传导过程中货币政策的动态效应，给长期利率 LI 一个正冲击，其中 Cholesky Ordering 选项中变量顺序设置为 INC、LI；CPI、LI。可看出，工业增加值对利率变化冲击较为敏感，但其响应在整个冲击期内较弱，几乎在 0 上下波动。在第 1 期内，冲击响应为正，这与现实经济理论相悖。总体来看，在冲击期内 GDP 变化较为平稳，这说明了利率变化对实体经济的影响不是很大，即利率渠道的效应较弱。但对物价来说，物价对利率的正冲击产生一个较明显的负效应，第 2 期为 0，之后在 0 左右小幅波动，说明物价对利率变化的敏感性较高。

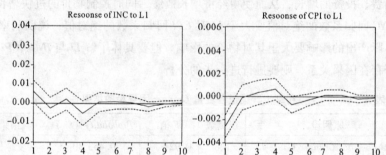

图 4-28　长期利率变化对 INC、CPI 变化冲击的脉冲响应图

第三节　小结

通过上一节的实证分析，本章得出以下结论：

1. 在关于我国货币政策传导的主渠道方面，我们认为广义货币供应量 M_2、金融机构各项贷款余额 LOAN 与工业增加值 INC 之间存在长期的均衡关系。从对产出增长目标的影响显著性来看，贷款的影响最为显著，其次是 M_2，若贷款增加 1%，工业增加值将增加 1.12%；M_2 增加 1% 时，工业增加值将增加 0.368%。这表明，在 1998 年我国宏观经济调控方式转变后的货币政策传导过程中，货币渠道、信贷渠道都对货币政策传导发挥了一定作用，共同构成了我国货币政策传导的主要传导渠道，但相对来说，目前信贷渠道对实体经济的影响力仍要强于货币渠道。

2. 现阶段，总体上看我国货币政策通过利率渠道的传导效应仍不高。尽管长期利率对货币政策冲击的响应较为敏感，但其影响程度较小且持续时间较短，说明货币政策从货币供应量到长期利率的传导效果不是特别明显，其原因可能在于我国目前基本上以半管制利率为主，虽然包括国债市场利率和同业拆借市场利率等在内的货币市场利率已经基本市场化，但短期利率通过影响货币供应量进而影响长期利率的效果不显著，使得我国长、短期市场之间缺乏较好的联结机制，利率期限结构不完善。

长期利率的变化对经济增长的影响较小，但实证结果显示当利率提高时，短期内工业增加值增长速度未减缓反而有所加快，即提高利率，产出反而快速增加，这可能就是经济学中的"产出之谜"。物价对长期利率的变化较为敏感。但长期看，利率变化对实际产出的影响要大于其对物价的影响。

总之，随着利率市场化推进，利率在货币政策中作用不断增大，但货币政策经由利率渠道传导至实体经济的效果目前仍不明显。在第一阶段货币政策由货币供应量到长期利率的传导中，由于受到长期利率管制的影响，货币供应量的变动不能通过利率的敏感反应进而传导到实体经济中去，形成了货币供应量和长期利率、实体经济变动之间的货币政策信号断层，使该阶段传导受阻，而在第二阶段货币政策由长期利率到实体经济的传导中，长期利率变化对经济增长的影响较微弱，但对物价的影响较为明显。由此来看，由于两个阶段的传导均受到阻碍，最终使得货币政策经由货币渠道的传导效应不佳。

3. 现阶段，在我国货币政策的资产价格渠道传导过程中，第一阶段货币政策对资产价格的作用是有效的，即从中介目标到资产价格这个过程是顺畅的。股票市场中货币供应量对股票价格的冲击要大于利率。股价对货币政策的变化的响应较为敏感，货币供应量的变化对抑制股票价格上涨或拉升股票价格的作用会在短时间内迅速显现，但长期来看，其影响力并不具有持久性，原因主要在于，当股市不断高涨时，股市泡沫越来越明显，理性的投资者会逐渐退出市场，股票价格也最终会回归正常水平；另一方面，当股票价格处于低迷期时，扩张性货币政策只能暂时刺激投资，但无法从根本扭转市场形势。我国房地产市场对货币政策的变化较股市相比更为敏感，货币供给冲击对房地产价格的影响具有一个助推作用，且效果明显，而且对房地产价格存在较为持久的正向影响，但效应随时间递减。这在一定程度上显示出我国货币供应量的增长对我国房地产价格泡沫的膨胀起到了重要的支撑和助推作用。

实证结果也表明，货币政策的资产价格渠道传导过程中的第二阶段资产价格对实体经济的作用效应较弱，即从资产价格到最终实体经济这个过程是不通畅的。股票市场中，股价并非产出、消费和投资的格兰杰成因，且它们之间不存在明显的协整关系，可在一定程度上说明，目前我国股市中，财富效应与托宾的Q效应都还很不明显。股价对物价有明显的影响，事实上从理论的层面讲股价与物价存在一定正相关关系，但这种关系度有多强，则由各个时期的不同特点决定，但至少股价上涨带来的财富效应能增强居民购买力，对物价的上涨有推动作用。房地产市场中，房地产价格并不是产出、消费和投资的格兰杰成因，且房地产价格与产出、投资之间不存在明显的协整关系，但房地产价格与消费之间存在协整关系，若房价上涨1%，全社会消费总额则增长4.6%，这充分说明在我国房地产市场中，消费的财富效应是存在的。

综上，在资产价格传导渠道中，货币政策从中介目标到资产价格这个过程传导较为顺畅。货币政策通过股票价格传导对实体经济影响不明显，通过房地产价格传导对实体经济有影响但不稳定，而货币政策通过资产价格传导对物价上涨作用却明显，即货币政策从资产价格到最终实体经济这个过程传导是不太通畅的。总体而言，目前我国资产价格传导渠道尚不能发挥其应有的作用，传导渠道在一定程度上受到阻滞，而其原因在于第二阶段传导的不通畅，即从资产价格到实体经济的传导效应不明显。

一、我国货币政策传导渠道部分环节受阻因素探讨

结合第三章的描述统计分析及实证结论，下面将对我国货币政策传导渠道的部分环节受阻的原因进行探讨。

（一）利率传导渠道效应受阻因素分析

尽管前面已提及货币市场取得的成绩，但与国外成熟的货币市场体系相比，我国货币市场无论从规模还是从效率上来讲都存在很大的差距，在一定程度上制约了货币市场发挥利率政策功能的有效性，进一步使得货币政策利率传导渠道的效果大打折扣。具体表现在以下几个方面：

1. 货币市场交易主体较为有限。从我国货币市场实际来看，交易主体基本上没有或很少有企业、居民直接参与，金融活动的主要参与主体是有限的，银行金融机构、信托投资公司、证券公司等非银行金融机构进入同业拆借市场和银行间债券市场受到较多的限制，无法调节与商业银行之间的资金需求余

缺，导致货币市场"单边市"现象的发生①，同时货币市场的子市场除同业拆借市场和银行间债券市场有些打通外，仍相互分割，有些利率如再贴现利率、同业拆借利率、存贷款利率依然受到一定管制，与市场利率关联度低。

2. 交易品种虽有改善但仍显不足，市场规模较小。一直以来我国货币市场工具产品种类少，货币市场发行和交易主体比较单一，阻滞了货币市场有效传导利率政策发挥作用。货币市场工具占商业银行资产比例较低，债券市场交易品种多是国债和政策性金融债券，企业债券很少，且期限不搭配，长期居多，中短期少，货币市场承担了部分资本市场功能，这样债券利率不能影响企业、居民的自发性支出，使得货币市场形成的利率不完全是市场利率，货币市场短期利率的变动无法直接影响金融机构存贷款水平及其他金融资产收益率水平，因而货币市场及其利率只是在上游有了初步疏通，在下游仍旧阻滞，不能将资金价格信号直接传导到实体经济。

3. 市场的运行环境有待进一步改善。现阶段，我国货币市场仍然以行政手段作为主要的监管方式，多头管理导致监管重叠和监管真空现象并存，而市场参与主体信用程度不高、信用约束经济行为的体系建设仍较落后。

4. 货币市场发展不太均衡。由于起步时间较短，我国货币市场各子市场的发展水平参差不齐。除同业拆借市场、回购市场和票据市场之外的其他子市场规模有限，发展相对滞后，而即使同业拆借市场也由于参与主体狭窄，无法保证利率政策的顺畅传导。此外，由于种种历史原因形成的地域保护主义、区域金融环境差异也使得各子货币市场在地域间发展不均衡。

（二）资产价格传导渠道效应受阻因素分析

就目前我国股市实情看，仍然存在缺乏适应于中小企业发展的创业板块市场和场外交易市场、市场地域分布不合理、证券交易品种少等问题，这种市场规模有限、结构失衡的股市势必对经济、金融的影响程度有限，难以发挥其对我国经济应有的支撑与促进作用，同时通过股市传导货币政策的有效性也将受限。

同时，我国股市由于历史、体制性原因，其功能被简单定位于"融资"，这种功能定位导致股市在发展和运行中存在一系列制度性缺陷，诸如公司上市制度不健全、股权结构不合理、信息披露制度不规范、监管体制不完善等，使得上市公司股价严重偏离其真实价值，货币政策变化在大多数情况下只是激发股市投机或引起股价大幅波动，而不是借助于股市影响实体经济。有学者研究

---

① 张国喜. 对提高我国货币市场传导货币政策效率的探讨 [J]. 经济体制改革, 2007 (1).

表明，我国股市的波动率是美国的 7 倍、中国香港的 3 倍①。短期内股市的大幅波动将使得股票投资预期不稳定，而消费者通过股票投资来增加消费的信心也明显不足。2005 年以来，伴随我国股市新一轮扩张和股指上扬，企业通过股市融资的规模迅速扩大，而股票市场在全社会固定资产投资中的比重仍然较低。

从房地产市场来看，由于我国房地产尚未成为居民最重要、可流动、可支配的资产，市场化程度不够，因而房价上升带动消费与投资的空间有限。其次，据统计资料显示，在所开发的房地产中住宅用房占房地产总供给的 2/3，其余为非住宅用房②，房地产供给结构不合理导致住宅与非住宅的结构性矛盾突出。再者，尽管房地产的保值、增值功能已得到肯定，但由于缺乏配套的房地产法律法规对市场予以规范，导致房地产市场投机现象严重，因而大多数情况下货币政策的变化只能激发房价的大幅波动，而不能借助于房产市场影响实际经济活动。最后，由于融资渠道过窄，金融品种单一，缺乏完善的风险预防机制等原因，房产市场目前还难以发挥对国民经济应有的支撑和促进作用。

二、提高我国货币政策传导渠道效率的对策建议

针对我国货币政策传导渠道中存在的问题，本章认为应该针对具体的问题提出具体合理的建议，总结如下：

（一）提高货币政策利率渠道传导效率的建议

对我国货币政策利率渠道传导过程中存在的诸多问题，本章建议从以下几个方面予以完善：

1. 进一步培育货币市场，充分发挥其货币政策传导功能。首先，培育市场交易主体。逐步放宽对货币市场交易主体限制，允许更多的非银行金融机构，包括证券公司、基金管理公司、信托投资公司、财务公司、金融租赁公司及外资非银行金融机构等进入同业拆借市场与债券回购市场。其次，大力发展货币市场基金，不断丰富市场交易工具，加快金融创新步伐。政府应为基金的发展营造一个适度宽松的发展空间，努力发展以银行为主导的货币市场基金模式，充分发挥商业银行的自身资源优势，激发银行的竞争活力，但不能放松对市场风险的监控，必须严格审查，减少潜在的风险因素。

---

① 魏永芬，王志强. 我国货币政策资产价格传导的实证研究 [J]. 财经问题研究，2002 (5)：20-24.

② 王晓. 对我国房地产市场发展的几点建议 [J]. 黑龙江对外经贸，2006 (12)：89-90.

2. 不断推进我国利率市场化进程。加快利率市场化改革是提高利率渠道传导效率的关键和核心。我国利率市场化改革的总体思路是：首先，改变货币市场发育不充分和各子系统之间相互分割的局面，逐步形成统一的货币市场利率，并确定出中央银行的基准利率。其次是在前一阶段基础上，逐步实现金融机构存贷款利率市场化。目前，我国利率市场进程正在稳步推进，中央银行《2008 年第四季度货币政策执行报告》中将"推动利率市场化"列为未来主要政策思路之一，并独立于利率手段之外提出，意味着我国推动利率市场化的进程可能在不久的将来再度推进。在此过程中，应建立有效的金融监管体系以保证改革的顺利进行，注意推进金融市场主体的真正独立化运作。实际上，相对于利率市场化来说，金融市场化则是一个内容更完整，更能反映经济中金融变革的概念。如果利率市场化以后，金融活动仍然受政府干预或者依赖于政府干预，则这样的利率市场化无效①。因此，客观上要求利率市场化改革要与整个金融体系乃至整个经济体制改革平衡发展。

3. 提高微观主体对利率的敏感性。各微观主体利率敏感性不高是制约利率渠道传导低效的又一重要原因。现阶段，应进一步深入推进国有企业改革、调整国有经济的比重和结构，以提高投资的整体利率敏感性。国有商业银行要尽快实现向股份制商业银行转变，建立激励约束机制，在防范风险的同时能积极扩张资产业务，在资金供求和利率变化时，能理性地做出反应，有效传导货币政策意图。

（二）提高货币政策资产价格渠道传导效率的建议

针对以上股票价格传导渠道中存在的问题，应从以下几个方面进行改善：

1. 适度扩大股票市场规模，调整和优化市场结构，逐步发挥其传导货币政策的功能。作为资本市场的核心部分，股票市场无疑是未来我国货币政策传导的重要渠道，但要发挥其货币政策传导功能，必须有一定规模的、高效率的股票市场为支撑②。应逐步扩大股票市场规模、优化市场结构，为构建货币政策传导机制奠定市场基础，但其必须是在规范中发展，因而要努力提高上市公司的质量，防止股市泡沫。

2. 完善国债、银行间债券等市场，充分发挥其传导货币政策的作用。优化国债的品种结构和期限结构，扩大银行间债券市场的交易主体，扩大市场容

---

① 扬咸月. 当前中国金融市场发展中的五大误区 [J]. 财经研究，2002 (1): 21.

② 刘剑，谢朝华. 论提高我国股票市场的货币政策传导效率 [J]. 工业技术经济，2004，23 (1): 113－116.

量和货币政策的操作空间，打通银行间债券市场和交易所债券市场，尽快形成统一的债券市场体系。大力发展企业债券市场，稳妥发展金融债券市场。目前我国企业债券市场空间巨大，应重点发展，逐步取消企业债券额度控制和利率限制，实现发行利率市场化，建立科学有效的债券评级制度和偿债保障机制，建立和创新品种多样、功能齐全、利率灵活的企业债券市场结构。

3. 进一步疏导资本市场与货币市场的联系。资本市场与货币市场的良性互动发展是金融业有效运行的基础，也是现代金融体系的内在要求。我国要在加强金融风险管理、提高金融监管水平的基础上，建立规范的证券融资渠道既鼓励和引导银行信贷资金通过合法途径注入资本市场，又让符合条件的商业银行到资本市场筹集资金，形成真实的利率价格信号，实现商业银行与资本市场的协同发展，提升金融体系合理配置资源的功能。

针对房地产价格渠道传导中存在的问题，本章认为从以下几个方面改善：

1. 加强政府宏观调控功能，调整房地产市场的周期波动。房地产业作为我国的支柱产业，其产业关联度高，带动性强，与金融业联系密切，发展态势关系整个国民经济的稳定发展和金融安全。但房地产业作为周期性消费品，又具有其固有的波动性较大的特征。政府要加强宏观调控力度，缓和周期波动，防止房价的剧烈波动对宏观经济的产生冲击，这也有利于提高房市传导货币政策的有效性。

2. 积极拓宽房地产融资渠道，实现融资渠道多元化。当前房地产融资多依靠银行贷款与房地产信托，这既抑制了房市的发展，又增加了银行贷款的风险，因而房地产市场应积极依托金融市场，扩大直接融资比例，拓宽其融资渠道，实现融资渠道的多元化。

第五章 货币政策传导与商业银行的中介作用

第一节 研究的理论基础

一、银行信贷渠道在我国货币政策传导过程中的有效性分析

1984 年我国中央银行制度确立，在相当长的一段时期内，信贷规模仍然受到控制，信贷政策在货币政策中处于极其重要的地位。在 1990 年之前，我国的融资渠道为单一的间接融资渠道，货币政策只通过银行信贷渠道传导，但这不是典型的信贷渠道传导机制。典型的信贷传导机制是指中央银行通过运用货币政策工具作用于操作目标，进而影响中介目标，最后达到影响最终目标的过程。中央银行根据经济发展状况和价格的控制指标来确定贷款规模计划，根据贷款规模计划执行货币政策。此时，贷款计划既是货币政策工具，又是操作目标，还是中介目标。这种传导机制简单、过程短。[①]

1991 年以后证券市场的运作开辟了直接融资渠道，货币政策传导机制也因此发生了变化。不同之处在于，1998 年贷款规模控制取消以后，原来非市场的银行信贷传导机制就逐渐转变为市场化的银行信贷传导机制。我国中央银行的货币政策对宏观经济的影响主要是通过银行信贷渠道起作用，即中央银行通过货币市场的操作影响银行贷款，并进一步影响投资和总产出。国内有大量的文献对这一问题进行了实证和理论分析。根据 Kashyap，Stein 和 Wilcox（1993）在文中提到的，银行信贷市场的有效性是基于下面三个条件：一是银行贷款与其他金融资产之间的不可替代性；二是经济中存在一些企业必须依赖

---

① 陆前进，卢庆杰. 中国货币政策传导机制研究 [M]. 上海：立信会计出版社，2006.

银行贷款进行融资；三是价格黏性，即价格不可随货币供应迅速充分地调整。现阶段，对于我国而言，从理论上讲具备了上述的三个基本条件：

条件一是：我国金融机构的资金来源与运用的结构比较单一，贷款占资金运用的比重达到55%以上，存款占资金来源的比重更是达到了90%左右（见表5-1）。

表5-1　　　　　　金融机构人民币信贷资金来源和运用　　　　　　单位:%

项目	1999	2000	2001	2002	2003	2004	2005	2006	2007	2008
资金来源总计	100.00	100.00	100.00	100.00	100.00	100.00	100.00	100.00	100.00	100.00
一、各项存款	88.30	92.86	93.54	92.88	92.34	91.83	95.08	94.12	88.66	86.24
二、金融债券	0.03	0.02	0.03	0.05	0.99	1.51	1.88	1.93	2.24	3.39
三、流通中现金	10.90	10.99	10.22	9.39	8.76	8.20	7.96	7.40	6.82	6.27
四、对国际金融机构负债	0.03			0.23		0.21	0.21	0.23	0.22	0.17
五、其他	0.47	-3.87	-3.79	-2.55	-2.31	-1.76	-5.12	-3.67	2.06	3.93
资金运用总计	100.00	100.00	100.00	100.00	100.00	100.00	100.00	100.00		
一、各项贷款	76.10	74.53	73.15	71.35	70.57	67.72	64.46	63.51	60.24	56.65
二、有价证券及投资	10.15	14.74	15.05	14.56	13.43	11.81	11.57	11.13	10.40	12.73
三、金银占款	0.01	0.01	0.17	0.18	0.15	1.29	0.11	0.10	0.08	0.07
四、外汇占款	12.00	10.72	11.63	12.62	15.47	20.08	23.58	24.98	28.18	30.36
五、财政借款	1.28			0.86						
六、在国际金融机构资产	0.49			0.43	0.39	0.26	0.29	0.28	0.26	0.20

注：本表统计口径包括中国人民银行、政策性银行、国有商业银行、其他商业银行、城市商业银行、农村商业银行、农村合作银行、城市信用社、农村信用社、信托投资公司、外资金融机构、邮政储汇所、财务公司、租赁公司。

数据来源：www.pbc.gov.cn

近年来，我国国际收支严重不平衡、贸易顺差不断扩大，这使得外汇储备快速增加，从而导致金融机构的外汇占款比重逐年上升，但与贷款占比相比，前者仍然过低。而从金融机构的资金来源看，各项存款占了绝大部分，造成了金融机构对存款的过度依赖。由于我国的金融体系是以银行为主导，货币政策通过信贷渠道的传导离不开银行业金融机构尤其是商业银行。虽然近年来我国加大了对资本市场的发展，使商业银行的有价证券和投资比重有所上升，特别是商业银行加大了认购国债和政策性金融债的比重，但是其比重也远远低于贷款比重。这样，当中央银行采取紧缩型货币政策时，商业银行难以通过出售证券的方式来满足流动性不足的需要，只有通过紧缩信贷资金、降低企业投资需求的方式，来达到传导中央银行货币政策的意图，银行信贷渠道的作用得以发挥。因而，银行信贷渠道在我国可能有效。

条件二是：现阶段，我国社会融资结构的突出特点，是企业的融资仍以间接融资为主，银行贷款在社会总融资量中占绝对优势，股票市场、企业债券市场规模相对偏小。[①] 大部分的企业融资渠道单一，银行贷款仍然是企业最主要的资金来源，企业外部融资无论期限长短，均过度依赖银行贷款，这就从客观上强化了银行信贷渠道的作用。虽然我国的股票市场经过了数十年的发展，现已初具规模，但其并没有成为我国内部融资的主要力量，我国仍然是以银行为主导的间接融资体制。因而，这也就决定了我国的货币政策传导以银行信贷传导为主，商业银行是我国货币政策传导的主要金融中介。如图 5-1 所示，我国企业债券和股票直接融资占社会融资总量的比重一直在 10% 以下徘徊，其余 90% 的融资来源于银行贷款。与这种结构状况相联系，我国股票市场和企业债券市场规模相对偏小。

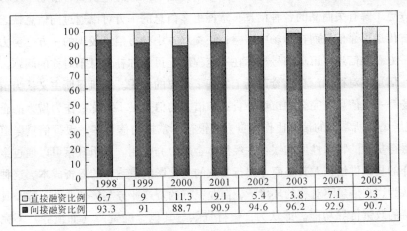

	1998	1999	2000	2001	2002	2003	2004	2005
直接融资比例	6.7	9	11.3	9.1	5.4	3.8	7.1	9.3
间接融资比例	93.3	91	88.7	90.9	94.6	96.2	92.9	90.7

图 5-1　我国直接融资和间接融资的对比关系（单位:%）
数据来源：中国人民银行、国家统计局。

条件三是：该条件是任何货币政策产生实际效应的前提之一。如果价格可以无摩擦地迅速调整，名义货币的变化将产生价格的同比例变化，货币将是中

---

① 所谓间接融资，是指资金盈余部门通过银行等金融机构向资金不足部门融通资金，金融机构通过自身资产和负债的增减变化完成融资活动，例如银行向企业贷款。与间接融资相对应的即是直接融资，它是指资金盈余部门直接向资金不足部门融通资金，没有金融机构作为融资媒介，例如发行股票、发行债券等。

性的。在这种情况下，无论是通过何种渠道，货币政策都不可能影响实际产出①。并且，我国正逐渐过渡到以市场价格为主的经济，经济中存在垄断竞争、交错定价等因素，从而使价格具有黏性。价格在短期内不能随着货币供给迅速充分的调整，因此货币供给的变化至少在短期内会影响产出。②

综上所述，现阶段我国满足上述的三个条件，银行信贷渠道在我国货币政策传导过程中是有效的。这三个有效性的条件是后文实证研究货币政策传导与商业银行中介作用的前提。

二、信贷市场的信息不对称理论

信贷市场的信息不对称理论是分析银行信贷渠道的理论基础。信息不对称理论是指在市场经济活动中，各类人员对有关信息的了解是有差异的；掌握信息比较充分的人员，往往处于比较有利的地位，而信息贫乏的人员，则处于比较不利的地位。信息不对称理论是由三位美国经济学家——约瑟夫·斯蒂格利茨、乔治·阿克尔洛夫和迈克尔·斯彭斯提出的。该理论认为，市场中卖方比买方更了解有关商品的各种信息；掌握更多信息的一方可以通过向信息缺乏的一方传递可靠信息而在市场中获益；买卖双方中拥有信息较少的一方会努力从另一方获取信息；市场信号显示在一定程度上可以弥补信息不对称的问题。

信息不对称理论在信贷市场上发挥了重要的作用。新凯恩斯主义认为信贷市场是一个信息不完全的市场，贷方和借方的信息是不对称，作为借方的企业（或居民）所掌握的信息比作为贷方的银行所掌握的信息多。银行信贷渠道强调银行贷款的特殊性质和银行在经济体金融中介作用。货币政策可以通过金融中介的贷款供给，尤其是商业银行贷款的变化影响借款者的筹资成本。这种观点认为，在信息不对称的环境下，商业银行的资产业务与负债业务一样，具有独特的政策传导功能。即认为，银行贷款与其他金融资产（如债券）不完全可替代，特定类型的借款人的融资需求只能通过银行贷款得以满足。根据这一观点，货币政策可通过改变商业银行贷款供给，因而影响借款人的成本（Bernanke and Blinder，1988；Kashyap and Stein，1993）。各商业银行的贷款供给量由于其资产负债的不同而有所差异。例如，当中央银行上调商业银行的存款准备金率时，银行贷款必须紧缩，除非他们能够通过调整证券持有额或通过发行无需缴纳准备金的负债来筹资以抵消准备金的减少。如果非存款负债不可得

---

① 汪红驹. 中国货币政策有效性研究 [M]. 中国人民大学出版社，2003.

② 吴丽华. 我国信贷规模控制的有效性分析 [J]. 经济学动态，2008 (10).

或以高于存款的成本获得，那些拥有较少流动资金的商业银行就不得不大幅度地减少贷款以满足准备金的要求。尽管信贷传导理论最早可追溯到 20 世纪 50 年代，但是从信息不对称理论的角度对信贷市场作现代分析始于贾非和儒赛尔（Jaffee and Russell，1976）、基顿（Keeton，1979）以及斯蒂格利茨和卫斯（Stiglize and Weiss，1981）。虽然他们具体强调的机制——逆向选择、道德风险、监督成本——有所不同，但这些模型都依赖于信息不对称理论。[①]

三、银行业金融中介机构与货币政策传导机制

（一）银行业金融中介机构

金融中介机构是指在金融市场上资金融通过程中，在资金供需者之间起媒介或桥梁作用的机构。它从资金供给者处借入资金或是以发行自身负债进行交换的方式从其他金融中介机构借入资金，然后再贷给资金需求者，成为它的负债。银行是其中最普遍、最重要的金融中介机构，它是指在我国境内设立的国有商业银行、股份制商业银行、城市商业银行、农村商业银行、农村合作银行、城市信用社、农村信用社、中国邮政储蓄银行、外资银行等吸收公众存款的金融机构以及政策性银行。[②] 银行业金融机构接受的活期和定期存款，是他们的主要资金来源，构成了他们的负债。活期存款是一种交换手段，也可以说是一种货币，银行的另一种负债，即定期存款，是现金和活期存款的非常相近的替代品。因此，这两种负债具有流动性，广泛被人们需要。相比而言，非银行金融机构的负债既不是一种直接的交换手段，也不是交换手段的完全替代品。正是银行负债在经济中的这种特殊作用，使银行成为一类非常特殊的金融中介机构，研究它的行为及其对货币政策的反应，显得特别重要[③]。随着金融中介理论的发展，银行已经由过去仅仅吸收存款、发放贷款、办理结算、单纯以获取利润为目的的金融机构，逐渐发展演变为多角度、全方位运用公众资金、以多种金融资产和金融负债为经营对象、具有多方面的综合性服务功能的金融服务企业[④]。它的作用已经从只是简单的作为资金盈余和短缺者的调剂通道，演变成了突破交易成本、信息不对称，开始强调风险管理、参考成本和价

① 卡尔·E. 沃什. 货币理论与政策 [M]. 2 版. 上海：上海财经大学出版社，2004.
② 银行业金融机构分类参见《中国金融年鉴》(2008)。
③ 杰格迪什·汉达. 货币经济学 [M]. 北京：中国人民大学出版社，2005.
④ 殷孟波. 货币金融学 [M]. 北京：中国金融出版社，2004.

值增加的影响①。银行业金融中介机构可利用其在技术上的规模经济和范围经济解决交易成本和信息不对称问题，而这些均是金融市场上面临的难题。正因为如此，银行业金融中介机构在经济生活中的地位与作用是不可或缺的。在我们的分析框架中，银行业金融机构仅指国有银行和全国性股份制银行。

（二）银行业金融机构在货币政策信贷传导机制中的作用

在传统的货币理论中，无论是凯恩斯主义还是货币主义学派，都注重货币市场的作用而忽视金融机构和信贷市场的影响，直到二十世纪五六十年代，金融中介和信贷市场在经济中的作用才引起了 Gurley 和 Shaw 等著名经济学家的关注。他们强调金融中介机构在信贷供给而不是货币供给中的重要作用。在信贷供给过程中，金融中介机构可以提高储蓄转化为投资的效率，从而影响整个经济活动②。银行又是最重要的金融机构，它的借贷行为不仅扩展了经济主体的金融能力，并以此扩大经济中的信用，同时银行业金融机构本身也是金融体系中的一个经济体。因此，银行业金融机构在货币政策信贷传导机制中具有不可替代的作用。

银行业金融机构在货币政策信贷传导机制中的作用，根源于其资产和负债经营活动中产生的信用供给的增加和减少。银行作为一类特殊的企业，其经营理念是在收益最大化和风险最小化的约束条件下，根据经营环境的变化，协调各种不同资产、负债、利率、期限、风险和流动性等方面的搭配，做出最优化的组合选择。正是基于上述的选择标准，我们可以分析在货币政策发生变化以后，银行如何通过资产负债行为的选择和调整进行货币政策的传导。由此可以看出，银行业金融机构的资产负债与货币政策的传导有着密切的联系。

银行业金融机构在货币政策传导机制中的作用通过银行信贷渠道体现。在银行信贷渠道中，银行起到的就是中介的作用，如图 5-2 所示。一般来说，调整货币政策造成商业银行行为发生变化的方式有两种：一是在直接调控条件下，货币政策的变化直接影响商业银行贷款行为，如通过政策规定商业银行的贷款数量和利率水平，约束商业银行的贷款行为；二是在间接调控条件下，货币政策的变化会间接影响到商业银行的存贷款行为，进而影响商业银行存贷款变化。不管通过哪种方式，货币政策变化最终都需通过银行的存贷款行为而发生作用，进而改变实体经济对资金流动的有效需求数量和均衡价格水平，从而

---

① 蒋冠. 金融摩擦条件下货币传导机制的微观基础研究 [M]. 北京：中国金融出版社，2006.

② 曾宪久. 货币政策传导机制论 [M]. 北京：中国金融出版社，2004.

对实体经济产生影响①。由以上的分析我们可推断出：货币政策通过银行信贷传导的这一过程在相当大的程度上会受到银行对中央银行货币政策做出的反应的影响。当银行的资产规模不同、流动性水平不同或资本充足水平等内部特征不同时，银行对货币政策的敏感度会存在差异。我们的后面小节对这一推论做了详细解释并进行了实证检验。

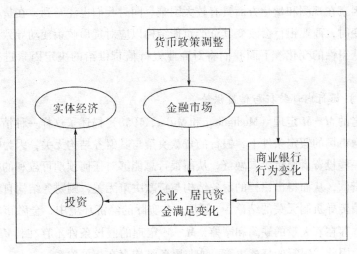

图 5-2 货币政策银行信贷渠道

第二节 理论模型设定

由第一节的分析可知，银行信贷渠道在我国是有效的，即货币政策能够影响贷款供给在我国客观存在；银行业金融机构在货币政策信贷传导机制中具有不可替代的作用。而这一节的研究目的是在上述结论成立的条件下，考察货币政策会如何影响商业银行的贷款供给，且具有不同内部特征的商业银行贷款对货币政策的反应是否具有差异的问题。因此，本节的研究思路可从两个方面进行，第一个方面建立在考察货币政策通过何种途径影响商业银行的信贷供给；第二个方面是分析具有不同内部特征的商业银行，其信贷供给对货币政策的反应是否具有差异。

① 魏革军. 中国货币政策传导机制研究 [M]. 北京：中国金融出版社，2001.

一、影响银行信贷供给的因素分析

商业银行的信贷供给在很大程度上都是由其自身情况决定的，比如资产负债结构、经营理念等。在本章的研究中我们只考察商业银行资产负债表内的项目对其信贷供给的影响，因为只有资产负债表中的内容才是客观易查的，经营理念等因素在观测和量化方面具有较大困难。同时我们也注意到，在货币政策发生改变时，商业银行会改变其资产负债结构以应对货币政策变动导致的市场资金可获得性的变化。下面我们将对商业银行信贷供给的决定因素进行详细分析。

（一）银行内部特征与信贷供给

著名的 $M-M$ 定理（Modigliani 和 Miller, 1958）描述了这样一种情况：在完全金融市场的假定条件下，银行的贷款决策与其财务结构无关，因为银行总能找到一些投资者愿意为其融资，从而银行总能够对任何预期可盈利的投资项目进行贷款，从而得出银行的财务结构与贷款决策无关，则财务结构自然也与货币政策传导机制无关的结论。[①] 但是，在实际的经济环境中，金融市场是不完美的，存在着大量的缺陷和摩擦，$M-M$ 定理的假设条件不存在，$M-M$ 定理失效。因此，银行的贷款决策可能与财务结构存在相关关系。

显而易见的是，资产规模大与商业银行的信贷供给呈正相关关系，即资产规模较大的银行在贷款的绝对额上也会较大。对于流动性水平，我们认为在上一期具有较强流动性的银行在下一期有更大的可能性去增加贷款，即在其他条件不变的情况下，上一期具有较强流动性的商业银行会在下期有较大的信贷供给。我们假定商业银行是理性逐利的，为获取最大的利润会尽量放贷。如果银行在上一期具有较强流动性，那么其就拥有较多的可贷资金，在下一期也就会增加其贷款，使得贷款供给增加。资本充足水平的提高同样会对银行的贷款供给产生正向的影响，特别是在有资本充足率水平管制下。监管当局往往会制定最低资本充足率要求，以达到对商业银行的风险进行监控的目的。当商业银行的资本充足率超过监管要求时，商业银行为追求利润最大化可以适度增加信贷供给，同时不违反资本充足率的要求。

综上可以看出，商业银行的资产规模、流动性水平和资本充足率这三个项目对银行的信贷供给都将产生正向的影响。

在资产负债表中可能存在诸多项目会对银行的信贷供给产生影响，鉴于本

---

① 张洪武. 金融制度与货币政策传导机制 [M]. 北京：中国金融出版社，2006.

章的研究目的，我们只分析主要的三个项目：资产规模、流动性水平和资本充足水平对银行信贷供给的影响。

（二）货币政策与信贷供给

一般而言，货币当局的货币政策工具主要有公开市场操作、存款准备金率和再贴现率这三种。公开市场操作是指中央银行通过在公开市场上买卖有价证券，向金融系统投入或撤走流动性。存款准备金是银行等金融机构为应付客户提取存款和资金清算而存放在中央银行的货币资金。准备金存款与负债总额的比例就是存款准备金率。存款准备金为法定存款准备金和超额准备金两部分。法定存款准备金是指金融机构按中央银行规定的比例上缴的部分；超额准备金是指准备金总额减去法定存款准备金的剩余部分。存款准备金制度的建立最早是为了防止挤兑和随时支取，现在是作为调整和控制银行体系信用创造和扩张的工具。再贴现政策是指中央银行通过制定和调整再贴现率，以影响商业银行等金融机构向中央银行的借款成本，从而调节银行信贷规模的一种货币政策工具。

三种货币政策工具的具体操作手段不同，但其本质都是通过调节市场资金的可获得性从而影响资金成本，或直接调节资金的成本。在使用紧缩性货币政策时，货币当局或许采用公开市场操作，向金融系统卖出有价证券的操作手段，以达到紧缩市场流动性的目标；也可能采取调解法定存款准备金的手段，直接吸收商业银行的流动性，使其可用资金降低；也可能通过提高再贴现利率，使其借款成本上升。实际上可以发现，在紧缩性货币政策下采用的公开市场操作或调解存款准备金率的操作都会使市场资金面趋紧，资金的可获得性降低，从而使得商业银行的借款成本上升，这一借款成本可以反应在银行间同业拆借利率上。又因为一价定律可知银行间同业拆借利率与再贴现利率将高度一致变化，否则将存在无风险套利。在扩张性的货币政策下也有相同的结论，这样我们可以得知银行间同业拆借利率很好地反映了货币当局的货币政策，这为后面进行实证分析，选用银行间同业拆借利率作为货币政策指标提供了支持。

上面我们分析得出货币当局使用货币政策工具在于达到调节市场资金的可获得性和获取成本。如果银行面临的市场资金的可获得性和获取成本发生了改变，其资产负债结构也可能会受到影响，从而改变其贷款供给。在紧缩性的货币政策下，资金的获取成本上升，商业银行没有动力去进行借贷以增加资产规模，反而有降低借贷资金减少资产规模的冲动；在资金成本上升的情况下，银行维持较高流动性的成本也增高，因此，其会选择降低流动性资产。可见紧缩性的货币政策会对商业银行的资产规模、流动性产生负向的影响，而资产规模和流动性对贷款供给呈正相关关系，因此紧缩性的货币政策会通过影响银行的资产规模和流动性，间接地达到降低银行贷款供给的结果。同时，借款机构会面临更高的贷款利率，发生违约风险的可能性上升，商业银行为了维持最低资本充足率要求，会控制风险资产的增加或减少风险资产。因此紧缩的货币政策也可能会通过影响资本充足率间接地降低银行的贷款供给。在扩张性的货币政策下我们有相反的结论。

（三）银行信贷供给的理论模型

前面的分析我们可以得出银行的信贷供给主要受到其内部特征的影响，同时也受到了货币政策的间接影响。实际情况是否如此，我们只能通过一定的实证结果来加以验证。为更好地完成实证检验，我们运用数学推导进行了相应的模型构建。

基于上一部分的分析，构建如下理论模型

$$L = f(A, B, E, r) \tag{5-1}$$

其中，L 代表银行贷款供给量，A 代表银行的资产规模，B 代表银行的流动性水平，E 代表银行的资本充足水平，r 代表货币政策指标。为了便于分析，假设该模型为一次齐次函数。[①]

由欧拉定理[②]可知，（5-1）式可变形为

$$L = \frac{\partial L}{\partial A} A + \frac{\partial L}{\partial B} B + \frac{\partial L}{\partial E} E + \frac{\partial L}{\partial r} r \tag{5-2}$$

其中，$\frac{\partial L}{\partial A}$、$\frac{\partial L}{\partial B}$、$\frac{\partial L}{\partial E}$ 分别代表的是贷款供给量关于资产规模、流动性水平和资本充足水平三个银行特征的影响程度，这三个偏导数分别用 α_1、α_2 和 α_3 表示；$\frac{\partial L}{\partial r}$ 代表货币政策影响贷款供给量的程度。由前面的分析可知，货币政策影响贷款供给量是通过资产规模、流动性水平和资本充足水平这三个银行特征间接发生效用，因此度量这一影响程度的 $\frac{\partial L}{\partial r}$ 应表述为如下形式，即

$$\frac{\partial L}{\partial r} = \frac{\partial\left(\frac{\partial L}{\partial A}\right)}{\partial r} A + \frac{\partial\left(\frac{\partial L}{\partial B}\right)}{\partial r} B + \frac{\partial\left(\frac{\partial L}{\partial E}\right)}{\partial r} E \tag{5-3}$$

将（5-3）式代入（5-2）式可得

---

① 对于所有 $t > 0$，有 $f(tx) = tf(x)$，则称 f 为一次齐次函数。

② 若 f 为一可微的一次齐次函数，则有 $f(x) = \sum_{i=1}^{n} \frac{\partial f(x)}{\partial x_i} x_i$。

$$L = \left[\alpha_1 + \frac{\partial^2 L}{\partial A \partial r} r \right] A + \left[\alpha_2 + \frac{\partial^2 L}{\partial B \partial r} r \right] B + \left[\alpha_3 + \frac{\partial^2 L}{\partial E \partial r} r \right] E \qquad (5-4)$$

（5-4）式即为银行信贷供给的理论模型表达式，后文将基于该式进行实证分析和检验。

由（5-4）式可知，银行贷款供给量（L）既受到资产规模（A）、流动性水平（B）和资本充足水平（E）的单因素影响，同时还受到资产规模与货币政策的交互项（Ar）、流动性水平和货币政策的交互项（Br）以及资本充足水平的交互项（Er）的影响。这一理论模型不仅刻画了银行内部特征与其信贷供给之间的关系，同时说明了货币政策可以通过银行的内部特征，即资产规模、流动性水平和资本充足水平来影响其信贷供给。

二、银行内部特征与货币政策对信贷供给的影响

由上述分析我们得出了货币政策通过银行内部特征来影响其信贷供给量的结论，但是我们也应该注意到，有不同内部特征的商业银行其信贷供给量对货币政策的反应程度可能存在差异，即货币政策对具有不同内部特征的商业银行的信贷供给量的影响程度不同。如果上述情况存在，那么为达到货币政策银行信贷渠道的最佳效果，货币当局在制定货币政策时应考虑到我国商业银行的主要内部特征。可见分析银行内部特征与货币政策对信贷供给的影响具有十分重要的意义。在本节的分析中，是从银行财务结构的资产规模、流动性水平和资本充足水平这三个方面，分析银行内部特征与其贷款供给之间的关系。

（一）银行资产规模

市场往往是非完美的，金融市场也不例外。我们认为银行的规模大小可以影响其信息不对称状况。资产规模较大的银行拥有较多资源得以更好地克服信息不对称的问题，其对货币政策的敏感程度要低于小银行。Kashyap 和 Stein（1995）利用美国的数据，以银行规模作为信息不对称程度的度量做了相关检验。检验结果为：大银行在进行外部融资时面临的信息不对称问题比小银行轻。在面临紧缩型货币政策时，大银行贷款供给量的改变程度会小于小银行，即资产规模大的银行对货币政策的敏感程度要低于资产规模小的银行。因为规模大的银行一般资金雄厚，资产数量大，且具有良好的声誉，利用外部融资的难度和成本会低于小银行，小银行一般较少利用外部的风险性融资，而更多地持有现金和证券等流动性资产。当中央银行调整货币政策，如提高准备金要求时，小银行为了满足准备金的要求，就必须减少贷款供给量。因此，在面临相同货币政策的情况下，银行资产规模不同可能会导致银行信贷供给产生差异。

（二）银行流动性水平

中央银行调整货币政策，如提高准备金要求，会导致银行流动性不足，若银行不能以其他方式融资以缓解可用资金来源的下降，银行就会调整其资产构成，如减少放款来补充流动性，这必然会影响其信用供给量，从而影响社会的信用可得性。而拥有足够流动性的银行能够在货币政策调整时期吸收流动性作为缓冲器来放出贷款，从而减小货币政策的调整对贷款供给量的影响。因此，流动性资产的可获得性可以影响银行对中央银行货币政策做出的反应。Kaoru Hosono（2006）① 在其论文中提出，具有较少流动性资产的银行对货币政策的敏感程度要大于较多流动性资产的银行。因此，在面临相同货币政策的情况下，银行流动性水平的不同也会导致银行信贷供给产生差异。

（三）银行资本充足水平与信贷供给

资本充足的银行能够更好地克服诸如道德风险和逆向选择等信息不对称问题。因为资本充足的银行有更大地积极性采取谨慎的操作（Holmstrom and Ti-role，1997）。但在银行资本充足水平受监管约束、市场约束和内在战略约束影响的情况下，监管惩罚越严格、市场约束代表的银行融资溢价越高、银行风险偏好程度越低，资本相对不足的银行信贷扩张受到的资本约束压力就越大。当中央银行实行扩张型货币政策时，若银行面临资本充足管制，资本缺乏的银行此时难以扩张其信贷规模，因而资本充足的银行增加的贷款供给量较资本稀缺的银行要大。当中央银行无资本充足要求时，与资本缺乏的银行相比，资本充足的银行更愿意贷出风险低的贷款来应对货币政策的调整，因而贷款供给减少。因此，在面临相同货币政策的情况下，银行的资本充足水平不同也会导致银行信贷供给产生差异。

由上述分析可知，银行的资产规模、流动性水平和资本充足水平会对其贷款供给量产生影响。

（四）理论模型

由前面的分析我们可以得出具有不同内部特征的商业银行其信贷供给量对货币政策的反应程度可能存在差异。实际情况是否如此，我们也可以通过一定的实证结果来加以验证。为更好地完成实证检验，我们同样运用数学推导进行了相应的模型构建。

此时，我们先考虑银行的信贷供给量受货币政策的影响，构建如下模型

---

① KAORU HOSONO. The transmission mechanism of monentary policy in Japan：Evidence from banks'balance sheets. The Janpanese and International Economies，2006.

$$L = f(r) \qquad (5-5)$$

仍假定其为一次齐次函数，由欧拉定理可知，(5-5) 式可变形为

$$L = \frac{\partial L}{\partial r} r \qquad (5-6)$$

其中，$\frac{\partial L}{\partial r}$ 表示货币政策对银行信贷供给量的影响程度。由前面的分析可知，商业银行的内部特征不同，其信贷供给量对货币政策的敏感程度会存在差异。因此，$\frac{\partial L}{\partial r}$ 会受到资产规模（A）、流动性水平（B）和资本充足水平（E）的影响。于是有

$$L = \left[\frac{\partial L}{\partial r} + \frac{\partial \left(\frac{\partial L}{\partial r} \right)}{\partial A} A + \frac{\partial \left(\frac{\partial L}{\partial r} \right)}{\partial B} B + \frac{\partial \left(\frac{\partial L}{\partial r} \right)}{\partial E} E \right] r \qquad (5-7)$$

整理有

$$L = \left[\frac{\partial L}{\partial r} + \frac{\partial^2 L}{\partial r \partial A} A + \frac{\partial^2 L}{\partial r \partial B} B + \frac{\partial^2 L}{\partial r \partial E} E \right] r \qquad (5-8)$$

(5-8) 式即表达了具有不同内部特征的商业银行其信贷供给量对货币政策的反应程度会有所不同。值得注意的是 (5-4) 式与 (5-8) 式中的三个交互项表示的方式一样，但表达的意义却有很大的区别。后面也将基于 (5-8) 式这一理论模型进行实证分析和检验。

第三节　实证分析及结果说明

一、实证模型简介及设定

在前文提出的理论模型基础上，利用我国 14 家商业银行在 1998—2008 年期间资产负债表的面板数据，建立线性不可观测效应的面板数据模型，考察当中央银行调整货币政策时，能在多大程度上影响银行贷款供给，且具有不同特征的银行对货币政策的敏感性是否存在差异。我们建立面板数据实证模型的优点在于：第一，可以考察变量间的动态关系；第二，可以解决模型中省略了变量的问题；第三，可控制不可观测的横截面异质性。

（一）面板数据模型

面板数据（panel data）是指在时间序列上取多个截面，在这些截面上同时选取样本观测值所构成的样本数据。面板数据计量经济学模型是近 20 年来

计量经济学理论方法的重要发展之一，具有很好的应用价值。在面板数据分析中，一个不可观测的、且不随时间变化的变量称为不可观测效应。不可观测效应通常是对个体特征的描述，在本章的分析中，它可以是影响贷款供给量的商业银行的其他因素，如银行的管理质量或结构、银行以前的资产负债情况等不可观测、且不随时间流逝而改变的因素。

基本的不可观测效应面板数据模型的一般形式为

$$y_{it} = x_{it}\beta_i + c_i + \mu_{it} \quad i = 1,\cdots,n \quad t = 1,\cdots,T$$

其中 x_{it} 为 $1 \times K$ 向量，它能够包含随 t 而不随 i 而变化的可观测变量，随 i 而不随 t 而变化的可观测变量，还有随 i 又随 t 变化的可观测变量；β_i 为 $K \times 1$ 向量；K 为解释变量的数目；c_i 为不可观测的异质性；当 i 表示个体时，c_i 称为个体效应；u_{it} 称为特质扰动项。

上述模型常用的有如下三种情形：

情形 1：$\beta_i = \beta_j$，$c_i = c_j$

情形 2：$\beta_i = \beta_j$，$c_i \neq c_j$

情形 3：$\beta_i \neq \beta_j$，$c_i \neq c_j$

对于情形 1，在截面上无个体效应，无结构变化，则普通最小二乘估计给出了 c 和 β 的一致有效估计。相当于将多个时期的截面数据放在一起作为样本数据。

对于情形 2，称为变截距模型，在截面上个体效应不同，个体影响表现为模型中被忽略的反映个体差异的变量的影响，又分为固定效应和随机效应两种情况。在传统的面板数据分析方法中，把 c_i 处理成一个随机变量时，c_i 被称为"随机效应"，此时假定 c_i 与被解释变量 x_{it} 不相关；当把 c_i 处理为每一个横截面观测值 i 所要估计得参数时，c_i 被称为"固定效应"，此时不可观测效应 c_i 与被解释变量 x_{it} 之间可考虑任意相关性。

对于情形 3，称为变系数模型，除了存在个体效应外，在横截面上还存在变化的经济结构，因而结构参数在不同截面单位上是不同的。

最初的面板数据模型主要运用的是微观的面板数据，微观面板数据一般拥有较多的横截面数目 n 和较短的时间序列 T。自 20 世纪 90 年代以来，面板数据的计量分析由微观层面向宏观层面发展，研究者可以利用面板数据的优势来研究经济关系的动态调整过程，以揭示宏观经济关系中存在的动态属性。动态面板数据模型主要是指面板数据模型中含有滞后的被解释变量。动态的不可观测效应面板数据模型的一般形式为

$$y_{it} = x_{it}\beta_i + \gamma y_{i,t-1} + c_i + \mu_{it} \quad i = 1,\cdots,n \quad t = 1,\cdots,T$$

由于面板数据模型可以构造和检验比以往单独用横截面数据或时间序列数据更接近实际的行为方程模型，大大地丰富了计量经济学的经验研究。但面板数据包括两维的数据（横截面和时间），如果模型设定不正确，将造成较大的偏差，估计结果与实际将相差甚远。所以，在建立面板数据模型时，必须控制不可观测的个体和（或）时间的特征，以避免模型设定的偏差并改进参数估计的有效性。

（二）理论模型的经济学意义

在理论模型的基础上，提出本章的实证分析模型构架

$$Loan_{i,t} = f(loan_{i,t-1}, Asset_{i,t}, LTD_{i,t-1}, Capital_{i,t-1}, rate_t, Dum_{1t}, Dum_{2t})$$

$$(5-9)$$

模型中变量选择描述如下，被解释变量 $Loan_{i,t}$ 表示第 i 家银行在 t 年的贷款余额；由于贷款余额是一个存量指标，它的当期值会受到上一期值的影响，所以在解释变量中引入上期的贷款余额指标，即 $loan_{i,t-1}$；解释变量中的 $Asset_{i,t}$ 代表第 i 家银行在 t 年的资产数量，用以度量银行资产规模因素；$LTD_{i,t-1}$ 代表第 i 家银行在 $t-1$ 年的贷款与存款的比值，用以衡量银行流动性水平；$Capital_{i,t-1}$，代表第 i 家银行在 $t-1$ 年的资本充足率，用以衡量银行资本充足水平。在实证模型中使用流动性水平和资本充足水平因素的滞后一期指标的原因在于，流动性指标和资本充足率指标是受到中央银行监管的，他们是商业银行资产负债比例管理的十大监管指标的重要组成部分，这两个指标是否达标也会直接影响后一期的贷款量。$rate_t$ 是第 t 年的基准利率，它反映货币政策的松紧程度，这里采用 7 天内银行间同业拆借利率。其中，变量 $loan$ 和 $asset$ 均为对数形式，$LTD_{i,t-1}$ 是一个负指标，需要正向化，本章处理为（$1 - LTD_{i,t-1}$）。

由于本节进行实证分析所选的商业银行样本由 4 家国有银行和 10 家全国性股份制银行构成，这两类银行在资产规模上存在很大差异，并且由于产权的不同，会导致他们在面临相同的货币政策时的行为不同，因此，文章引入一个虚拟变量 Dum_{1t} 来区别国有银行和股份制银行的资产规模大小和产权的不同而导致的行为差异，当银行为四大国有银行时取 1，为其他全国性股份制银行时取 0。2003 年是中国银行业改革的关键年，银监会的成立将资本监管推向实质实施阶段，并提出了实施的具体阶段性目标，且资本充足率的核算标准也在 2003 年第四季度后有较大改动，在文章中设置虚拟变量 Dum_{2t} 来识别资本监管领域制度性变革对银行信贷行为的影响，其取值 2004 年前取值为 0，2004 年以后取值为 1。

（三）计量模型的构建

由前面的分析可知，文章考察的第一个方面是货币政策通过何种途径影响商业银行的信贷供给。根据对理论模型（5-4）式和前文的说明，将第一个模型设定为

$$Loan_{i,t} = \alpha_{0i} + \alpha_1 loan_{i,t-1} + \alpha_2 Asset_{i,t} + \alpha_3 Asset_{i,t} rate_t + \alpha_4 Assetdum_1$$
$$+ \alpha_5 Asset_{i,t} rate_t dum_1 + \alpha_6 (1 - LTD_{i,t-1})$$
$$+ \alpha_7 (1 - LTD_{i,t-1}) rate_t + \alpha_8 Capital_{i,t-1} + \alpha_9 Capital_{i,t-1} rate_t$$
$$+ \alpha_{10} Capital_{i,t-1} dum_2 + \alpha_{11} Capital_{i,t-1} rate_t dum_2 + c_i + \mu_{i,t} \quad (5-10)$$

模型的被解释变量都是当期的贷款余额对数 $Loan$，解释变量分别是上一期的贷款余额对数 $Loan(-1)$、当期的总资产对数 $Asset$、当期的总资产对数和货币政策指标的交互项 $Asset * rate$、当期的总资产对数与虚拟变量 dum_1 的交互项、当期的总资产对数、虚拟变量 dum_1 与货币政策指标的交互项、上一期的正向化后的贷存比 $[1 - LTD(-1)]$、上一期的正向化后的贷存比与货币政策指标的交互项 $[1 - LTD(-1)] * rate$、上一期的资本充足率 $Capital(-1)$、上一期的资本充足率与货币政策指标的交互 $Capital(-1) * rate$、上一期的资本充足率与虚拟变量的交互 $Capital(-1) * dum$ 以及上一期的资本充足率、货币政策指标与虚拟变量的交互项 $Capital(-1) * rate * dum$。后文将（5-10）式称为模型一。

文章分析的第二个重点是具有不同内部特征的商业银行，其信贷供给对货币政策的反应是否具有差异。根据理论模型（5-8）式和前文的说明，将第二个模型设定为

$$Loan_{i,t} = \beta_{0i} + \beta_1 loan_{i,t-1} + \beta_2 Asset_{i,t} rate_t + \beta_3 Asset_{i,t} rate_t dum_1$$
$$+ \beta_4 (1 - LTD_{i,t-1}) rate + \beta_5 Capital_{i,t-1} rate$$
$$+ \beta_6 Capital_{i,t-1} rate_t dum_2 + \beta_6 rate_t + c_i + \mu_{i,t} \quad (5-11)$$

模型的被解释变量都是当期的贷款余额对数 $Loan$，解释变量分别是上一期的贷款余额对数 $Loan(-1)$、当期的总资产对数和货币政策指标的交互项 $Asset * rate$、当期的总资产对数与虚拟变量 dum_1 的交互项、当期的总资产对数、虚拟变量 dum_1 与货币政策指标的交互项、上一期的正向化后的贷存比与货币政策指标的交互项 $[1 - LTD(-1)] * rate$、上一期的资本充足率与货币政策指标的交互项 $Capital(-1) * rate$、上一期的资本充足率与虚拟变量的交互项 $Capital(-1) * dum$ 以及上一期的资本充足率、货币政策指标与虚拟变量的交互项 $Capital(-1) * rate * dum$、当期的货币政策指标 $rate$。后文将（5-11）式称为模型二。

二、变量的统计特征分析

（一）数据说明

利用国内银行层面微观数据进行实证研究最大的困难在于样本数据的完整性、统一性及其相关处理。近年来我国金融管理体制和银行业都发生了较大的变化，银行层面微观数据存在数据不完整、标准不统一等问题，实证研究时必须予以重视和合理剔除各种影响。因此文章选取数据较为完整且具有代表性的4家国有银行和10家全国性股份制银行作为研究样本。其中，4家国有银行即是工商银行、建设银行、中国银行、农业银行，10家全国性股份制银行分别是交通银行、中信银行、招商银行、华夏银行、民生银行、兴业银行、广发银行、光大银行、深发展和浦发银行。[①] 文章选取的这14家银行的贷款总额已达到银行业金融机构的贷款总额的70%，因此具有较好的代表性。

从1998年1月1日起，我国的信贷政策发生了很大的转变，人民银行正式取消了国有商业银行的贷款规模限制，对商业银行贷款增量的管理由指令性计划改为指导性计划。货币政策逐步过渡到市场经济条件下的间接调控为主，实行"计划指导、比例管理、追求平衡、间接调控"的信贷资金管理体制，窗口指导成为信贷政策的主要形式，因此，样本区间从1998年至2008年。考虑数据的可得性和计量经济模型估计等问题，考察了上述14家商业银行的年度数据，共156个观测值。

所选用变量数据来源于Bankscope数据库。中国农业银行的资本充足率数据存在严重缺失，故采用资本与资产的比率代替[②]；另有少数银行的资本充足率数据存在个别缺失，文章采用一定的统计方法对其进行补齐。[③]

（二）描述性统计分析

通过对变量进行描述统计分析，我们看到如下结果（见表5－2）。所有样本银行中，贷款供给量和资产规模数量差异均很大，贷款供给量最大值为4 436 011百万元，最小值为10 721百万元，相差400倍以上；总资产最大值

---

① 2006年年底中国交通银行的性质被划为国有银行，但从银行业资产规模和特征角度，本章在此仍沿用中国人民银行统计季报（2007第四季度）的分类，将中、农、工、建划分为四大国有银行，而交通银行归入股份制商业银行一类。

② 资本充足率由银行资本与扣除项之差除以风险加权资产得到，而资本与资产的比率由银行资本除以总资产得到，亦称为杠杆比率，这两者从指标的内涵与外延上都具有较高的相关性，且均可以衡量商业银行的资本充足水平（详见周平，《商业银行经营管理》（1998），中国财政经济出版社）。

③ 利用缺失值前后两期的算术平均数对其进行弥补。

为 9 757 146 百万元，最小值为 24 885 百万元，也相差 400 倍左右，且分别在国有银行和股份制银行中，仍然存在较大差异，国有银行相差 5 倍左右。但是贷款供给量与资产规模数量存在相同的变化趋势。资本充足率在也存在较大差异，最高值达 21.5，最低仅有 −13.71，结合原始数据分析，这一异常值是农业银行在 2007 年资本充足率的替代值（由于其缺乏该年资本充足率值，故用该指标替代）。贷存比也存在一定的差异，最大值和最小值也相差 1 倍左右。中央银行对金融机构的三个月贷款利率也相差 4 个百分点左右。

表 5 − 2　　　　　　　　　变量描述统计表

变量名	分类	观测值	均值	标准差	最小值	最大值
LOAN（百万元）	全部	154	860 353	1 053 450	10 721	4 436 011
	国有银行	44	2 353 120	784 937	1 189 262	4 436 011
	股份制银行	110	263 246	235 257	10 721	1 298 776
ASSET（百万元）	全部	154	1 606 395	2 081 278	24 885	9 757 146
	国有银行	44	4 436 684	1 852 514	1 923 646	9 757 146
	股份制银行	110	474 280	446 562	24 885	2 682 947
LTD（%）	全部	154	60.69	7.82	46.40	85.61
	国有银行	44	56.01	9.02	42.98	79.68
	股份制银行	110	60.87	7.34	46.48	85.61
CAPITAL（%）	全部	154	8.81	4.16	−13.71	21.50
	国有银行	44	7.82	4.75	−13.71	14.00
	股份制银行	110	9.21	3.85	−1.50	21.50
RATE	全部	154	3.85	0.98	2.97	6.72
	国有银行	44	3.85	0.99	2.97	6.72
	股份制银行	110	3.85	0.98	2.97	6.72
RATE		−0.06	−0.06	−0.01	0.25	1.00

三、计量模型估计及结果解释

（一）模型估计方法介绍

我们构建的计量经济基本模型为动态的不可观测效应模型[1]，采用

---

[1] 伍德里奇. 横截面与面板数据的经济计量分析 [M]. 北京：中国人民大学出版社，2007.

EViews6.0 统计软件进行相关估计。由于上述模型中的变量均可以由银行的资产负债表中的相关变量计算而所得，而资产变量中的指标如贷款供给量指标和流动性水平指标存在很强的内生性，因为当银行面临较强的贷款需求时，会加速银行将其流动资产转化为贷款额。Kashyap 和 Stein（2000）也指出，资产负债表中变量具有内生性这一现象导致在估计资产负债表中的变量与贷款以及资产负债表中的变量与货币政策之间关系的估计中出现一定偏误。同时，由于实证模型的解释变量中引入了滞后一期的被解释变量，使得模型存在自相关现象。而且实证模型中的不可观测效应使得存在个体效应。因此，该模型不满足外生性假设，运用 *OLS* 法估计的结果会产生一定的误差，为了保证模型估计的准确性和稳健性，采用动态面板数据方法进行估计。

动态面板数据方法由 Arellano 和 Bond（1991）、Blundell 和 Bond（1998）以及 Bond（2001）等人先后发展起来。Arellano 和 Bond 首先于 1991 年提出了一种广义矩估计方法（generalized method of moments，GMM），即 *DIF - GMM* 估计（*first - differenced GMM*）。*DIF - GMM* 的基本思路是先对模型（5 - 2）式差分，然后用一组滞后的解释变量作为差分方程中相应变量的工具变量。然而，*Blundell* 和 *Bond*（1998）以及 *Bond et al.*（2001）等的进一步研究认为，*DIF - GMM* 估计量较易受工具变量的影响而产生有限样本偏误（*finite - sample bias*）。为了克服这一问题，*Arellano and Bover*（1995）和 *Blundell and Bond*（1998）提出了另一种 *GMM* 估计量，即 *SYS - GMM* 估计量（*system GMM*）。*SYS - GMM* 估计量结合了差分方程和水平方程，此外还增加了一组滞后的差分变量作为水平方程相应变量的工具。相对来说，*SYS - GMM* 估计量具有更好的有限样本性质。根据对权重矩阵的不同选择，*GMM* 估计可分为一步（one - step）和两步（two - step）估计。*GMM* 两步法是首先估计出一个权重矩阵，再将该矩阵带入进行计算。*GMM* 两步法较一步法更有优势，因此我们将采用 *GMM* 两步法对模型进行估计。

我们采用 *GMM* 两步法进行估计，运用正交离差方法进行转化。正交离差方法的基本思路：先对原始数据作一阶差分，再对差分后的数据作最小二乘估计变形以消除由差分引起的滑动平均序列相关（Arellano and Bover，1995）。可以认为正交离差是一种可选变形，它和一阶差分一样可以消除个体效应，不同的是，他不会导致变形后的误差项序列相关。因而，正交离差在动态模型中具有很好的适用性。

（二）模型一的估计及结果解释

利用上述方法对模型一进行估计，得到表 5 - 3。表 5 - 3 同时也报告了只分别考虑资产规模因素、流动性水平因素和资本充足水平因素时，货币政策对银行贷款供给量产生影响的计量结果；回归（4）是将上述三个因素纳入一个回归方程进行考察的计量结果。

表 5 - 3　　　　　　　　　　动态面板模型估计结果一

被解释变量：贷款余额的对数化（Loan）				
	回归（1）	回归（2）	回归（3）	回归（4）
$LOAN(-1)$	0.216249 (0.0000***)	0.916365 (0.0000***)	0.905013 (0.0000***)	0.24373 (0.0013***)
$ASSET$	0.813821 (0.0000***)			0.750671 (0.0000***)
$ASSET*DUM1$	-0.240147 (0.0000***)			-0.163822 (0.0007***)
$ASSET*RATE$	-0.005105 (0.0000***)			-0.013648 (0.0744*)
$ASSET*RATE*DUM1$	0.004977 (0.0013***)			0.006784 (0.0012***)
$1-LTD(-1)$		0.002507 (0.0000***)		0.001269 (0.4631)
$(1-LTD(-1))*RATE$		0.0000232 (0.7095)		-0.000893 (0.2080)
$CAPITAL(-1)$			0.034488 (0.0000***)	0.020337 (0.0000***)
$CAPITAL(-1)*DUM_2$			-0.033238 (0.0000***)	-0.021528 (0.0000***)
$CAPITAL(-1)*RATE$			-0.013299 (0.0000***)	-0.008691 (0.0000***)
$CAPITAL(-1)*RATE*DUM_2$			0.013901 (0.0001***)	0.009735 (0.0000***)

　　上述表格第二列至第五列中，上面的数字为各个变量的系数值，下面括号内的数字为各个变量 t 检验的 p 值。其中，*表示在 0.1 的置信水平下显著；**表示在 0.05 的置信水平下显著；***表示在 0.005 的置信水平下显著。

　　表 5 - 3 的回归结果（1）是只考虑资产规模因素和代表国有银行和股份制银行具有不同资产规模的虚拟变量的回归结果。我们关注的是总资产变量和代表国有银行和股份制银行的虚拟变量、总资产和货币政策的交互项以及总资产、货币政策和虚拟变量交互项参数的方向、大小及显著性。由表 5 - 3 的回

归结果（1）可知：银行的资产规模越大，其贷款供给量也越大；当中央银行调整货币政策时，如提高准备金率，银行的贷款供给量会减少，这是由于货币政策会通过资产规模对贷款供给量造成一个负的影响，这可以由 $ASSET * RATE$ 的系数为负体现出来，此时货币政策影响资产规模关于贷款供给量的敏感度为 -0.005。

在回归结果（1）中，我们也发现国有商业银行和全国性股份制银行对信贷供给量的敏感性不同，并且在面临相同货币政策的条件下，他们的信贷行为也存在差异：①$ASSET * DUM1$ 的系数大小和显著性水平说明股份制银行对信贷供给量的反应敏感性更高，其系数高于国有银行 24 个百分点，资产数量越大的股份制银行对信贷供给的扩张行为越明显，总资产每增加 1%，贷款供给量增加 0.81%；②$ASSET * RATE * DUM1$ 的系数大小和显著性水平说明股份制银行对于货币政策的敏感度要高于国有银行 0.005 个百分点。

为什么全国性股份制银行在面临货币政策时，其资本规模关于信贷供给量的敏感性要高于国有银行呢？换句话说，即在相同的货币政策条件下，全国性股份制银行的信贷供给行为比国有银行操作更加谨慎。一个可能的原因是股份制银行有更好的公司治理结构。与研究美国的公司不同，在研究发展中国家的公司治理时，人们一般侧重于讨论产权减弱代理问题的作用，而不是侧重讨论董事会、投票权等指标，因为弱的法律制度不能有效保护投资者（Berger et al，2005）。Berger 等明确认为国有产权与银行表现的关系问题就是一个公司治理问题。与其他的国有企业一样，国有银行没有得到产权人的有效监督。与国有银行产权高度集中、由政府控制不同①，股份制银行的股权比较分散②。股权多元化意味着一定的权力制衡，经营管理人员要接受双重的选拔与监督。从道德风险的角度看，国有银行存在国家隐性担保，而且规模庞大存在"太大而不能倒闭"的问题。存款人对国有银行的监督也弱于股份制银行，在面对可能的金融危机时，政府对国有银行的救助力度应该高于股份制银行。与此相反，股份制银行发生存款挤提的风险更高，不得不持有更多的准备金和维持较高的资本充足率，减少贷款。另外，股份制银行存在被接管的可能性，例如 2004 年的深圳发展银行。这种威胁无疑会增强股份制银行资产规模的信贷行为的反应敏感性，有利于促进股份制银行更谨慎的管理行为。

---

① 2005 年国有银行引入战略投资者、改制上市前，由国家 100% 持股。

② 到 2004 年底，5 家全国性股份制银行：深圳发展银行、上海浦东发展银行、中国民生银行、招商银行和华夏银行的前 5 大股东持股比率分别为：25%、26%、29%、38% 和 49%。

表 5-3 的回归结果（2）是只考虑流动性水平因素的回归结果。我们关注的是正向化的贷存比以及其与货币政策交互项参数的方向、大小及显著性。由表 5-3 的回归结果（2）可知：银行的流动性比例越高，其贷款供给量越大，流动性比例提高 1 个百分点，贷款供给量可扩张 0.25 个百分点，这可以解释为，当银行具有较大的流动性资产时，其有意愿且能够增加贷款供给量。但是货币政策影响流动性比例关于贷款供给的敏感度确并不显著。这说明货币政策不通过流动性比例这一银行特征来影响贷款供给量。

表 5-3 的回归结果（3）是只考虑资本充足水平与代表金融监管改革前后的虚拟变量的回归结果。我们关注的是资本充足率变量和代表金融监管改革前后的虚拟变量、资本充足率和货币政策的交互项以及资本充足率、货币政策和虚拟变量交互项参数的方向、大小及显著性。由表 5-3 的回归结果（3）可知：上一期银行的资本充足率越高，其当期的贷款供给量也越大；当中央银行调整货币政策时，如提高准备金率，银行的贷款供给量会减少，这是由于货币政策会通过资本充足率的约束对贷款供给量造成一个负的影响，这可以由 $CAPITAL * RATE$ 的系数为负体现出来，此时货币政策影响资本充足水平关于贷款供给量的敏感度为 -0.013。同时，我们发现 2003 年实施银行业改革，2004 年前后对信贷供给量的敏感性不同，并且在面临相同货币政策的条件下，银行在 2004 年前后的信贷行为也存在差异：①$CAPITAL * DUM_2$ 的系数大小和显著性水平说明银行业改革后，资本约束对信贷供给量的反应敏感度降低了，其系数低于改革前 3.3 个百分点。2004 年以前，资产充足率高的银行对信贷供给的扩张行为明显，资本充足率每提高 1%，贷款供给量增加 0.035%。这显示了资本监管压力的信贷增速负效应，而且这种效应表现出明显的非对称性，资本不足银行的信贷约束效应显著程度、稳健程度及其强度均不如资本充足银行的信贷扩张效应明显。这是存在"资本软约束"的证据。②$CAPITAL(-1) * RATE * DUM_2$ 的系数大小和显著性水平说明改革前，资本充足水平对于货币政策的敏感度要高于改革后 0.01 个百分点。产生上述情况的原因可能是由于我国自 2003 年 4 月成立了中国银行业监督管理委员会，专门行使监管金融机构的职责。银监会的成立将资本监管推向实质实施阶段，并提出了实施的具体阶段性目标，同时国内银行也拉开了股权结构改革的大幕。代表这种监管层面和银行业改革的虚拟变量的系数显著为负，说明可能是监管要求更加严格，增加了银行的违约成本，银行信贷紧缩；或银行为了实现某种特定的目的（满足监管、投资者要求、上市融资要求）的行为反应，也可能是银行的风险意识和风险控制能力提高、行为更加谨慎所致。

表 5 - 3 的回归结果（4）是同时考虑具有不同资产规模、流动性水平、资本充足水平的特征对信贷供给量的影响以及当中央银行调整货币政策时，这三个特征是如何影响银行的信贷供给行为的。由表 5 - 3 的回归结果（4）可知：当期的资产规模、上期的流动性水平、上期的资本充足水平和上期的贷款供给量均会对当期的贷款供给量产生显著影响；股份制银行对贷款供给量的反应更加灵敏；从 2004 年开始，我国的银行监管层面和银行业金融机构都发生了重要的改革，其中对于资本充足水平的监管更加严格，对资本充足率的计算方法也更加科学，这都使得对银行的贷款供给行为产生了影响。当中央银行调整货币政策时，具有不同资产规模的银行和具有不同资本充足水平的银行对贷款供给量的敏感性存在显著影响，而不同的流动性水平这一银行特征对贷款供给量的敏感性却不显著。以紧缩性的货币政策为例，当中央银行提高存款准备金率时，通过银行信贷渠道，会造成银行信贷规模的紧缩，这一原因是在于，货币政策通过银行的资产规模和资本充足水平的约束，使得贷款供给量产生了负的效应，这也通过回归结果（4）中的 $ASSET * RATE$ 和 $CAPITAL(-1) * RATE$ 的系数为负得到验证，同时系数的绝对值大小衡量了这一影响程度。

（三）模型二的估计及结果解释

同样运用正交离差方法进行转化后再使用 GMM 两步法估计模型二。其回归结果分别见表 5 - 4 的回归（1）至回归（4）栏。其中，回归（1）至回归（3）是只分别考虑资产规模因素与货币政策指标的交互项、流动性水平因素与货币政策指标的交互项和资本充足水平因素与货币政策指标的交互项时，货币政策影响银行贷款供给量的计量结果；回归（4）是将上述三个因素纳入一个回归方程进行考察的计量结果。

表 5 - 4 　　　　　　　　　动态面板模型估计结果二

被解释变量：贷款余额的对数化（Loan）				
	回归（1）	回归（2）	回归（3）	回归（4）
$LOAN(-1)$	0.546766 (0.0000***)	0.923248 (0.0000***)	0.930191 (0.0000***)	0.600814 (0.0000***)
$ASSET * RATE$	0.160499 (0.0000***)			0.146485 (0.0000***)
$ASSET * RATE * DUM1$	-0.020086 (0.0000***)			-0.017396 (0.0001***)
$[1 - LTD(-1)] * RATE$		0.000944 (0.0000***)		0.000255 (0.3316)

表5-4(续)

被解释变量：贷款余额的对数化（*Loan*）				
CAPITAL(-1) * *RATE*			2.76E-05 (0.9741)	0.00089 (0.1632)
CAPITAL(-1) * *RATE* * *DUM*$_2$			-0.000199 (0.8106)	-0.000396 (0.4755)
RATE	-0.949004 (0.0000***)	0.054518 (0.0000***)	0.003463 (0.5447)	-0.862955 (0.0000***)

上述表格第二列至第五列中，上面的数字为各个变量的系数值，下面括号内的数字为各个变量 t 检验的 p 值。其中，* 表示在 0.1 的置信水平下显著；** 表示在 0.05 的置信水平下显著；*** 表示在 0.005 的置信水平下显著。

表 5-4 的回归结果（1）显示商业银行的贷款供给受货币政策显著影响。*Rate* 前的系数为负说明在紧缩的货币政策下，资金成本上升将导致商业银行的贷款供给减少。但从 *asset* * *rate* 这一交互项前的系数为正，也可看出商业银行规模的增加将降低货币政策对贷款供给的影响程度。带有虚拟变量 *dum*1 的交互项前的系数为负数反映了国有银行的资产规模增加时，降低货币政策对贷款供给的效应的程度有所下降。

表 5-4 的回归结果（2）和回归结果（3）显示商业银行流动性增加或资本充足率的增加都将降低货币政策对贷款供给的影响程度，而在对资本充足率实行更强的监管后，高的资本充足率降低货币政策对贷款供给的效应的程度有所下降。这两个模型估计的结果在 *rate* 前的系数都为正，不符合经济学意义，但我们更加关注的是交互向前的系数。

表 5-4 的回归结果（4）与上述三个模型的结果一致。通过回归结果（4）可以验证我们在本章第四节的理论推导的正确性，即商业银行的内部特征将影响到货币政策对贷款供给的效应。从系数前的符号来看，规模较大、资本充足率较高和流动性较高的商业银行在货币政策下改变贷款供给的动力下降，货币政策的调节力度降低。国有商业银行的资产规模对货币政策对贷款供给的效应影响程度有所降低。这与我国的实际国情是一致的，因为国有商业银行在我国更多的是执行货币当局定制的货币政策。在加强资本充足率监管后，资本充足率对货币政策对贷款供给的效应影响程度同样有所降低。这是在严格资本充足率监管下，商业银行在放贷过程中更加谨慎的结果。即使在高资本充足率水平下，商业银行也会考虑到风险资产的增加带来资本充足率下降的结果，从而控制放贷的数量。

但我们也注意到，在回归结果（4）中只有资产规模的交互项达到了统计检验的显著，这说明资本充足率和流动性这两项银行内部特征对货币政策对贷款供给的效应影响程度有限。由前文的分析我们可知，由于不同特征的商业银行对货币政策的反应不同，为达到实施货币政策预计的效果，应该考虑到商业银行的内部特征。但是通过我们的实证结果表明，只有银行资产规模这一项对货币政策的效果有显著影响。因此，货币当局在制定货币政策时，只需要重点考虑我国商业银行资产规模的特点。

第四节　小结

我们从银行信贷的供给层面研究货币政策传导与商业银行的中介作用，分析了影响贷款供给量的因素，在一定的假设条件下，通过相关经济理论知识，构建了贷款供给量的理论模型；同时也分析了银行内部特征会对货币政策对贷款供给的效应产生影响。随后利用我国 14 家银行的资产负债相关数据，建立动态面板数据模型，利用系统广义矩估计的方法进行了实证分析，得出了如下结论：

1. 资产规模、流动性水平、资本充足水平这三个银行内部特征因素会影响贷款供给量，且存在显著的正相关关系。货币政策会通过影响资产规模和资本充足水平因素影响信贷供给量。这说明货币政策的信贷传导渠道在我国存在，货币政策可以通过控制信贷供给从而影响实体经济。

2. 货币政策对商业银行贷款供给有显著影响，而影响力会随资产规模、流动性水平、资本充足水平这三个银行内部特征的不同而不同。资产规模较大、流动性水平较高和资本充足率水平较高的商业银行将降低货币政策影响贷款供给的效力，但只有资产规模的作用是显著的。同时也发现国有商业银行其在加强资本充足率监管后，资产规模和资本充足率对货币政策的效力的影响程度降低。

针对实证分析结果，我们提出以下建议：

第一，进一步建立和健全国有商业银行的法人治理结构，健全内部控制机制。银行发挥了重要的中介作用。货币政策可以通过银行的资产规模和资本充足水平因素来达到影响银行信贷供给的目的。这是银行信贷渠道在我国确实能够发挥效用的途径，也为货币政策能够影响银行信贷提供了实证支持。银行信贷渠道能够顺畅的发生作用，离不开银行业金融机构的中介作用。为了保证货币政策能够通过银行信贷渠道顺利传导，应保证商业银行在银行信贷渠道中发挥更加灵活的作用。这就要求我国加强和深化银行业金融机构的改革。近年在我国银行业的改革中，四大国有商业银行的改革尤其重要。由于国有银行的产权大部分由国家掌控，带有一定的行政色彩，其行为体现了国家意图，因而会出现垄断竞争的现象。这必然会导致银行业缺乏必要的、适度的竞争。因此，在当前的经济环境下，要提高银行业金融机构的竞争力，就必须进行体制和机制的改革。通过产权制度改革把国有银行变为一个真正适应市场化的金融企业，把其改造成公司制企业，变成国家控股的产权多元化的公司。在继续推进银行股份制改革的基础上，应建立和健全法人治理结构，建立内部控制机制，使国有银行发挥出真正的作用。

第二，进一步加强对中小银行的建设与支持，加大对国有银行的监督和管理。从本章的实证结果可以看出，国有商业银行的资产规模对贷款规模的影响程度小于中小股份制商业银行，同时货币政策对国有商业银行贷款供给的影响作用也较中小股份制商业银行弱。究其原因，可能是国有商业银行在各类资源上都占有优势，主要以大企业为贷款对象，面临的违约风险较小，所以贷款供给更为稳定；而中小银行在资源上不占优势，主要以中小企业为主，面临的风险较大，因此不得不对资产规模的变化和货币政策的变动做出较大的贷款供给调整。虽然我们想要见到的结果是商业银行在面对货币政策变动时积极地调节贷款供给，但也应看到中小银行较大幅度调节贷款供给是由于中小企业贷款具有更大风险，资源不占优的中小银行在风险识别上处于劣势，因此不得不被动调节贷款供给。在这种情况下，中小银行面临着更大的风险，同时也可能给我国金融业、乃至实体经济带来巨大风险。

从道德风险的角度看，国有银行存在国家隐性担保，而且规模庞大存在"太大而不能倒闭"的问题。存款人对国有银行的监督弱于股份制银行，在面对可能的金融危机时，政府对国有银行的救助力度应该高于中小股份制银行。与此相反，中小股份制银行发生存款挤提的风险更高，不得不持有更多的准备金和维持较高的资本充足率，减少贷款。另外，股份制银行存在被接管的可能性，例如2004年的深圳发展银行。这种威胁会增强中小股份制银行资产规模的信贷行为反应敏感性，有利于促进中小股份制银行更谨慎的管理行为。

因此，在促使商业银行加强和改善自身风险管理的政策与策略的同时，国家应加强对中小银行的建设与支持，在政策上扶持城市商业银行、农村商业银行等金融机构，并对国有商业银行加强监督，使我国的银行业金融机构体系更加完善，其内部竞争更加公平、自由。

第三，坚持实施《巴塞尔新资本协定》，加强银监会关于资本的监管和干预措施。资本金的约束会制约贷款供给的规模，但它也是抵御风险，维持金融市场稳定的有力保障。因此，监管当局应强化对商业银行资本的有效监管，提高银行的稳健性。在四大国有商业银行中，建设银行、中国银行和工商银行已通过股改，成功上市，使资本充足水平远远高于监管要求的水平。但是农业银行的情况却不容乐观。由本章所获得数据和分析来看，近年来农业银行的资本金不足以抵补已发生的资产损失，其杠杆比率为负，出现了较大的资本金负缺口，这一现象应引起监管当局的重视，加强对资本充足水平的监管，采取措施避免类似情况的发生。目前，我国银监会已确立了针对我国商业银行分类实施、分层推进、分步达标的基本原则。从 2010 年，我国商业银行逐步执行《巴塞尔新资本协定》，银监会对我国银行的资本充足水平监管会更加严格，这会在一定程度上保证银行信贷渠道发生效力。

第四，在制定货币政策时应考虑商业银行的内部特征。本章的实证结果显示商业银行的内部特征将影响到货币政策的执行效果，特别是资产规模对货币政策的执行效果最为显著。因此货币当局在制定货币政策时应对商业银行的资产负债表进行全面的分析，以应对其内部特征可能给货币政策执行效果带来的抵消效应，从而更好地实现政策目标。

第六章　我国货币政策传导的
区域效应研究

第一节　我国货币政策传导区域效应的判断

货币政策区域效应的存在与否是进一步度量货币政策区域效应的基础。根据最优货币区理论，一个地区如果不符合最优货币区则说明在该地区使用统一的货币政策会产生区域效应。因此，对我国是否符合最优货币区需要进行检验判断，只有这样，才能进一步说明货币政策的传导在经济金融市场上的差异性和货币政策传导在地区的差异性。

国务院发展研究中心在 2005 年颁布的《地区协调发展的战略和政策》中提出《"十一五"我国（大陆）区域划分的具体设想》，将传统的东、中、西划分升级为东、中、西、东北四大板块，现在我国四个地域单元是：东部 10 省市、西部 12 省、中部 6 省、东北 3 省。东部包括：北京、天津、河北、上海、江苏、浙江、福建、山东、广东、海南；中部包括：山西、安徽、江西、河南、湖北、湖南；西部包括：内蒙古、广西、重庆、四川、贵州、云南、陕西、甘肃、青海、宁夏、新疆、西藏；东北部包括：辽宁、吉林、黑龙江。本章将按上述划分研究货币政策传导的区域效应。

一、从最优货币区看货币政策传导的区域效应

根据已有文献，按照蒙代尔的定义，以及最优货币区理论所设定的诸多标准来检验我国是不是最优货币区。

（一）生产要素自由流动标准

从蒙代尔对最优货币区的生产要素高流动性要求来看，我国存在着很大的差距。生产要素主要包括劳动力和资本。

关于劳动力生产要素，由于户籍制度还不够完善，加之商品房制度、社会保障系统等配套机制不健全的制约，我国劳动力市场发育相对滞后，存在着价格机制紊乱，竞争机制微弱，供求机制失灵等诸多问题，因此劳动力的流动是基本上受到限制的。从目前实际情况来看，我国东部和南部为劳动力净流入地区，中西部为净流出地区；流动人口的绝对值虽大，但占全国总人口的比例却相当低。

资本是现阶段我国生产要素跨地区流动的主体，目前全国资本分布整体上向东部沿海集中，在地区间也存在较大的差异（见表6-1）。近年来，由于资本回报率明显上升，也驱使投资率不断上升，从而使得各地区出现普遍资金紧张的局面，地方政府为确保本区域资金而设置事实上的区域间金融市场壁垒，导致区域间金融市场分割和区域间资本流动性减弱。这种由于经济结构失调和区域间金融市场分割等体制性原因引起的资金流动性减弱，在长期上不利于改善资本配置效率。不论是用劳动力的流动性来衡量，还是用资本的流动性来衡量我国离最优货币区都有很大差距。

表6-1　　　　　　　　我国各区域固定资产投资分布　　　　　　单位：亿元

		2004 年	2005 年	2006 年	2007 年	2008 年
固定资产投资总额		70 343.81	89 708.84	108 422.9	135 910.5	168 331.1
占全国的比重	东部	55%	53%	51%	48%	46%
	中部	17%	18%	19%	21%	22%
	西部	19%	20%	20%	21%	21%
	东北	8%	9%	10%	10%	11%

数据来源：中经网统计数据库。

由上表可知，从 2004 年到 2008 年，东部的固定资产投资一直处于摇摇领先地位，占了全国固定资产投资总额的一半，2008 年略有下降，占 46%；中部的固定资产投资占比略小于西部，这是由于国家近几年对西部加大扶持力度，增加对西部的投资，东北部因为只有三个省所以比重较小，但是可以看出近几年东北部的固定资产占比也是在逐步上升的。从表上能很明显地看出，我国东中西和东北部的资产分配很不均匀，大部分资产都流向东部。

（二）产品多样化标准

地区产业结构的不平衡性必然影响到地区产品多样化程度，不同区域产业结构的差异性，导致区域产品的多样化程度的差异性。产品多样化标准用产业结构指标（各产业产值/当年 GDP，这里 GDP 用的是三大产业之和）衡量，多样化程度高的国家或地区能更好地消除外部冲击对就业和国内收支的影响。历年数据（见表6-2）表明东部和东北部地区第二、三产业所占比例较高，而中部和西部地区第一产业所占比例较高。此外，各地区产业结构调整速度也很不一致。

表6-2 各产业占当年 GDP 的比重（%）

产业	第一产业				第二产业				第三产业			
年份	东	中	西	东北	东	中	西	东北	东	中	西	东北
2004	8.4	17.8	19.5	12.9	51.1	47.7	44.1	50	43.5	34.5	36.5	37.1
2005	7.7	16.6	17.6	12.7	51.7	46.9	42.8	49.6	40.6	36.5	39.6	37.7
2006	7.3	15.4	16.3	12.2	52.2	48.8	45.3	50.8	40.5	35.8	38.4	37.1
2007	7.1	15.1	16.6	12.4	51.8	49.7	46.1	51.4	41.1	35.2	37.5	36.2
2008	6.8	14.6	15.6	11.7	51.7	50.8	48.2	53	41.5	34.5	36.2	35.3

数据来源：由中经网统计数据库整理得到。

由上表6-2可知，2004年至2008年，在我国的产业结构中，第一产业始终是中西部地区比重高于东部和东北部地区，东、中、西部地区的第一产业比重是在逐步下降的，而东北部的第一产业比重几乎没变；第二产业始终是东部和东北部地区高于中西部，东北部的第二产业比重近几年在逐步上升。第三产业比重最高的地区始终是东部和西部，中部地区的第三产业比重最小。同时可以看到，各地区的产业结构调整步伐也是不一致的。如东部地区的产业结构是从2004年的0.84∶5.11∶4.35调整为2008年的0.68∶5.17∶4.15，中部地区是从2004年的1.78∶4.77∶3.45调整为2008年的1.46∶5.09∶3.45，西部地区则是从2004年的1.95∶4.41∶3.65调整为2008年的1.56∶4.82∶3.62，东北部地区是从2004年的1.29∶5.0∶3.71调整为2008年的1.17∶5.3∶3.53。因此，我国至少目前尚未达到产业结构地区相似性这一标准。

（三）经济开放度相似标准

经济开放度即一国生产或消费中贸易品占社会总产品的比率。这可以从东中西部地区的对外贸易依存度（当年进出口总额占当年 GDP 值的比例）来近似衡量（见表6-3）。尽管我国历年的进出口总额占全国 GDP 的比例在逐年上升，总体的经济开放度在不断提高，但东中西部地区的对外贸易却有很大的差距，历年来东部地区的进出口总额都超过了中西部地区之和，这也间接反映了三大地区经济开放度的差异性。

表 6 – 3 　　　　　　　　　　各个地区的外贸依存度 　　　　　　　　　单位：亿元

年份	东部		中部		西部		东北	
	进出口总额	外贸依存度	进出口总额	外贸依存度	进出口总额	外贸依存度	进出口总额	外贸依存度
2004 年	10349.1	11.06%	349.5	1.09%	365.0	1.33%	479.9	3.18%
2005 年	12781.6	11.64%	415.0	1.12%	449.2	1.36%	571.1	3.33%
2006 年	15795.9	12.38%	539.8	1.26%	573.4	1.47%	691.6	3.51%
2007 年	19337.7	12.81%	743.0	1.43%	782.0	1.66%	870.7	3.73%
2008 年	22487.0	12.66%	989.3	1.57%	1059.6	1.83%	1089.0	3.86%

数据来源：由《中国金融年鉴2008》和中经网统计数据库整理得到。

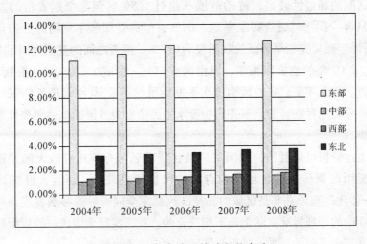

图 6 – 1　各个地区的外贸依存度

东部的外贸依存度最高，2007 年达到 12.81%，其次是东北部，这五年平均达到 3.5%，中部的外贸依存度最低，2004 年中部外贸依存度只有 1.09%。可以看出地区经济开放度存在巨大的差距，即不满足经济开放度相似标准。我国进出口总额逐年上升，国家开放度不断提高，但东、中、西部地区的对外贸易存在很大差距，历年来东部地区的进出口总额超过了中西部地区总额，这反映了三大地区经济开放度的差异性。

（四）通货膨胀率相似标准

当一国实施统一的宏观经济政策时，如果各地区的通货膨胀率相似，那么各地区的政策反应也会相似，从而宏观经济政策就可以收到预期效果。

表 6 - 4　　　　　　　　　　各地区的通货膨胀率（%）

年份	东部	中部	西部	东北部
2003 年	1.06	1.75	1.35	1.27
2004 年	3.28	4.58	3.50	3.80
2005 年	1.59	2.13	1.51	1.37
2006 年	1.47	1.45	1.66	1.50
2007 年	4.31	5.08	5.61	5.10

数据来源：根据《中国金融年鉴 2008》整理得到。

从表 6 - 4 可以看出，近五年来我国的通货膨胀都不算严重，通货膨胀率最高是 2007 年西部地区为 5.61%，最低是 2003 年东部地区为 1.06%，而且每一年地区间的相似性较高，波动范围不超过 1.5%。但是个别省份的差距较大，2004 年全国平均通货膨胀率是 3.67%，但通货膨胀率最高的云南达到了 6%，而当年通货膨胀率最低的陕西仅为 0.7%，两者之间的差值达到了 5.3 个百分点。2007 年的通货膨胀率，海南为 6.8%，北京为 2.4%，也相差了 4.4 个百分点。近几年来，各地区物价水平差距虽然不及 90 年代通货膨胀时期显著，但差异仍然存在。参差不齐的物价水平，给宏观政策的单一调控带来相当大的困难。

从上述分析可以看出，我国离"最优货币区"标准还有较大的差距，从而我国货币政策传导的区域效应存在的可能性也较大。而且，目前我国的"财政一体化"现象并非是区域内部经济达到完全同质后的必然表现，与最优货币区理论的评判标准实际上是不相符合的。我国实行全国统一的货币政策在各地区将产生不同的效果，货币政策区域效应将不可避免。

二、从区域金融差异看货币政策传导的区域效应

货币政策一般都是要经过金融市场和金融机构传导到企业、居民等微观经济主体的，通过影响这些微观主体的行为来影响产出和价格等实际经济变量。因此，由于各地经济金融结构和发展水平、产业结构、企业特征、微观经济主体特征等方面存在差异，使得在上述传导过程中，各环节在地区间存在明显差异，起到的作用也不同，必然导致统一货币政策的传导机制在地区间存在差异。

货币政策传导不仅取决于中央银行货币政策的市场化取向，而且取决于金融机构、企业和居民的市场化行为，即它们必须对市场信号做出理性的反应，如果它们不能完全按照市场准则运行，即不能对包括中央银行的间接调控信号在内的市场信号做出理性反应，那么货币政策就不可能通过货币信贷条件的调节来实现其政策目标，货币政策传导过程就会梗阻，货币政策效果就会减弱。[①]

从金融的产生和发展的动态来看，金融的差异来源于经济发展水平的差异。因此本章首先分析了区域经济的差异，进而分析区域金融的差异，最后分析了区域间微观主体的差异，这些差异都会导致货币政策的传导存在区域效应。

（一）区域经济差异

经济是金融的基础，经济发展水平决定金融发展水平，金融发展根源于经济运行与发展过程对资金融通的内在需求，我国各区域在经济发展水平上的差异决定了不同区域金融服务供给和需求数量与结构上的差异。

1. 各地区经济总量的差异。

表 6－5   2008 年各地区经济总量的差异

	经济总量（GDP）	占全国比重	社会消费品零售总额	占全国比重	全社会固定资产投资总额	占全国比重
东部	177 579.56	54.33%	60 548.7	54.04%	77 395.2	45.98%
中部	63 188.03	19.33%	22 152.8	19.77%	36 583.7	21.73%
西部	57 860.67	17.70%	19 109.9	17.05%	35 535.5	21.11%
东北	28 195.63	8.63%	10 240.4	9.14%	18 816.7	11.18%

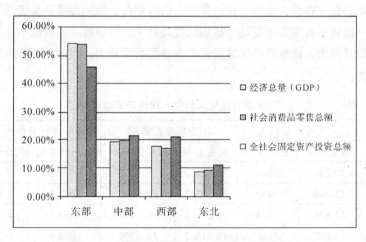

图 6－2   2008 年各地区经济总量比例的差异

---

① 王培华. 货币政策传导的区域差别研究 [D]. 北京：中央民族大学，2007.

从表 6-5 和图 6-2 可以看出，2008 年，我国东部、中部、西部和东北部地区 GDP 差距较大，东部、中部、西部和东北部地区 GDP 分别为 177 579.56 亿元、63 188.03 亿元、57 860.67 亿元和 28 195.63 亿元，所占全国 GDP 比重分别为 54.33%、19.33%、17.7% 和 8.63%。

同样可以看出，我国社会消费品零售总额的区域差距很大，2008 年，东部、中部、西部和东北部地区社会消费品零售总额分别为 60 548.7 亿元、22 152.8 亿元、19 109.9 亿元和 112 051.8 亿元，所占全国比例分别为 54.04%、19.77%、17.05% 和 9.14%，但是地区之间在总量上存在很大差距。

在 2008 年，东部、中部、西部和东北部地区全社会固定资产投资分别为 77 395.2 亿元、36 583.7 亿元、35 535.5 亿元和 18 816.7 亿元。东部地区在总量上保持领先地位，中西部地区保持持平的状态。

2. 各地区消费投资和净出口增长不平衡。居民作为投资和消费的主体，其行为对货币政策传导的影响较为复杂。首先，当利率下降时，理性的消费者会增加当期的消费和投资；其次，作为信贷资金的供给者和需求者，利率的高低直接影响商业银行可用的信贷资金总量。因此，居民收入状况影响其对货币政策的传导。如果各地区的收入水平存在较大差距，那么必然会造成各地区的消费对利率敏感性的不同。

我国经济增长过程中，对外开放的功劳也是不容忽视的，但是对外开放程度在各地仍然存在很大差距，这必然对货币政策在各地的传导效果带来不同的影响。一国货币政策发生变动，比如说提高利率，将导致本国的汇率升值，那些进出口规模大、比重高的区域受汇率变动的影响较大，因而受货币政策冲击更为强烈。

表 6-6　　　　　　　2008 年各区域人均收入和经济开放度

	人均可支配收入		固定资产投资额		经济开放度	
	城镇居民	农村居民	投资总额	投资增长率	进出口总额	占全国比重
东部	20 195	8108	77 395.2	18.43%	22 487.0	87.75%
中部	13 204	4448	36 583.7	29.86%	989.3	3.86%
西部	12 839	3574	35 535.5	25.44%	1059.6	4.14%
东北部	13 037	5142	18 816.7	33.83%	1088.9	4.25%

数据来源：由区域金融运行报告和中经网统计数据库整理得到。

东部地区的人均居民收入均远远高于中部、西部和东北地区，2008 年东部区域的城镇居民人均可支配收入分别是中西部的 1.54 和 1.56 倍。且中部、西部和东北地区农村居民收入差异大于城镇居民收入的差异（见表6-6）。东部地区居民收入水平较高，消费能力较强，消费信贷市场也因此扩张迅速，个人消费贷款余额占全国个人消费贷款余额达到70%以上；但中部、西部和东北地区消费信贷市场规模相对较小，多数省份个人消费贷款在人民币贷款中的比重不到10%。

东部地区固定资产投资增速减缓，西部和东北地区增速加快。城镇固定资产投资总额有近50%集中在东部地区，但中部、西部和东北地区的投资增速开始加快并明显高于东部地区，相应的中部、西部和东北地区的占比也有所提高，表明中部崛起、西部大开发和振兴东北老工业基地的区域政策正在发生实质性的作用。

东部地区是我国进出口的主体区域，全国近九成的进出口集中在东部地区。中西部和东北部招商引资力度加强，成为外资进入新热点。从表6-6中我们发现，东部区域的进出口额和外贸依存度远远高于中西部和东北部。在2008年东部区域的进出口额占全国的比重最高，达到87.75%，而中西部和东北部所占比例极小，西部的外贸依存度略高于中部，东北部的外贸依存度高于中西部，但是进出口额占全国的比重还是在5%以下。但是各区域内部各省的进出口额和对外依存度却差别较大，比如在东部区域，2008年海南进出口总额占全国进出口额的比重在全国31个省市的排名，只排在26位，而同是东部区域的广东省却排在全国首位。

3. 各地区产业结构发展不平衡。不同产业对货币政策传导的影响亦不相同。总的来说，那些资本密集型行业和生产耐用消费品的行业，面对紧缩性货币政策时受到的冲击更大，而那些劳动和资源密集型行业对货币政策的敏感度较低。一般来讲，第一产业和第三产业的资本密集度较小，而第二产业的资本密集度较大，所以，那些第一产业和第三产业集中度较高的区域，其受货币政策影响的程度较低，而那些第二产业集中度较高的区域，其受货币政策影响的程度较高。

在之前检验最优货币区时已分析过，历年数据（见表6-2）表明，在我国的产业结构中，东部和东北部地区第二产业所占比例较高，而中部和西部地区第一产业所占比例较高。西部地区第二产业产值占全国比重最小，工业化进程相比全国其他地区仍然较慢。第三产业比重最高的地区始终是东部，中部地区的第三产业比重最小。

（二）区域金融差异

货币金融活动是市场经济的重要组成部分。金融是市场经济的核心，是货币流通、信用流通与经济运行的总称。金融总体上可分为货币经济和信用经济两大部分，细分之，则包括银行、证券、保险、信托等的运行及各种机制的互动关系。[1]

从金融的产生和发展过程来看，金融表现为一系列金融工具如银行存单、股票和债券等，通过这些工具来引导资金的合理流动，最终达到资源合理配置的目的。随着金融改革的深化，我国的金融体系也在不停发展，但各类金融机构和金融市场在区域间的布局日趋非均衡，对区域金融运行格局产生了深远的影响，成为统一的货币政策在各区域传导效率与传导渠道上产生差异的重要形成因素。

1. 金融机构分布结构和数量的区域差异。货币政策的传导是通过金融机构传到实体经济的，所以金融机构的差异会导致货币政策的传导存在区域效应。

区域金融机构的差异使得地区间金融机构运作的市场化程度各不相同，东部地区的市场化程度明显高于西部地区。中西部地区的市场化程度较低，对货币政策信号反应迟钝，其经济决策很难符合区域中央银行的预期。而东部地区金融机构的市场化程度较高，对货币政策信号能够做出合理反映，无论是反映的程度还是时间，都较中西部地区有力和迅速。因而，基于区域间金融机构差异，货币政策传导的通畅程度并不一样。[2]

金融机构处于储蓄向投资转化的中间环节，在现代经济中的作用极其突出，但是在我国金融机构的分布非常不平衡。[3]

由于特有的历史背景和所处的转轨阶段，我国银行结构体系里面是四大国有商业银行占比最大，中小银行数量极少。改革开放以前，我国区域银行结构基本上是同质化的，单纯就银行结构对货币政策影响的可能差异甚微。[4] 但随着我国市场经济的进程，区域经济发展水平的差异逐渐导致了金融制度变迁过程中区域金融运行的二元结构，使得区域间的金融结构差异也日益扩大，影响了货币政策的传导，导致货币政策传导产生区域效应。

---

① 王佩真. 货币金融理论与政策 [M]. 北京：中国金融出版社，2005.

② 林元辉，宛旭明. 非均衡区域金融体系中的货币政策传导差异分析 [D]. 广西大学商学院，2004.

③ 张宝双. 我国统一货币政策效应区域性差异实证分析 [J]. 金融经济，2007 (2).

④ 周孟亮. 我国区域金融差异下货币政策传导机制效应研究 [D]. 暨南大学博士学位论文，2006.

表 6-7　　　　　　　　　　　2008 年我国金融机构地区分布

	银行业金融机构（%）			上市公司数量（个）			
	机构个数	从业人数	资产总额	境内上市公司数（A、B 股）	境内上市外资股（B 股）	境外上市公司数（H 股）	合计
东部	39	44	61	883	49	138	1070
中部	25	22	15	206	5	57	268
西部	26	22	16	280	3	9	292
东北	10	12	8	114	5	12	131

数据来源：由《中国金融年鉴 2008》和区域金融运行报告整理得到。

　　我国银行业金融机构集中在东部地区，机构个数占比 39%，但是资产占比达到 61%，其次是中部和西部，机构个数占比为 25% 和 26%，资产占比为 15% 和 16%。东北部的机构个数占比为 10%，资产占比 8%；上市公司的分布在地区间也有很大的差异（见表 6-7），东部上市公司数为 1070 个，比中部西部和东北部加起来还要多。上市公司的分布严重失衡。

　　从金融机构组成结构上来看，商业银行和外资银行多集中于东部地区。东部城市商业银行机构数分别是中、西部的两倍多；东部外资银行代表处分别是中部和西部的 80 倍和 29 倍，而外资保险机构几乎全部在东部。一些新兴银行大多在东部沿海地区设立分支机构，只在中西部少数中心城市设有分支机构，同时东部地区还成立了农村商业银行及非银行金融机构，可以满足不同层次的信用需求，而中西部地区的金融组织机构几乎只有国有金融和合作金融，所有制结构单一，缺乏市场化金融组织，市场竞争不充分，竞争质量不高，制约着对中西部经济发展的资金支持。

　　我国很多家全国性股份制商业银行实行总分行制，其总行都设在东部沿海地区，其分支机构也主要集中在东部地区和中部省会城市。在东部地区的一些身份，各股份制商业银行在同一省份的多个城市设立分行，如广东的广州、深圳、珠海，浙江的杭州、温州、宁波，江苏的苏州、南京、无锡，山东的青岛、烟台、济南。在中部地区，主要在省会城市如武汉、长沙、太原、合肥、哈尔滨等设立分行。在西部地区，主要集中在成都、重庆和昆明等地，在新疆、西藏、青海、宁夏、贵州、内蒙古、广西等西部地区很少设立股份制商业银行的分行（见表 6-8）。

表6-8　　　　　　　　　全国性股份制商业银行分支机构布局

银行名称	总行	分行所在地
交通银行	上海	遍布全国各地
上海浦发	上海	上海、深圳、大连、南京、青岛、杭州、广州、成都、郑州、重庆、福州、武汉、天津、长沙、昆明、沈阳、西安、石家庄、苏州、济南
深圳发展	深圳	北京、上海、广州、天津、重庆、海口、珠海、佛山、杭州、宁波、温州、大连、济南、南京
兴业银行	福州	福建各地、上海、深圳、长沙、北京、杭州、广州、南京、宁波、重庆、济南、武汉、沈阳、天津、成都、郑州、西安
招商银行	深圳	上海、武汉、北京、沈阳、广州、成都、兰州、西安、南京、重庆、大连、杭州、南昌、长沙、福州、青岛、天津、济南、乌鲁木齐、昆明、哈尔滨、合肥
广东发展银行	广州	广东各地、北京、大连、杭州、昆明、南京、上海、武汉、郑州
华夏银行	北京	南京、苏州、无锡、杭州、上海、济南、烟台、聊城、昆明、玉溪、深圳、沈阳、广州、重庆、武汉、成都、西安、乌鲁木齐、石家庄、太原、大连、温州、青岛、呼和浩特、天津、福州
光大银行	北京	天津、石家庄、太原、沈阳、大连、长春、黑龙江、上海、南京、苏州、杭州、宁波、合肥、福州、厦门、济南、青岛、烟台、郑州、武汉、长沙、广州、深圳、南宁、海口、重庆、成都、昆明、西安
民生银行	北京	广州、上海、深圳、武汉、南京、重庆、石家庄、太原、杭州、宁波、西安、成都、福州、大连、汕头、济南
恒丰银行	烟台	青岛、济南

资料来源：各全国性股份制商业银行网站。

外资银行在我国设立的分行几乎全部集中在东部地区特别是上海、北京、深圳、广州、天津等地，中部地区的武汉有2家分行，西部地区的成都有7家，重庆有5家分行，西安有2家分行，昆明有1家分行。其余基本都集中在东部地区（见表6-9）。

表6-9　　　　　　　　2006年外资银行分行的区域分布

城市	数量	城市	数量	城市	数量	城市	数量
上海	57	成都	7	汕头	4	西安	2
北京	27	大连	7	苏州	4	无锡	2

表6-9(续)

城市	数量	城市	数量	城市	数量	城市	数量
深圳	22	青岛	7	杭州	3	烟台	2
广州	19	重庆	5	南京	3	昆明	1
天津	13	福州	4	沈阳	3	海口	1
厦门	9	珠海	4	武汉	2	东莞	1

数据来源:《中国金融年鉴2007》。

股票和债券是社会化大生产的产物,它们的出现打破了社会经济资源优化配置的"瓶颈":对国家来说,可以广泛地积聚社会闲散资金,为经济建设服务;对公司来说,是一种筹集资金的途径;对居民等微观经济主体来说,是一种投资的途径。各区域对股票和债券这种金融工具的利用情况与很多因素有关,包括该区域的企业、居民等微观经济主体进行股票投资的成本高低、信息可得性程度以及风险偏好等因素。这些影响因素在我国各地区存在显著差异,因而导致我国各区域对股票和债券的利用和发展情况存在较大的差异。截至2009年6月,在沪上市的853家上市公司中,东部、中部、西部和东北部地区分别占501家、131家、157家和64家,占比分别为58.73%、15.36%、18.41%和7.5%,在深上市的528家上市公司中,东部、中部、西部和东北部地区分别占427家、118家、129家和46家,占比分别为59.31%、16.39%、17.92%和6.39%。东部的上市公司数远远大于其他地区(见表6-10)。说明东部地区对股票和债券等金融工具发展和利用情况较好。

表6-10 2009年6月沪深证券交易所A股上市公司地区分布

地区	沪市	深市	合计
东部	501	427	928
中部	131	118	249
西部	157	129	286
东北部	64	46	110
全国合计	853	720	1573

数据来源:我国证券登记结算有限责任公司统计月报。

注释:按照上市公司的联系地址统计。

2. 各地区银行业、证券业、保险业发展差异。货币政策通过影响银行提供贷款的能力来影响经济活动,在某种程度上制约银行等金融机构的贷款行为,从而对企业的融资活动产生影响。银行信贷渠道强调银行在金融体系中的作用，它能够解决信贷市场的信息困难和其他摩擦等方面，对于大型银行可以从金融市场上获得资金，小型银行则在此方面能力缺乏，所以银行结构的差异导致了货币政策非对称。

存贷款业务是商业银行等金融机构最原始的业务，存贷款是商业银行等金融机构为经济发展提供资金支持的最重要的来源和方式，存款积聚不足即为资本供给不足，是区域经济发展的障碍。存贷款的区域差异可以反映该区域经济的活跃程度和经济发展水平的差异，也可以反映出各区域微观经济主体金融努力程度及各区域金融发展水平的高低。我国东部、中部、西部和东北部地区存贷款差异性较大。从 2006 年到 2007 年，我国东部、中部、西部和东北部地区的金融机构各项存款余额的绝对数量都在增加，但从各区域的横向比较来看，区域间金融机构各项存款差异较大（见表 6-11）。

表 6-11　　　　　　　　各区域存款和贷款的分布情况

	存款余额及其占比		贷款余额及其占比	
	2006	2007	2006	2007
东部	207 380. 02	231 574. 78	135 985. 42	158 088. 83
中部	50 111. 28	57 583. 22	34 082. 04	39 296. 65
西部	52 989. 82	61 972. 1	37 635. 37	44 090. 15
东北	26 207. 52	28 613. 02	17 405. 67	19 454. 5
合计	336 688. 64	379 743. 12	225 108. 5	260 930. 13
东部（%）	61.59%	60.98%	60.41%	60.59%
中部（%）	14.88%	15.16%	15.14%	15.06%
西部（%）	15.74%	16.32%	16.72%	16.90%
东北（%）	7.78%	7.53%	7.73%	7.46%

数据来源：由《中国金融年鉴 2008》整理得到。

从各区域接受贷款的情况来看，区域差异较大。各区域接受贷款的绝对数量都大幅度增加，东部地区不管从存款还是贷款来说都是处于遥遥领先的地位。但从各区域的相对比例来看，国家银行对东部地区的贷款保持小幅度的上升，占了国家银行贷款总量的一半以上。国家银行对西部地区贷款的相对占比也保持上升状态，从 16.72% 增加到 16.9%，这是因为国家为扶持西部地区经济建设发展，特别实施西部大开发发展战略的需要，国家银行对西部地区贷款一直呈上升趋势。对中部地区贷款的相对占比有所下降，从 15.14% 降到 15.06%。东北部的金融机构贷款余额也下降了 0.3 个百分点。

我国银行业、证券业和保险业从机构个数、资产总额和收入等各个方面在区域间都存在较大差异（表6-12）。从证券业来看，证券、基金和期货的公司数的分布存在较大差异，而且股票筹资额东部占了71.1%，中部、西部和东北部分别占11.5%、14.9%和2.5%。从保险业来看，总部设在辖内的保险公司数，东部就占了全国的81.2%，保险公司分支机构还比较均衡，但是在保费收入和各类赔款给付方面，东部保持在一半以上，由此可见保险业发展的区域差距非常明显，东部遥遥领先，而中部西部和东北部则相对落后，西部的金融发展水平有赶超中部的趋势。

表6-12 2008年证券业和保险业的分布（%）

2008年各地区证券业分布	东部	中部	西部	东北
总部设在辖内的证券公司数	66.4	11.2	16.8	5.6
总部设在辖内的基金公司数	95.5	0	4.5	0
总部设在辖内的期货公司数	65.9	12.3	11.2	10.6
年末国内上市公司数	58.6	15.9	18.3	7.2
股票（A股）筹资额	71.1	11.5	14.9	2.5
发行H股筹资额	80.7	3	9.9	6.4
国内债券筹资额	83.7	6.7	6.4	2.2
2008年各地区保险业分布	东部	中部	西部	东北
总部设在辖内的保险公司数	81.2	3.8	7.5	7.5
保险公司分支机构	32.3	26.2	30.4	11.1
保费收入	54.4	19.2	17.7	8.7
财产险保费收入	54.5	20	18.4	7.1
人寿险保费收入	54.4	18.9	17.5	9.2
各类赔款给付	54.9	17.7	16.9	10.5

数据来源：2008年中国区域运行报告。

3. 各地区资金流动和融资结构情况。东部、西部和东北地区为现金净投放，中部地区为现金净回笼。由于各地区经济发展水平和结构不同，现金流向呈现明显地区差异。东部地区作为我国经济发展水平较高，经济总体规模较大的地区，是主要的现金净投放地区，净投放现金4475亿元，同比增长13.6%。受矿产品、棉花等商品价格回落等因素影响，西部地区现金净投放135.2亿元，同比下降45.8%。由于农副产品收购现金投放增加，东北地区现金投放大幅增加，净投放现金526.6亿元，同比增长133.5%。中部地区作为我国劳动力输出主要地区，是唯一的现金净回笼地区，净回笼现金 1473.5 亿元，同比增长 10.6%。

表 6 - 13 　　　　　　　　各地区资金流动和融资分布 　　　　　　　单位：亿元

	现金（投放 +、回笼 -）	同比增长	短期融资券	占比
东部	4475	13.6%	1413	88.9%
中部	- 1473.5	10.6%	117	7.4%
西部	135.2	- 45.8%	27	1.4%
东北部	526.6	133.5%	32	1.7%

数据来源：2008 年中国区域运行报告。

各区域融资结构有所不同。以企业债券融资为代表的直接融资比例在各地区均有明显上升。2008 年 18 个省份的企业发行了企业短期融资券，东部、中部、西部和东北地区分别通过短期融资券筹集资金 1413 亿元、117 亿元、27 亿元和 32 亿元，占全国的比重分别为 88.9%、7.4%、1.4% 和 1.7%，其中北京、上海、广东分列全国前 3 位。

1998 年取消了信贷规模的控制，商业银行为了提高管理水平和资金运作效率，普遍推行一级法人制度，上收地方分行的经营权限，由总行实施统一管理和资金调度，在全国范围内配置金融资源。为了更好地提高经济效益，防止信贷风险的扩大，商业银行普遍强化了绩效的考核，开始从风险大、业务量小的地区撤出，按经济区域设置分支机构。这种制度安排使得部分金融机构鉴于西部地区金融风险居高不下现状，正逐步从西部地区撤出分支机构或减少在该地区的资金投放，造成西部地区的金融资源配置的严重不足。

正是由于金融资源分布区域上的不均衡，导致中西部地区资金来源紧缺，限制了西部地区经济的发展。而区域经济差异的日益扩大拉大了投资收益差异，又进一步减弱了对资金的吸引力，不仅信贷投放向东部倾斜，而且促使中西部的资金更多的流向东部地区，加剧已有的经济差距，从而促使西部地区的发展陷入资金紧缺的恶性循环。尽管这一倾向是加快东部沿海地区改革开放的政策向导和市场机制共同作用的结果，但加剧了已有的经济差异，不利于经济的协调发展。同时，区域经济差异的扩大，直接造成了各地区经济运行状况呈现较大差距，从而使得不同地区对统一货币政策的反应差异较大，加大了货币政策实施的难度。

资金分布的区域不均衡必然会加剧已有的经济发展水平的落差，形成经济落后→资金流失→经济进一步落后的恶性循环，制约着消费和投资的增长，影响了经济发展的效率。另一方面，经济发展落后，说明经济发展潜力大，可投资的机会多，在东部地区经济相对过剩的情况下，这对于中西部和东北部的发展和改善金融环境有着积极作用。可通过加大对落后地区的投资，为经济发展创造新的空间。

4. 区域金融资源配置差异。在现代经济中，金融系统对资源配置的作用至关重要。通过金融系统的储蓄投资转化机制，一国的经济资源可以在空间和时间上实现更有效地跨区域配置。

通过金融系统，家庭储蓄流向企业部门，并在不同的企业间配置资金。在风险分担方面，金融系统使得企业和家庭能够更有效地分担风险。中央银行的货币政策正是通过金融系统的这些功能，传导其对实体经济的影响。金融体系的这种融通功能是通过金融机构在金融市场上，经常性交易金融工具而实现的。

我国东部地区的资本积累最多，加上非国有化速度快、资本存量大、对外开放程度高使得金融资源配置效率高，而中西部地区资本积累少，尽管中部崛起和西部大开发战略的实施在某种程度上促进了资本的流入，但是投资效率仍低于东部地区。

在我国东部地区，改革开放以来，金融增量化改革取得了较大的成就，资源配置功能逐渐得以发挥。

(1) 基本形成了比较健全和强有力的金融体系和融资支持系统。除了国有商业银行以外，非国有商业银行，资本市场、货币市场乃至民间金融都逐步发展并趋于完善。在外资密集开放的地区，外商带来了当地经济发展所需要的资金、技术和管理，使外资形成当地有力的融资支持系统。整个金融改革都走在全国的前列，市场机制在资源配置中发挥基础性作用，整个金融体系成为当地市场经济发展的核心和供血系统。

(2) 东部地区处于全国改革开放的前沿阵地，经济实力处于领先地位，为当地金融发展提供了良好的基础外部环境，为金融技术的创新和推广使用提供了有力的经济基础。东部地区企业和居民等微观经济主体金融努力程度高，经济主体具有逐利意识和创新意识，是理性的经济主体，以利润最大化为目的，敢于承担风险。从金融运行环境来看，东部地区产权改革发展较快，非国有产权占整体经济的重要组成部分，集体经济、私营经济和三资企业发展很快，这些企业产权清晰，具有比较完善的公司治理结构。

(3) 东部地区的货币化程度高，市场发育程度较高，以此推动了经济结构的调整，进而相应推动了金融结构的显著调整，这时的货币已不是单纯意义上的经济核算工具，而是具有资产的功能，对资本的形成和积累会产生很大的影响，促进资源优化配置的功能会得到充分的发挥。

在我国中西部和东北地区，经过20多年的不懈努力，金融发展水平有所发展，但金融发展层次依然低下，区域金融资源配置的功能远未得以发挥。

（1）金融体系发展滞后，国有商业银行占主导地位，商业银行结构单一，缺乏如东部的深圳发展银行、浦东发展银行等区域性商业金融机构，而且一些全国性商业银行总行出于效益最大化的考虑，加强资金统一调度，使资金流向了投资收益率较高的东部地区。

（2）金融机构空间结构行政化，难以适应经济发展要求，在许多经济很不发达的落后地区，各类金融机构与区域内经济相对发达的城市极为相似。虽然近几年进行了一些调整，撤并了一些机构网点，但都是只去掉了末尾的部分，基本格局依然没有改变，这种类似行政科层的结构和经济发展所要求的格局不符，金融机构很难对稀缺资源进行合理有效的配置。

（3）企业融资服务体系不完善，削弱了金融资源配置效率。从经验来看，一个企业不同的发展阶段的融资服务方式是不同的。一般说来，企业创立阶段的资金大多是私人积累和亲友借贷，在初具规模阶段，开始依靠风险基金，到比较成熟阶段时，担保公司、商业银行等开始介入，当盈利较稳定成熟时，企业主要从资本市场获得资金。而我国绝大部分高科技企业孵化基金等风险资金主要集中于东部地区，我国中西部和东北地区没有资本市场，因而难以从资本市场募集资金，缺乏风险基金的扶持，缺少向金融资本转化的机会，难以达到生产要素和企业资源的优化配置，削弱了宏观资源配置效率。[①]

（三）区域微观主体的差异

金融的发展最终必须依靠基于微观主体金融努力的推进。企业是金融市场上最主要的资金需求者和使用者。货币政策目标的实现很大程度上取决于企业响应货币政策调整的行为。

货币政策效应在某个程度上依赖于经济主体对中央银行货币政策的反应，经济发展程度不同，市场化程度不同，对中央银行货币政策反应的程度也就不同，从而会产生货币政策的区域效应。

1. 各地区企业特征的差异。企业是金融市场上最主要的资金需求者。货币政策目标的实现很大程度上取决于企业响应货币政策调整的行为。

企业的简单再生产所需要的现金和扩大再生产所需要的固定资产投资都高

---

① 周孟亮. 我国区域金融差异下货币政策传导机制效应研究 [D]. 广州：暨南大学，2006.

度依赖于金融市场的攻击，但是不同的企业对资金的需求不同，借款和还款的能力也不同，所以不同类型、不同行业的企业对统一的货币政策变动做出的反应也不同，货币政策目标的实现在很大程度上取决于企业对货币政策调整的反应程度和速度。

在我国，东部非国有企业的发展程度要远高于中西部地区。首先，东部地区的非国有企业职工人数是西部的3.5倍，也是中部的2.3倍；从比重来看，东部地区非国有企业职工的比重约占该地区职工总数的1/2，而中部地区约占1/3，西部地区约占3/10。其次，东部地区非国有企业获得贷款数额也要高于中西部地区。东部非国有企业申请贷款的数额分别是中西部的8倍，约占金融机构申请贷款总额的80%。由此可见，东部地区非国有经济发展非常活跃，并积极向银行申请贷款来谋求自身的发展。因此，其对货币政策的反应相对于中西部地区更为敏感。

在中小企业发展报告中显示出，我国中小企业的分布在东、中、西和东北部差距非常大，在中小企业的地区分布上，在全部的129 252个样本当中，东部占了99.935家，占77.32%，中部19778家，占15.32%，西部9.539家，占7.38%，差异比例几乎是10比1。在前500家中小企业中，东部是428家，中部是47家，西部是25家。

货币政策传导过程中存在资产负债表渠道效应的根本原因就在于货币政策的波动影响市场利率，进而直接或间接影响了企业的财务状况。当中央银行采取紧缩性货币政策时，小企业由于信息成本和交易成本较高导致通过银行间接融资更为困难，而大企业在经营过程中创建了复杂的商业关系网络，便于其获得企业间的担保和融资支持，因而就会比中小企业更容易获得银行贷款。

2. 各地区居民消费特征的差异。居民通过消费与投资行为影响着货币政策的实施，发挥其在货币政策传导中的作用。居民消费行为的变化体现在消费机构的变化和使用消费贷款的数额，消费信贷数额越大对货币政策越敏感。随着收入水平的提高，消费结构的升级，消费信贷的数额会越来越大。居民投资行为在货币传导中的作用，主要体现在金融资产在储蓄、股票投资、债券投资、购买保险和基金之间的变动，金融资产结构的不同对货币政策的敏感也不同。

收入水平的高低直接决定了消费结构的差异，我国东部沿海地区经济发达，收入水平较高，正处于消费结构升级换代阶段。而中西部经济欠发达地区居民收入水平较低，消费结构还没有升级的潜力。从消费结构看，传统消费品在消费总支出中所占比重较高的省、市、自治区主要分布在中西部地区，其中西藏最高为62.2%；东部地区传统消费品在消费总支出的比重较低，其中最低的省市是北京，为46.9%。与传统消费品相反，医疗保健、交通通讯、娱乐教育文化服务等属于较高层次的消费产品。这些较高层次的消费产品在消费支出中所占比重较高的省（市、自治区）主要分布在东部地区，其中北京最高为41.0%；中西部地区高层次消费品在消费总支出中所占的比重明显偏低，其中西藏最低，为27.0%。

消费结构的升级促使消费信贷增加，2008年东部地区个人消费信贷的余额和增加额在全国占了绝对比重。东部地区个人消费贷款增加额为1582.43亿元，占全国的80.81%；中部地区为201.23亿元，占全国的10.28%；西部地区为174.4亿元，占全国的8.91%。2008年，东部地区个人消费贷款余额为16 407.18亿元，占全国的75.09%；中部地区为2485亿元，占全国的11.38%；西部为2956.5亿元，占全国的13.53%。从消费贷款增加额与社会消费品零售总额的比重也能够反映出消费信贷的作用，东部地区个人消费贷款与消费总额的比重为3.96%，大大高于中部的1.23%和西部的1.51%。由于东部地区消费信贷数额大大高于中西部地区，居民消费对货币政策的变化也更为敏感。

金融资产的形式越多，对货币政策越敏感。在经济欠发达地区，居民的金融资产以储蓄为主，对货币政策的敏感程度较低；经济发达地区，居民的金融资产结构较为丰富，投资于银行存款、股票、债券、基金、保险等金融产品，对货币政策的敏感程度较高。由于我国东、中、西和东北地区经济发展程度的差异以及居民收入水平的高低，居民金融资产结构也存在着差异。

由于不能够搜集到各个地区居民金融资产的结构，本章以2007年末证券账户总数的区域分布情况代替区域居民金融资产结构的差异。

2007年，我国东部地区证券账户总数为6739.13万户，占全国的61.05%，中部地区证券账户总数为1703.301万户，占全国的15.43%，西部地区的证券账户总数为1646.072万户，占全国的14.91%，东北部地区证券账户总数为950.972万户，占全国的8.61%。从2007年我国证券账户的区域分布情况在一定程度上反映了东部地区金融资产更为多样化，而在中西部和东北部地区，金融资产较为单一。

表 6-14　　　　　　　　2007 年我国证券账户区域分布情况

	上交所(万户)	深交所(万户)	合计(万户)	占全国比重(%)
东部地区	3468.88	3270.25	6739.13	61.05%
中部地区	818.4266	884.8746	1703.301	15.43%
西部地区	811.394	834.6775	1646.072	14.91%
东北地区	488.4314	462.5408	950.9722	8.61%
合计	5587.132	5452.343	11 039.47	100%

资料来源：根据《中国证券期货统计年鉴 2008》整理。

3. 各区域微观主体金融努力程度的差异。20 世纪中期，美国经济学家 W. 阿瑟·刘易斯在《经济增长理论》中把经济努力视作经济增长的首要因素。他认为"增长是人类努力的结果，人们从事经济活动的努力或者通过降低任何一定量产品成本来实现，或者通过增加任何一定量资源投入的产出来实现。经济努力随国家与历史时期的不同而存在差异，"如果由于不存在从事经济活动的愿望，或者由于习惯或制度阻碍了这一愿望的表现，而没有做出努力，那么，经济增长就不会发生"。[1]

对金融努力的研究是对经济努力研究的延伸，严格地说，金融努力是人们在既定资金条件下追求收益最大化的经济行为。国内的张杰教授在他的博士学位论文《中国金融成长的经济分析》中对金融努力这一问题做出了开创性研究[2]，构造了一个简单的金融努力模型。金融努力表明经济主体对"利益"追逐程度的大小或者热情的高低，张杰的金融努力模型主要在于阐述金融努力的含义，是一种静态的分析。作者构建一个扩展的、动态的金融努力模型，当经济主体的风险偏好不一样时，金融努力程度的大小也不一样。

大量事实证明，在金融努力与金融成长以及经济发展之间存在着十分密切的关系。对金融努力进行专门讨论，无疑会使经济努力的总体研究趋于完善，同时，也将金融成长理论的研究引向深入。

微观经济主体对货币政策保持较高的弹性是货币政策发挥作用的基础，只有经济主体对货币政策调整保持足够的敏感度，才能在中央银行调整货币政策以后做出合乎理性的行为选择，通过这种理性的行为选择，使中央银行货币政策的效果扩散到实体经济生活中去，中国区域微观经济主体金融努力程度的差

---

① 张杰. 论金融努力 [J]. 当代经济科学, 1994 (2).

② 张杰. 中国金融成长的经济分析 [M]. 北京：中国经济出版社, 1995.

异使不同区域面对中央银行统一货币政策会有不同的反应①。

金融努力程度是从内生金融的角度分析的，金融的发展最终必须依靠基于微观主体金融努力的推进，企业、居民等微观主体的金融努力主要体现在金融意识和理念，金融收益和风险约束，金融创新等方面，而区域金融努力程度与该区域的金融环境是分不开的。

在我国东部地区，几个世纪以前就开始出现市场化的金融意识，同时具有相应的风险约束意识，市场化的金融环境不断激励它们进行金融创新。而且经济发展水平较高，人均收入和财富较高，有能力支付进入金融机构和金融市场的相关费用，微观经济主体具有强烈的创新精神和风险意识，适应市场需求的各种新型金融服务不断出现，金融努力程度高。

在中西部和东北地区，由于金融先天底蕴不足和后天的市场化改革滞后等原因，微观主体的金融努力程度低下，缺乏金融创新意识和动力。而且经济发展水平较低，对金融机构和金融市场的利用单一，居民缺乏创新和冒险精神，金融机构和企业产权改革滞后，大都实行"保险"经营，不善于大胆创新和追逐利润。

因此，由于区域微观经济主体金融努力程度的差异，使不同区域对来自于金融领域的冲击反应有较大差异。东部地区金融努力程度高，不仅货币政策传导信贷渠道在发挥作用；利率渠道、资产价格渠道也在逐渐发挥作用，而中西部地区金融努力程度低下，一方面货币政策传导信贷渠道不畅通；另一方面利率渠道、资产价格渠道也难以发挥作用。

第二节　我国货币政策传导渠道的区域效应特征

我国货币政策实施过程，主要是政府基于特定的经济金融环境，选择运用适当的政策工具和政策手段，通过不同的传导机制和传导渠道，来影响现实经济运行、实现预期的调控目标。作为历史悠久的统一国家，我国不像欧盟以及一些联邦国家一样存在太多差异，但金融经济的地域差异还是存在的，统一货币政策产生的区域效应该源自传导机制的区域差异。

本节首先分析了各渠道影响货币政策效应的内在原因；然后在此基础上，探讨区域因素对渠道效应的影响，从而剖析出我国货币政策区域效应的传导机

---

① 周孟亮. 基于我国金融差异的货币供给调控 [J]. 上海金融, 2005 (12).

制。本节认为我国货币政策区域效应传导机制主要依赖利率渠道、银行信贷渠道和资产负债渠道，对上述渠道产生影响的因素则分别是产业结构、企业结构和金融结构的差异。

一、我国货币政策传导渠道的区域效应的分析

(一) 利率渠道的区域效应特征

改革开放以来，我国一直实行利率管制。目前我国的利率体系中有些利率已经基本放开，由市场决定，贷款利率也有所放松，但中央银行基准利率和存款利率仍被人民银行严格管制。由于存贷款利率是影响投资、消费和产出最主要的决定利率，被管制的存贷款利率不能反映资金供求关系，这导致以利率为核心变量的货币渠道并不畅通，我国货币政策的利率传导机制不太明确。由于利率非市场化机制和经济主体对利率敏感性反应迟缓的影响，使得传导效应微弱。从利率发挥作用的微观基础看，我国经济主体利益约束机制尚未健全，居民投资渠道狭窄，导致对利率调节反应迟缓，利率渠道的传导受阻。由于利率渠道是其他货币渠道发挥作用的基础，因此也影响到了非货币资产价格渠道的效力。从全国来看，大量的实证研究表明，利率变动对投资、消费和经济增长的影响较弱。从地区层面看，由于地区间的市场化程度不同，利率传导在地区之间应该有所差别。但这仅仅是理论上的推导，从实际情况看，无论是发达地区，还是欠发达地区，利率传导的作用都不明显。

因为全国是统一的货币政策和货币市场，就利率市场化机制和货币市场的健全性而言，各区域之间的差异并不非常显著，唯一较大的差别可能来自于微观经济主体对利率敏感性反应的敏感程度。本节主要考察各区域产业结构对货币政策利率渠道的影响。

我国货币政策产业效应的研究目前处于不成熟阶段，戴金平[①]等 (2005) 从基于要素密集度不同的两部门例子出发，说明了由于行业自身的异质性，每个行业对同一货币政策冲击的反应各异。接着利用 $E-G$ 两步法、ADL 模型和基于 VAR 模型的脉冲响应函数分析 1995 年后我国六个行业对货币政策冲击的反应。结果显示第一、二产业，房地产业对利率政策冲击反应明显；第三产业、餐饮业和批发贸易零售业反应较小。宋旺[②] (2005) 采取的是无约束的

---

① 戴金平, 金永军, 陈柳钦. 货币政策的产业效应分析——基于我国货币政策的实证研究 [J]. 上海财经大学学报, 2005 (4).
② 宋旺. 我国货币政策区域效应研究 [D]. 长沙: 湘潭大学商学院, 2005.

VAR 模型对我国第一、二、三产业的利率敏感性进行了分析，得出了相反的结论，即第二产业最为敏感，第一、三产业其次。李海海[1]（2006）使用 M_2 代替利率作为货币政策变量对 1985—2003 年我国第一、二、三产业的货币政策效应作出分析，得出结论第二产业对货币政策的反应最敏感，第三产业比第一产业对货币政策的反应要稍微敏感。从国际上来看，Gnaley & Salmon[2]（1997）对英国的检验结果显示英国第一产业利率敏感性很低，第二产业利率敏感性最高。

这些结论的差异可能来自于对变量和数据的选择不同，戴金平选择的是我国人民银行公布的一年期的贷款利率，并进行了零售物价指数的处理，其计算公式是：实际贷款利率 =（名义利率）/（通货膨胀率）−1。宋旺选择的是我国人民银行公布的一年期存款利率的期末实际值。而李海海采用广义货币供应量对利率进行替代然后进行分析。

如果抛开理论上的分析，进行一个直观和经验上的判断，第二产业比第一产业对资本的依赖更为强烈，因此第二产业对货币政策比第一产业要敏感更加容易接受。第三产业比第一产业对货币政策的反应要稍微敏感，因为第三产业的发展取决于第二产业的发展水平、基础设施建设水平和人口聚集度等多种因素。所以从货币政策的产业效应而言，第二产业要明显的大于第一和第三产业。

从上一章的分析可以看出我国产业结构仍然存在较大的地区差距。产业结构还很不合理，落后地区（主要指西部地区）第一产业比重过高、第二产业发展严重滞后、第三产业发展不充分的特点十分明显。

根据本节的结论，第二产业货币政策效应最为显著，而第三产业稍微比第一产业对货币政策效应反应稍微灵敏，因此第二产业构成比例大的经济区，其货币政策的效应就更为敏感。从图 6-3 可以看到，2008 年第二产业构成比例超过 50% 的东部和东北部地区第二产业占其 GDP 的比值最大；中西部地区的第二产业构成比例较低，但是从第三产业来看，西部地区的比重较高，可能是因为西部旅游业发展较好；尽管东北第二产业构成比例较高，可能因为东北的第二产业基本上是国有大型的重工业企业，由于我国仍然处于从计划经济向市场经济转轨阶段，这些国有大型企业依然得到银行的扶持，从而东北地区对货

---

① 李海海. 中国货币政策区域效应研究——非对称的机制与治理 [D]. 上海：华东师范大学，2006.

② GANLEY J, C SALMON. The industrial impact of monetary policy shocks: some stylized facts. Bank of England Working Paper Series, 1997 (68).

币政策敏感程度不确定。

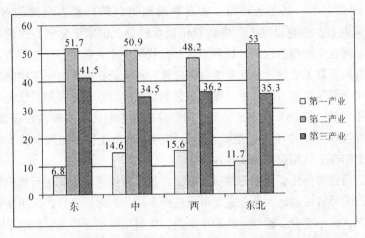

图 6-3　2008 年我国四大经济区三大产业占国内生产总值比例

（二）信贷渠道的区域效应特征

根据文献综述以及第四章对货币传导渠道的研究可知，信贷传导渠道仍是我国货币政策传导的主要渠道，尽管我国取消了信贷总量指标，但信用渠道发挥作用的前提却并没有受到很大程度的削弱。由于我国目前仍以间接融资为主，在企业的融资结构中，银行贷款占主导地位，信贷政策及信贷资金来源的变化对企业和居民的行为有着重要影响，进而对宏观经济的变化产生重要影响。从全国范围看，信贷传导仍是货币政策传导的主渠道，从地区看，信贷传导的区域差异主要表现在两个方面：一是信贷可得性的区域差异，二是信贷对投资和消费影响的区域差异，进而对经济发展产生影响的区域差异。

在我国，传统的贷款和存款仍是商业银行主要的资产和负债，从商业银行资金运用和来源可以看出，其贷款占总资产的 60%～70%，而存款占总负债的比重更是达到了 80% 以上。虽然近年来随着我国资本市场的不断发展和完善，商业银行的有价证券及投资比重有所上升，但与贷款相比，其比重仍然偏低。从商业银行的资金来源看，居民储蓄存款占了绝大部分，债务工具缺乏创新，造成了商业银行对存款的过分依赖。①

中小企业是信用渠道传导的最重要载体，因此它们在国民经济中占比的大小和涉及面是判断该渠道是否起作用以及作用大小的重要指标。公开统计数据

---

①　李海海. 中国货币政策区域效应研究——非对称的机制与治理 [D]. 上海：华东师范大学，2006.

显示，截至 2008 年年底，我国中小企业总数已经超过 4000 万家，占了我国企业总数的 99% 以上，其工业产值、实现利税和出口额分别占全国的 60%、40% 和 60% 左右，并且提供了 75% 的城镇就业机会。国家信息中心和国务院中国企业家调查系统等机构的一项调查显示，我国中小企业目前的短期贷款缺口很大，长期贷款无着落，企业资金总体紧张，81% 的企业认为一年内的流动资金不能完全满足需要，六成企业没有中长期贷款，且获得中长期贷款企业的满足率也相当低，仅 16% 能满足需要。国务院研究中心的另一项调查还表明，我国目前有近 67% 的中小企业把资金不足作为制约企业生存与发展的头等大事。这些都印证了信用渠道确实存在。

根据货币政策信用渠道的传导机制看出，货币政策通过影响银行提供贷款的能力来影响经济活动。大企业通常可以进行多样化的融资选择，采用非银行的资金来源，而小企业，譬如个体和小企业，典型地将银行作为它们的单一资金源泉，因此小企业分布密度高的区域对货币政策的敏感程度要高。

中小型企业对货币政策敏感是在所难免的，由于本身存在诸多的缺陷从而对银行资金过于依赖，再加上大多数是民营企业，又受到国有银行的歧视对待，融资较困难，从而导致对货币政策过于敏感。而且国有商业银行的"惜贷"行为加剧了资金不足中小企业的融资困难，从而导致中小企业对货币政策的敏感程度要超过大型企业。

大型企业（大部分是国有企业）作为国民经济的支柱，曾是国家经济增长、社会稳定、充分就业的源泉。即便在种种原因导致国有企业增长乏力的情况下，国有银行对其的金融支持，仍然是一种注资行为。在国有银行商业化后，更多的只是组织形式的变化，而其经营观念、职能及运作方式等方面并未彻底改变。当国有商业银行利润最大化目标与国家经济增长目标相悖时，政府会出面干预，扶持国有企业，引导经济增长。这时国有商业银行的信贷决策行为就是被动的，它不取决于银行对信贷项目本身的选择及信贷回报的考虑，而取决于国有企业对金融资源的需求或国家的金融偏好。

从上面的分析可以得出这样的结论，我国中型和小型企业对货币政策最为敏感，大型企业对货币政策的敏感性最差，均明显弱于中小型企业。李海海（2006）在其博士论文中也得到同样的结论。

（三）汇率渠道的区域效应特征

我国外汇市场的交易主体呈垄断性和封闭性，制约了汇率渠道的效应。

一方面，市场进入壁垒使大量的银行和交易商难以进入。我国外汇市场实际出现了中央银行的买方垄断和我国银行卖方垄断的情况①，在买方垄断和卖方垄断并存的市场结构下，交易仅代表了部分机构的交易愿望，外汇市场供给和需求被压制或扩大，使市场形成的即期汇率明显地偏离市场的公平价格。另一方面，外汇市场交易品种有限，市场单一。交易币种主要限于美元、日元和港元，且其成交量主要以美元为主，对其他货币的汇率只能根据国际外汇市场上的汇率采取套算方法得到，与真实的市场汇率之间会有差距。交易工具只有即期交易，缺乏远期、期货交易，使外汇市场呈现出弱有效性，难以发挥不同层次外汇供求的功能，不利于市场自发规避外汇风险，最终形成真实汇率。

我国从1998—2005年实行以市场供求为基础的、单一的、有管理的浮动汇率制，但由于市场准入的限制使市场主体以国内为主，人民币汇率形成机制的市场化程度较低，不能全面反映我国外汇的供求状况和外汇资源的稀缺程度，由此形成的人民币汇率只能是经常项目下的汇率。特别是稳定汇率仍作为货币政策的一项重要目标时，为了保持人民币汇率的稳定，"有管理的浮动汇率制"往往僵化为固定汇率制，造成外汇资源配置的低效率。自2005年7月21日起，我国开始实行以市场供求为基础、参考一篮子货币进行调节、有管理的浮动汇率制度等措施，人民币汇率不再盯住单一美元，而是按照我国对外经济发展的实际情况，选择若干种主要货币，赋予相应的权重，组成一个货币篮子。此后，人民币升值趋势明显，虽然人民币汇率已初步由外汇市场决定，但我国的外汇储备仍然居高不下，贸易顺差仍相当严重。在国际收支顺差的情况下，外汇市场始终保持着供大于求的格局，中央银行就不得不在公开市场上购买外汇，形成了国外净资产对中央银行货币供给的倒逼机制。而大量吸纳的外汇盈余，必然导致外汇占款激增，冲击国内货币供应目标，形成中央银行调控货币供应量中的被动局面，干扰了货币政策的有效执行。

（四）资产价格渠道的区域效应特征

资产价格渠道传导不畅。从全国总体来看，由于资产价格传导渠道在货币政策传导中受阻，货币传导作用不明显，所以在各地区之间作用也不会有太大差异；资本市场传导货币政策的作用机制源于托宾的Q理论，这一传导机制发挥作用要以完全竞争的资本市场以及资本市场各子市场之间的高度一体化为前提。但我国现实的经济和金融运行状况却在一定程度上制约了货币政策通过资本市场传导作用的发挥。我国经济增长与股票指数的变化没有明显的相关性，股票价格的变化并不能反映经济基本面的变化，虽然当前股市对消费的带

---

① 王信. 我国外汇市场存在的问题及对策 [J]. 国际经济评论, 2003 (6).

动力比较显著，但市场的动荡以及人们对股市的未来信心使股票市场的长期效应有限；加之商品价格与资产价格的反差，都从客观上反映了金融资产价格渠道传导不畅的现实。

我国股市对经济影响十分有限，财富效用不明显，不能准确反映货币政策的松紧。反过来说，货币政策对股市产生的作用也十分有限。如果再考虑到资本市场运作的不规范，资产价格变化对实体经济的影响就更小了。一是由于资本市场发展规模偏小。除股票市场外，其他类型的资本市场如企业债券市场、国债市场等也发育不健全，使资本市场传导受到限制。二是因为资本市场结构畸形。市场体系结构不合理，出现了将资本市场股市化的倾向；市场主体结构不合理，以股票市场为例，散户占90%以上，机构投资者不足10%，而股市走强又主要是拥有资金优势和信息优势的机构投资者获利最多。

由于转型时期的不确定因素、证监会的行政管理模式和上市公司不规范运作，我国的托宾效应微弱。托宾效应的有效性实质上可以归结为三个方面的有效性，一是利率下调促使企业存款和居民储蓄涌入股票市场，并抬高股票价格；二是股票价格升高，使很多企业愿意而且能够上市或再融资；三是融资得到的资金能够被真正投资于实体经济。但是我国这三个方面的有效性都很低，因此股市托宾效应并不显著。企业的市值变动与实体经济变化的严重不相关导致股市泡沫膨胀，股票价格上升难以对持有者产生毕生财富效应和流动性效应，托宾 q 指标瞬间多变性也无法作为企业投资的指示器，隔断了相应的货币政策传导途径。还有一个重要的原因，我国股票市场与货币市场的一体化程度低，货币市场和资本市场之间的利率缺乏内在联系，股票价格还不能反应货币政策的松紧，加上资金不能在债券市场、货币市场和股票市场之间迅速流动，因此，货币政策通过中介目标调控股票价格使之达到政策制定者预期目的的可能性不大。

二、货币政策传导渠道与区域效应的关系判断

理论分析说明，货币政策执行效果的地区差别，与货币政策传导机制的地区差别密不可分，货币政策传导机制的地区差别导致不同地区对统一货币政策的反应程度和时滞不一样。由于我国经济处于转轨过程中，货币政策的传导机制较西方发达市场经济国家要复杂得多。

由上面根据实际现象的分析来看，信贷传导渠道仍是我国货币政策传导的重要渠道，由于我国目前仍以间接融资为主，在企业的融资结构中，银行贷款占主导地位，信贷政策及信贷资金来源的变化对企业和居民的行为有着重要影

响，进而对宏观经济的变化产生重要影响；利率传导机制在我国是受到限制的，利率在各区域间的传导并不通畅；汇率渠道传导也受到限制，由于我国实行的是一种盯住美元的、汇率波幅维持在一个狭窄区间的汇率制度，所以典型意义上的汇率传导渠道不存在；资产价格渠道传导不畅，传导作用不明显。

我们进一步对这些渠道与货币政策的区域效应做了实证分析，从传导机制角度出发，从定量分析看渠道效应与区域效应的关系。

（一）影响货币政策区域效应的主渠道

由于中央银行的政策意图必须通过特定的货币政策传导途径才能体现出来，因此各地区货币政策传导机制方面的差异将对货币政策区域效应的形成具有重要的影响，因而从货币政策传导机制的角度研究这一问题将能得出有益的结论。理论界公认的货币政策传导机制理论主要包括"货币观点"和"信用观点"，前者主要强调货币价格——利率以及货币供给量在货币政策传导过程中的作用，而后者则更侧重于银行信贷的作用。

我们认为由于转型期内我国信用制度不完善、直接融资市场不发达的特征事实决定了银行系统在全社会的资金配置中发挥着不可替代的作用，企业也主要通过间接融资方式获取投资所需的资金，因此我国货币政策传导机制的属性实际上是与"信用观点"契合的，即货币政策主要是通过信用渠道传导的，国内学者的大量研究已证明了这一观点。

通过实证研究，学者们对货币政策传导的货币渠道和信贷渠道得出了不同的结论。尽管这些实证结果对于货币政策是主要通过货币渠道还是信贷渠道传导仍存在着一定的分歧，但总体而言，我国目前的大部分实证结果都认为货币政策主要是通过信贷渠道而非货币渠道影响经济的。

宋旺、钟正生[1]（2006）从货币政策传导机制的角度分析表明，利率渠道和信贷渠道是显著的，而汇率渠道不显著。这进一步证实了信贷渠道是我国货币政策区域效应形成的原因。而汇率渠道对我国货币政策区域效应的形成没有解释力。李海海（2006）也在他的博士学位论文中证明了信贷渠道是我国货币政策区域效应形成的显著原因。

基于以上判断，我们认为区域内金融机构尤其是银行在信贷提供能力方面的差异是导致我国货币政策区域效应的主要原因。

---

[1] 宋旺，钟正生. 我国货币政策区域效应的存在性及原因——基于最优货币区理论的分析 [J]. 经济研究，2006（3）.

（二）货币政策区域效应与主渠道的相关关系分析

货币政策对宏观经济的影响是全方位的，我们的出发点在于剖析统一货币政策传导机制效应的区域差异性，运用描述统计的方法——相关系数分析法研究货币政策传导机制效应的区域差异性，在数据的选取和处理上分为以下几个步骤：

首先确定分析区域，在前面的理论以及描述分析中是以东部、中部、西部和东北部来划分我国区域的，这里延续前面的划分方法。除了建立区域层面的分析系统以外，还选取全国数据建立全国层面的分析系统，用来比较货币政策在各区域的不一致性。

由于数据可获得性的限制，采用从 1998 年到 2008 年的数据来进行实证研究及定量分析，原始数据来源于《中经网统计数据库》（http://db.cei.gov.cn）和《我国金融年鉴（2004—2008）》。

由于这里只做简单的相关系数分析，所以对变量的选取只选取具有代表性的指标。选取国内产生总值作为全国和区域层面的产出指标；利率渠道货币政策中介变量的选取：我国于 1996 年放开银行间同业拆借市场，其中以 7 天以内的拆借利率具有一定的代表性；信用渠道货币政策变量的选取：选择全国层面的金融机构[①]各项贷款余额；汇率渠道货币政策变量的选取：选择美元加权平均汇率；资产价格渠道货币政策变量的选取：选取上证综合指数。

在中经网统计数据库找到各个省的 GDP，东、中、西、东北部的四个区域的数据由区域内各省、市、自治区数据加总得到。

表6-15 变量符号说明

r	7 天以内的银行间同业拆借利率
$loan$	金融机构各项贷款余额
Er	美元加权平均汇率
$GDP1$	东部地区 GDP
$GDP2$	中部地区 GDP
$GDP3$	西部地区 GDP
$GDP4$	东北部地区 GDP

---

① 机构包括我国人民银行、政策性银行、国有商业银行、其他商业银行、城市商业银行、农村商业银行、农村合作银行、城市信用社、农村信用社、财务公司、信托投资公司、租赁公司、邮政储蓄银行、外资金融机构

在 EViews 中对各序列做相关系数矩阵如下表所示。

表 6 - 16   相关系数矩阵

	GDP1	GDP2	GDP3	GDP4
R	- 0. 5517	- 0. 514 04	- 0. 507 89	- 0. 525 59
ER	- 0. 875 37	- 0. 903 08	- 0. 9075	- 0. 905 51
LOAN	0. 996 251	0. 991 771	0. 991 261	0. 991 654
SP	0. 723 428	0. 752 228	0. 754 993	0. 763 248

由上表看出，全国金融机构贷款对各区域产出的相关性差异最大，对东部、中部、西部和东北地区的经济增长相关系数都是最大的，剩下 3 个变量对各区域 GDP 的相关系数都较小一点，利率和上证综指对 GDP 的相关性最小。说明信贷传导渠道是产生货币政策传导的区域效应的原因。

所以造成货币政策传导的区域效应主要是通过信贷渠道传导的，结合前面的分析可以看出，主要是由于区域金融和中小企业的分布特征，导致信贷传导机制的效应存在区域差异性。

第三节　从信贷角度出发研究货币政策的区域效应

由上一节的初步分析可以看出，从货币政策的传导机制出发，导致货币政策区域效应的原因主要是信贷渠道，本节准备以货币政策的"信用观点"为理论前提来对货币政策传导的区域效应进行实证研究，并据此提出有益的政策建议。本节将通过严密的实证从信贷角度出发进行研究，以全国 30 个省、直辖市、自治区（由于数据缺失将西藏排除在外）作为样本，研究区域效应在各个省之间的具体表现。

一、研究方法和变量的选取

（一）研究方法

已有研究货币政策传导的区域效应的文献，一般都是把我国划分为四个或者八个大的经济综合区，然后通过建立 VAR 模型、脉冲响应函数来进行分析的。由于区域内部也有可能存在差异，不能笼统的进行分析，并为了弥补数据的长度不足，本章使用更具有优势的面板数据模型来做实证分析，从而较好地体现了货币政策在区域上的差别。

1. 面板数据模型。经典的计量经济模型利用的数据有两个重要特征。一是在一个模型中，或者只利用截面数据，或者只利用时间序列数据；而作为被解释变量的样本观测值必须是连续的，且与随机误差项同分布。而实际中常常需要同时利用时间序列数据和截面数据。20 世纪 70 年代以来对关于这个问题有了新的发展，产生了所谓的平行数据，也有的称之为面板数据。面板数据库显示个体（包括个人、企业、地区或国家）之间存在差异，而单独的时间序列和横截面不能有效反映这种差异。如果只是简单使用时间序列和横截面分析就可能获得有偏结果。此外，面板数据的分析能够控制在时间序列和横截面研究中不能控制的涉及地区和时间为常数的情况。也就是说，当个体在时间或地区分布中存在着常数的变景（例如受教育程度、电视广告等）时，如果在模型中不考虑这些变量，有可能会得到有偏结果。面板数据分析能够控制时间或地区分布中的恒变量，而普通时间序列和横截面研究中则不能。

2. 面板数据模型的优势。纵观以前的实证研究，采用的都是非约束性向量自回归（VAR）模型，这也是现代宏观经济计量分析的标准方法。1980 年，西姆斯针对大型宏观经济计量模型存在的不足，首次提出了非约束性向量自回归（VAR）模型，这种模型以多方程联立的形式出现，系统内每个方程右边的变量是相同的，包括了所有内生变量的滞后值，然后通过模型中所有内生当期变量对它们的若干滞后值进行回归，进而估计出全部内生变量的动态关系，非常灵活且便于操作。但是众所周知，非约束性 VAR 模型的微观理论基础存在问题，它过多地强调了模型与数据相吻合，而放弃了与经济理论的一致，同时从计量角度看，由于 VAR 系统中的不同变量间通常是彼此相关的，因此非约束性 VAR 模型各方程的残差间也通常是相关的，于是建立在这一模型基础上的脉冲响应函数和方差分解的结果通常都是有偏失的，不能真正反映出变量对残差波动的响应情况。而且，国内学者在使用非约束性 VAR 模型时常常忽视系统变量间的排列顺序，通常也不考虑各地区之间的经济联动性，所以得出的研究结论仍存在值得商榷的地方。

针对非约束性 VAR 模型的不足，我们认为利用面板数据模型对我国货币政策区域效应的不对称性进行实证检验更为合适。面板数据（Panel Data）是从 20 世纪 50 年代开始用于解决经济问题的，又称平行数据，是把时间序列沿空间方向扩展，或把截面数据沿时间扩展构成的二维结构的数据集合。与传统的横截面数据或时间序列数据分析方法相比，面板数据结合了两者的一些特点，在分析中表现出许多优势：第一，明显扩大了样本的容量，能够有效地减少解释变量出现的多重共线性的可能性；第二，能够更好地解决计量模型中忽略变量与解释变量的相关性，从而使得参数估计结果更为可信；第三，能够控制个体的异质性。

考虑到对我国货币政策效应进行实证分析所面临的时期短、数据少等因素制约，如果在计量分析中仅用时间序列资料，肯定不能满足大样本的要求，还会降低实证分析结论的可信度，而运用面板数据模型，既能增加样本，又可以在很好控制各地区本身固有个体差异（如地理位置、要素禀赋等）的基础上，清晰地比较政策层面对不同地区经济的影响，所以，利用面板数据模型进行相关研究，具有一定优势。

面板数据分析方法是最近几十年来发展起来的新计量经济方法，面板数据可以克服时间序列分析受多重共线性的困扰，能够提供更多的信息、更多的变化、更少共线性、更多的自由度和更高的估计效率，而面板数据的单位根检验和协整分析是当前最前沿的领域之一。在本节的研究中，我们首先运用面板数据的单位根检验与协整检验来考察各省的经济增长、物价水平与货币政策变量之间的长期关系，然后建立计量模型来量化它们之间的内在联系。

3. 单位根检验和协整检验。李子奈（2000 年）曾指出，一些非平稳的经济时间序列往往表现出共同的变化趋势，而这些序列之间本身不一定有直接的关联，此时，对这些数据进行回归，尽管有较高的 R 平方，但其结果是没有任何实际意义的。这种情况称为虚假回归或伪回归（spurious regression）。他认为平稳的真正含义是：一个时间序列剔除了不变的均值（可视为截距）和时间趋势以后，剩余的序列为零均值，同方差，即白噪声。因此单位根检验时有三种检验模式：既有趋势又有截距、只有截距、以上都无。

因此为了避免伪回归，确保估计结果的有效性，我们必须对各面板序列的平稳性进行检验。而检验数据平稳性最常用的办法就是单位根检验。首先，我们可以先对面板序列绘制时序图，以粗略观测时序图中由各个观测值描出代表变量的折线是否含有趋势项和（或）截距项，基于时序图得出的结论，在单位根检验中选择相应检验模式。但基于时序图得出的结论毕竟是粗略的，严格来说，那些检验结构均需一一检验。李子奈提出 ADF 检验是通过三个模型来完成，首先从含有截距和趋势项的模型开始，再检验只含截距项的模型，最后检验二者都不含的模型。并且认为，只有三个模型的检验结果都不能拒绝原假设时，我们才认为时间序列是非平稳的，而只要其中有一个模型的检验结果拒绝了零假设，就可认为时间序列是平稳的。

面板数据的单位根检验的方法主要有 Levin、Lin and CHU（2002）提出的 *LLC* 检验方法，该方法允许不同截距和时间趋势，异方差和高阶序列相关，适合于中等维度（时间序列介于 25~250 之间，截面数介于 10~250 之间）的面板单位根检验。Im et al.（1997）还提出了检验面板单位根的 IPS 法。但 Breitung（2000）发现 IPS 法对限定性趋势的设定极为敏感，并提出了面板单位根检验的 Breitung 法。Maddala 和 Wu（1999），Choi（2001）提出的 ADF－Fisher 和 PP－Fisher 面板单位根检验方法等。综述可知，可以使用 *LLC*、IPS、Breitung、ADF－Fisher 和 PP－Fisher5 种方法进行面板单位根检验。

一般只采用两种面板数据单位根检验方法，即相同根单位根检验 *LLC*（Levin－Lin－Chu）检验和不同根单位根检验 *Fisher－ADF* 检验，如果在两种检验中均拒绝存在单位根的原假设则我们说此序列是平稳的，反之则不平稳。

如果基于单位根检验的结果发现变量之间是同阶单整的，那么我们可以进行协整检验。协整检验是考察变量间长期均衡关系的方法。所谓的协整是指若两个或多个非平稳的变量序列，其某个线性组合后的序列呈平稳性。此时我们称这些变量序列间有协整关系存在。

如果基于单位根检验的结果发现变量之间是非同阶单整的，即面板数据中有些序列平稳而有些序列不平稳，此时不能进行协整检验与直接对原序列进行回归。但此时可以在保持变量经济意义的前提下，对我们前面提出的模型进行修正，以消除数据不平稳对回归造成的不利影响。如差分某些序列，将基于时间频度的绝对数据变成时间频度下的变动数据或增长率数据。此时的研究转向新的模型，但要保证模型具有经济意义。

Kao（1999）、Kao and Chiang（2000）利用推广的 *DF* 和 *ADF* 检验提出了检验面板协整的方法，这种方法零假设是不存在协整关系，并且利用静态面板回归的残差来构建统计量。Pedron（1999）在零假设是在动态多元面板回归中没有协整关系的条件下给出了七种基于残差的面板协整检验方法。和 Kao 的方法不同的是，Pedroni 的检验方法允许异质面板的存在。Larsson et al（2001）发展了基于 Johansen（1995）向量自回归的似然检验的面板协整检验方法，这种检验的方法是检验变量存在共同的协整的秩。Luciano（2003）中运用 Monte Carlo 模拟对协整检验的几种方法进行比较，说明在 *T* 较小（大）时，Kao 检验比 Pedroni 检验更高（低）的功效。

一般主要采用的是 Pedroni、Kao、Johansen 的方法。通过了协整检验，说明变量之间存在着长期稳定的均衡关系，其方程回归残差是平稳的。因此可以在此基础上直接对原方程进行回归，此时的回归结果是较精确的。

面板数据模型的单位根和协整理论是对时间序列的单位根和协整理论研究的继续和发展，它综合了时间序列和横截面的特性，通过加入横截面能够更加直接、更加精确地推断单位根和协整的存在，尤其是在时间序列不长、可能获得类似国家、地区、企业等单位截面数据的情况下，面板数据模型单位根和协整的应用更有价值。

4. 面板数据模型的检验。面板数据模型需要做两种检验，一是对影响形式进行检验，以确定是固定影响模型还是随机影响模型；二是对模型的形式进行检验，以确定模型是变系数模型、变截距模型还是不变参数模型。

面板数据模型的误差项由两部分组成：$\alpha_i + u_{it}$。一部分 α_i 是与个体观察单位有关的，它概括了所有影响被解释变量，但不随时间变化的因素，因此，面板数据模型也常常被称为个体效应模型；另外一部分 u_{it} 概括了随截面随时间而变化的不可观测因素，通常被称为特异性误差或特异扰动项。

对"个体效应"的处理主要有两种方式：一种是视其为不随时间改变的固定性因素，相应的模型称为"固定效应"模型；另一种是视其为随机因素，相应的模型称为"随机效应"模型。固定效应模型中的个体差异反映在每个个体都有一个特定的截距项上；随机效应模型则假设所有的个体具有相同的截距项，个体的差异主要反应在随机干扰项的设定上。

在实证分析中，一般通过 Hausman 检验判断：由于随机效应模型把个体效应设定为干扰项的一部分，所以就要求解释变量与个体效应不相关，而固定效应模型并不需要这个假设条件。因此，我们可以通过检验该假设条件是否满足，如果满足，那么就应该采用随机效应模型，反之，就需要采用固定效应模型。

Hausman 检验的基本思想是：在固定效应 u_{it} 和其他解释变量不相关的原假设下，用 *OLS* 估计的固定效应模型和用 *GLS* 估计的随机效应模型的参数估计都是一致的。反之，*OLS* 是一致的，但 *GLS* 则不是，因此，在原假设下，二者的参数估计应该不会有系统的差异，我们可以基于二者参数估计的差异构造统计检验量。如果拒绝了原假设，我们就认为选择固定效应模型是比较合适的。

在确定影响的形式后，需要对模型的形式进行判断，模型常用的有如下三种情形：

情形 1（变系数模型）：$\alpha_i \neq \alpha_j$，$\beta_i \neq \beta_j$；

情形 2（变截距模型）：$\alpha_i \neq \alpha_j$，$\beta_i = \beta_j$；

情形 3（不变参数模型）：$\alpha_i = \alpha_j$，$\beta_i = \beta_j$。

对于情形 1，称为变系数模型。除了存在个体影响外，在横截面上还存在变化的经济结构，因而结构参数在不同横截面上是不同的。模型形式为

$$y_i = \alpha_i^* + \beta_i x_i + u_i \qquad (6-1)$$

对于情形 2，称为变截距模型。在横截面上个体影响不同，个体影响表现为模型中被忽略的反映个体差异的变量的影响，又分为固定影响和随机影响两种情况。模型形式为

$$y_i = m + \alpha^i + \beta x_i + u_i \qquad (6-2)$$

对于情形 3，称为不变参数模型。在横截面上无个体影响、无结构变化，则普通最小二乘法估计给出了 α 和 β 的一致有效估计。相当于将多个时期的截面数据放在一起作为样本数据。模型形式为

$$y_i = \alpha + \beta x_i + u_i \qquad (6-3)$$

经常使用的检验是协方差分析检验（F 检验），主要检验如下两个假设

$H_1 : \beta_1 = \beta_2 = \cdots = \beta_N$

$H_2 : \alpha_1 = \alpha_2 = \cdots = \alpha_N$，$\beta_1 = \beta_2 = \cdots = \beta_N$

可见如果接受假设 H_2，则可以认为样本数据符合情形 3，即模型为不变参数模型，无需进行进一步的检验。

如果拒绝假设 H_2，则需检验假设 H_1。如果接受 H_1，则认为样本数据符合情形 2，即模型为变截距模型，反之拒绝 H_1，则认为样本数据符合情形 1，即模型为变参数模型。

下面介绍假设检验的 F 统计量的计算方法。首先计算情形 1（变参数模型）的残差平方和，记为 S_3；情形 2（变截距模型）的残差平方和记为 S_2；情形 3（不变参数模型）的残差平方和记为 S_1。计算 F 统计量

$$F_2 = \frac{(S_3 - S_1)/[(N-1)(k+1)]}{S_1/(NT - N(k+1))} \sim F[(N-1)(k+1), N(T-k-1)]$$

$$(6-4)$$

其中，N 表示截面的长度，T 表示时间序列的长度，k 表示解释变量的个数。在假设 H_2 下检验统计量 F_2 服从相应自由度下的 F 分布。若计算所得到的统计量 F_2 的值不小于给定置信度下的相应临界值，则拒绝假设 H_2，继续检验假

设 H_1。反之，接受 H_2 则认为样本数据符合模型情形 3，即不变参数模型。

在假设 H_1 下检验统计量 F_1 也服从相应自由度下的 F 分布，即

$$F_1 = \frac{(S_2 - S_1)/[(N-1)k]}{S_1/(NT - N(k+1))} \sim F[(N-1)k, N(T-k-1)] \qquad (6-5)$$

若计算所得到的统计量 F_1 的值不小于给定置信度下的相应临界值，则拒绝假设 H_1。

如果接受 H_1，则认为样本数据符合情形 2，即模型为变截距模型，反之拒绝 H_1，则认为样本数据符合情形 1，即模型为变参数模型。

（二）变量选取

我们选取的变量为全国 30 个省、市、自治区、直辖市，在 1998—2008 年这 11 年间的各省的 GDP、物价指数和各地区金融机构各项贷款余额。通过各省的 GDP 来反映各省经济总量的变化，通过引入物价指数，将经济总量中通货膨胀等重要的因素独立反映出来，降低误差项的自相关性。再通过截距项的变化控制各地区本身固有的差异，就能够比较充分地观察到各个地区的贷款量变动对不同区域经济的影响程度。

选取贷款额作为货币政策的代表变量，主要基于三个原因：第一，间接融资一直在我国占据主导地位；第二，根据前面的分析，信用渠道仍然是我国货币政策的传导的主渠道，信贷规模的变化既能比较充分地体现出货币政策的变动又能对经济增长产生直接影响；第三，基于上一节的分析，从货币政策传导机制出发，信贷渠道是产生区域效应的最显著的因素。只有信贷渠道才能体现出区域上的差异性。

整个样本包括 30 个行政区划构成的 4 个综合经济区，国内生产总值、金融机构各项贷款余额、消费者价格指数 3 大基础指标。

基本的面板数据模型为：

$$\ln(GDP_{it}) = c + \beta_1 \ln(loan_{it}) + \beta_2 CPI_i + \alpha_i + u_i \qquad (6-6)$$

$\ln(GDP_{it})$ 和 $\ln(loan_{it})$ 分别表示各省区 GDP 和贷款总额的对数，对两个变量取对数，这主要是基于以下几点考虑：一是可以尽量避免数据的波动；二是取对数以后的误差项由绝对误差变为相对误差，而相对误差往往比绝对误差小；三是取对数以后能够体现变量百分比变化之间的关系。

CPI_i 表示各省的物价指数，c 表示共同截距项，a_i 表示各区域截距项，a_i 之和为零。β_1 表示区域经济对货币政策敏感系数，u_i 表示期望值为零的白噪声。

二、实证分析

（一）面板数据的单位根检验和协整检验

1. 各变量的单位根检验。单位根检验一般是先从水平（level）序列开始检验起，如果存在单位根，则对该序列进行一阶差分后继续检验，若仍存在单位根，则进行二阶甚至高阶差分后检验，直至序列平稳为止。我们记 I（0）为零阶单整，I（1）为一阶单整，依次类推，I（N）为 N 阶单整。

对 GDP 和 LOAN 取对数处理后（lgdp、lloan），再进行单位根检验，均为 1 阶单整。滞后期的选择参照 SIC 准则。

表 6-17　　　　　　　　各变量的单位根检验

变量	LLC 检验 p 值	IPS 检验 p 值	ADF 检验 p 值	检验类型	平稳性
lgdp	0.0000	0.9999	0.9998	(I, T, 1)	不平稳
lloan	0.9245	1.0000	1.0000	(I, 0, 1)	不平稳
CPI	1.0000	1.0000	1.0000	(I, 0, 0)	不平稳
D（lgdp）	0.0000	0.0305	0.0003	(I, T, 1)	平稳*
D（lloan）	0.0000	0.0012	0.0000	(I, T, 1)	平稳*
D（CPI）	0.0000	0.0000	0.0000	(I, 0, 0)	平稳*

其中（I, T, L），以 T（trend）代表序列含趋势项，以 I（intercept）代表序列含截距项，L（lag）代表滞后阶数，加"*"表示在 5% 的显著性水平下拒绝原假设而接受备择假设。

从表 6-17 中可以看出，在 5% 的显著水平下，所有的变量序列都是不平稳的，但经过一阶差分之后都具有显著的平稳性。

2. 协整检验。协整检验是考察变量间长期均衡关系的方法。所谓协整是指若两个或多个非平稳的变量序列，其某个线性组合后的序列呈平稳性，此时我们称这些变量序列间有协整关系存在。由上面的单位根检验结果看出尽管所有变量均含有单位根，但是变量之间是同阶单整的，说明变量之间可能存在协整关系，这时可以进行协整检验。

在 EViews 中对面板数据进行协整检验，结果如表 6-18。

表 6 - 18　Kao 检验和 Pedroni 检验结果（滞后阶数由 *SIC* 准则确定）

检验方法	检验假设	统计量名	统计量值(p 值)
Kao 检验	$H_0 : \rho = 1$	*ADF*	0.000
Pedroni 检验	$H_0 : \rho = 1$ $H_1 : (\rho i = \rho) < 1$	*Panel v - Statistic*	0.004
		Panel rho - Statistic	0.653
		Panel PP - Statistic	0.134
		Panel ADF - Statistic	0.000
	$H_0 : \rho = 1$ $H_1 : (\rho i = \rho) < 1$	*Group - rho - Statistic*	0.998
		Group PP - Statistic	0.313
		Group ADF - Statistic	0.000

表 6 - 19　　　　　　　　　Johansen 面板协整检验结果

原假设	Fisher 联合迹统计量(p 值)	Fisher 联合 λ - max 统计量(p 值)
0 个协整向量	327.8(0.00)*	288.9(0.00)*
至少 1 个协整向量	158.6(0.00)*	158.6(0.00)*

　　注：加"*"表示在 5% 的显著性水平下拒绝原假设而接受备择假设。

　　上述检验结果的样本区间为 1998—2008 年，从表 6 - 18 和表 6 - 19 的检验结果可以看出，我国 30 个省、市、自治区、直辖市的经济增长和金融机构贷款余额之间存在协整关系。则可以继续做面板数据的回归模型。

　　（二）回归模型的检验

　　1. 确定影响形式。

　　方法：Hausman 检验。Hausman 检验的原假设是随机效应模型的系数与固定效应模型的系数没有差别，如果接受原假设，表明应选择随机效应模型，否则就应该选择固定效应模型。

　　首先建立随机效应回归模型

$$\ln(GDP_{it}) = c + \alpha_i + \beta_1 \ln(loan_{it}) + \beta_2 CPI_i + u_i \qquad (6-7)$$

然后用 Hausman 检验该模型是否是随机效应模型。

表 6 – 20　　　　　　　　　　　Hausman 检验

Correlated Random Effects - Hausman Test
Pool: POOL01
Test cross-section random effects

Test Summary	Chi-Sq. Statistic	Chi-Sq. d.f.	Prob.
Cross-section random	33.902082	2	0.0000

Cross-section random effects test comparisons:

Variable	Fixed	Random	Var(Diff.)	Prob.
LLOAN?	0.770856	0.845503	0.000229	0.0000
CPI?	0.043536	0.033862	0.000004	0.0000

检验结果为，Hausman 统计量的值是 33.9，相应的 p 值是 0.000，说明检验结果拒绝了随机效应模型原假设，此模型应该使用个体固定效应模型。图中第二部分给出的是 Hausman 检验中间结果比较，Fixed 是个体固定效应模型对参数的估计，Random 是随机效应模型对参数的估计。Var（$Diff.$）是相应两个参数估计量的分布的方差。

本节主要研究模型中解释变量对被解释变量的影响情况，如果采取固定截距模型则失去了截面分析的意义，而且分析中采用的基本是全样本，所以采用变截距固定效应面板数据模型。

2. 模型形式设定检验。由上面对模型形式的检验方法可知，在 EViews 中对三种模型进行回归，得到三种情形下模型的残差平方和 S_1、S_2、S_3，然后手工计算 F_2、F_1，并查找临界值做出判定。

首先分别计算 3 种形情形的模型：变参数模型、变截距模型和不变参数模型，在每个模型的回归统计量里可以得到相应的残差平方和：

$S_1 = 1.834\ 379$，$S_2 = 3.637\ 037$，$S_3 = 20.920\ 42$

然后根据（6-4）式和（6-5）式计算 F 统计量，其中 $T = 10$，$N - 30$，$K = 2$。

$$F_2 = \frac{(S_3 - S_1)/[(N-1)(k+1)]}{S_1/(NT - N(k+1))} = 25.114\ 36 ,$$

$$F_1 = \frac{(S_2 - S_1)/[(N-1)k]}{S_1/(NT - N(k+1))} = 3.558\ 079$$

查 F 检验表可知，计算所得到的统计量 F_2 的值大于给定置信度下的相应临界值，则拒绝假设 H_1。计算所得到的统计量 F_1 的值大于给定置信度下的相应临界值，则拒绝假设 H_1。则认为样本数据符合情形1，即模型为变参数模型。

最终确定模型形式为

$$\ln(GDP_{it}) = \alpha_i + \beta_{1i}\ln(loan_{it}) + \beta_2 CPI_i + u_i \qquad (6-8)$$

α_i 表示随地区变化的截距项，i 代表不同的省市自治区，t 代表不同的年份。

（三）回归估计

上述分析最终确定模型的形式为

$$\ln(GDP_{it}) = \alpha_i + \beta_{1i}\ln(loan_{it}) + \beta_2 CPI_i + u_i$$

在 EViews 中对此面板数据模型做固定效应的变参数模型估计结果如表 6-21。

表 6-21　　　　　　　　固定效应的变参数模型估计

Dependent Variable: LGDP?
Method: Pooled Least Squares
Date: 11/13/09　Time: 00:44
Sample (adjusted): 1998 2007
Included observations: 10 after adjustments
Cross-sections included: 30
Total pool (balanced) observations: 300

Variable	Coefficient	Std. Error	t-Statistic	Prob.
C	-2.096759	0.261375	-8.022027	0.0000
CPI?	0.021239	0.004260	4.985099	0.0000
BEIJING--LLOANBEIJING	0.713718	0.046903	15.21678	0.0000
TIANJING--LLOANTIANJING	0.820443	0.059440	13.80280	0.0000
HEBEI--LLOANHEBEI	1.232299	0.103690	11.88442	0.0000
SHANXI1--LLOANSHANXI1	1.000380	0.077153	12.96624	0.0000
NEIMENG--LLOANNEIMENG	1.325884	0.078302	16.93291	0.0000
LIAONING--LLOANLIAONING	0.991459	0.105370	9.409294	0.0000
JILIN--LLOANJILIN	1.663153	0.145339	11.44325	0.0000
HEILONGJIANG--LLOANHEILONGJIANG	1.686716	0.215238	7.836534	0.0000
SHANGHAI--LLOANSHANGHAI	0.691137	0.061810	11.18158	0.0000
JIANGSU--LLOANJIANGSU	0.726440	0.053804	13.50160	0.0000
ZHEJIANG--LLOANZHEJIANG	0.640329	0.046065	13.90056	0.0000
ANHUI--LLOANANHUI	0.712737	0.069773	10.21502	0.0000
FUJIAN--LLOANFUJIAN	0.651163	0.063120	10.31625	0.0000
JIANGXI--LLOANJIANGXI	1.098916	0.091822	11.96788	0.0000
SHANDONG--LLOANSHANDONG	0.919509	0.066736	13.77826	0.0000
HENAN--LLOANHENAN	1.179721	0.098684	11.95449	0.0000
HUBEI--LLOANHUBEI	1.055963	0.107345	9.837121	0.0000
HUNAN--LLOANHUNAN	0.961193	0.090297	10.64481	0.0000
GUANGDONG--LLOANGUANGDONG	1.010660	0.078781	12.82869	0.0000
GUANGXI--LLOANGUANGXI	0.939628	0.084430	11.12909	0.0000
HAINAN--LLOANHAINAN	1.098964	0.136501	8.050987	0.0000
CHONGQING--LLOANCHONGQING	0.693117	0.069288	10.00341	0.0000
SICHUAN--LLOANSICHUAN	0.988699	0.093220	10.60603	0.0000
GUIZHOU--LLOANGUIZHOU	0.809148	0.070532	11.47215	0.0000
YUNNAN--LLOANYUNNAN	0.685621	0.071647	9.569411	0.0000
SHANXI2--LLOANSHANXI2	1.099147	0.087979	12.49334	0.0000
GANSU--LLOANGANSU	1.191649	0.108005	11.03328	0.0000
QINGHAI--LLOANQINGHAI	1.257045	0.099785	12.59748	0.0000
NINGXIA--LLOANNINGXIA	0.832112	0.064481	12.90480	0.0000
XINJIANG--LLOANXINJIANG	1.317399	0.110435	11.92917	0.0000

```
Fixed Effects (Cross)
        BEIJING--C              1.917015
        TIANJING--C             1.223223
        HEBEI--C               -1.754177
        SHANXI1--C             -0.157755
        NEIMENG--C             -2.291043
        LIAONING--C            -0.070596
        JILIN--C               -5.537010
        HEILONGJIANG--C        -5.521935
        SHANGHAI--C             2.425646
        JIANGSU--C              2.705158
        ZHEJIANG--C             3.208226
        ANHUI--C                2.456668
        FUJIAN--C               3.136136
        JIANGXI--C             -0.632717
        SHANDONG--C             0.968305
        HENAN--C               -1.419211
        HUBEI--C               -0.495053
        HUNAN--C                0.569675
        GUANGDONG--C           -0.215084
        GUANGXI--C              0.681796
        HAINAN--C              -0.924394
        CHONGQING--C            2.267975
        SICHUAN--C              0.042485
        GUIZHOU--C              1.253465
        YUNNAN--C               2.397751
        SHANXI2--C             -1.004950
        GANSU--C               -1.554424
        QINGHAI--C             -1.967346
        NINGXIA--C              0.734013
        XINJIANG--C            -2.441843
```

	Effects Specification	
Cross-section fixed (dummy variables)		

R-squared	0.993427	Mean dependent var	8.115183
Adjusted R-squared	0.991777	S.D. dependent var	0.966116
S.E. of regression	0.087608	Akaike info criterion	-1.852533
Sum squared resid	1.834379	Schwarz criterion	-1.099430
Log likelihood	338.8799	Hannan-Quinn criter.	-1.551140
F-statistic	602.0371	Durbin-Watson stat	1.193041
Prob(F-statistic)	0.000000		

　　由模型的回归结果可以看出，t 值、F 值和可决系数都较大，各项统计检验显著通过，模型拟合较好。

　　根据表 6 - 21 整理得到 30 个省、市、自治区、直辖市的截距项的差异，如表 6 - 22 所示。

表 6 - 22　　30 个省、市、自治区、直辖市的截距项 （由大到小）

浙江	3. 208 23	山东	0. 968 30	海南	- 0. 924 39
福建	3. 136 14	宁夏	0. 734 01	陕西	- 1. 004 95
江苏	2. 705 16	广西	0. 681 79	河南	- 1. 419 21
安徽	2. 456 67	湖南	0. 569 67	甘肃	- 1. 554 42
上海	2. 425 65	四川	0. 042 48	河北	- 1. 754 18

云南	2.397 75	辽宁	－ 0.070 6	青海	－ 1.967 35
重庆	2.267 97	山西	－ 0.157 76	内蒙古	－ 2.291 04
北京	1.917 01	广东	－ 0.215 08	新疆	－ 2.441 84
贵州	1.253 46	湖北	－ 0.495 05	黑龙江	－ 5.521 94
天津	1.223 22	江西	－ 0.632 72	吉林	－ 5.537 01

根据表6－21整理得到30个省、市、自治区、直辖市的斜率项的差异，如表6－23所示。

表6－23　　30个省、市、自治区、直辖市的斜率项（由小到大）

浙江	0.640 33	宁夏	0.832 112	海南	1.098 964
福建	0.651 16	山东	0.919 509	陕西	1.099 147
云南	0.685 621	广西	0.939 628	河南	1.179 721
上海	0.691 137	湖南	0.961 193	甘肃	1.191 649
重庆	0.693 117	四川	0.988 699	河北	1.232 299
安徽	0.712 737	辽宁	0.991 459	青海	1.257 045
北京	0.713 718	山西	1.000 38	新疆	1.317 399
江苏	0.726 44	广东	1.010 66	内蒙古	1.325 884
贵州	0.809 148	湖北	1.055 963	吉林	1.663 153
天津	0.820 443	江西	1.098 916	黑龙江	1.686 716

截距项表示当自变量 $\ln(loan_{it})$ 为0时，应变量 $\ln(GDP_{it})$ 的初始大小；斜率项（表6－23）表示每当 $\ln(loan_{it})$ 增长1，应变量 $\ln(GDP_{it})$ 增长的绝对值，也就是说在其他条件不变的情况下，贷款额度每增加1%，GDP增长的百分比。贷款对经济增长的影响程度也是用斜率项的大小来反映。

三、结果分析

EViews结果（表6－22）表明，其中东部省市除了广东和海南之外，其余东部省市区的截距项都较大，在不存在贷款的情况下，浙江、福建、江苏、安徽、上海、云南、重庆、北京、贵州、天津、山东，这些省市区的GDP保持在较高水平，而海南、陕西、河南、甘肃、河北、青海、内蒙古、新疆、黑龙江、吉林这些中西部省市区的GDP较小。若要使得区域均衡发展，则需要在GDP较小的落后省市区放宽货币政策，加大贷款额度。

EViews 结果（表 6 - 23）也表明，剔除物价变动的因素后，全国金融机构的贷款对黑龙江、吉林、内蒙、新疆、青海、河北、甘肃、河南、陕西、海南影响最大，在这 10 个省市中，除了河北、海南是东部地区省市之外，黑龙江和吉林属于东北部省市，其余都为西部地区省市。说明金融机构的贷款对东北部和西部地区影响最大，贷款每增长 1% 时，则当地的 GDP 的增长就大于 1%。特别是东北部的黑龙江和吉林，贷款每增长 1%，GDP 的增长大于 1.66%。

而浙江、福建、云南、上海、重庆、安徽、北京、江苏、贵州、天津、宁夏、山东，这些省市区的经济增长对贷款冲击的反应较小。这些基本上都是东部地区省市，其中安徽属于中部省市，云南、重庆、贵州、宁夏属于西部省市。说明金融机构的贷款对东部地区影响最小，贷款每增长 1% 时，当地的 GDP 的增长不超过 0.92%。特别是浙江、福建，贷款每增长 1%，GDP 的增长小于 0.66%。

贷款增长对经济增长影响程度一般的省市有广西、湖南、四川、辽宁、山西、广东、湖北、江西，除了广东省之外，其余都为中西部省市。这些省市贷款每增长 1%，则 GDP 的增长也在 0.9%～1.1% 之间。说明金融机构的贷款对中部和少量西部地区的影响程度一般，介于大部分西部地区和东部地区之间。

处于东部地区的海南省，由于人口较少，土地面积、企业数量、金融机构等各个方面都赶不上一般的东部发达省市，经济增长也较缓慢，占国内 GDP 的比例较小，而且主要依靠旅游业的发展，所以当贷款额为零时，截距项初始 GDP 较小，是合乎情理的。而且海南省的经济总体状况比较接近中西部，受贷款的影响较大。

处于东部地区的广东省，贷款对经济增长的影响较别的东部省市大，一个重要原因是广东的中小企业占比较大。根据第四章的结论，中小企业是信用渠道传导的最重要载体，小企业密度高的区域对货币政策的敏感程度要高。而广东省的截距项较小，贷款为零的时候初始 GDP 较小，则是因为该省的资金来源渠道较别的省市多，对贷款的依赖性较小。随着资本市场的发展，大型优质企业更倾向于通过股权、债券、企业融资券等低成本方式来募集资金；同时，多层次资本市场的发展使有潜力的小企业可以通过创业板获得资金支持。2007 年，广东省通过 IPO、上市公司再融资、企业债券、短期融资券筹集资金 1440.2 亿元，直接融资占比 23.4%，同比上升 11.6 个百分点。而且广东省的外商直接投资也较其他省市大，所以虽然贷款对广东省的 GDP 的有一定程度的影响，但是由于广东省融资渠道较多，资金来源广泛，所以其经济增长对贷款的依赖性不强。

处于西部地区的云南省和贵州省，模型的回归结果中斜率系数较小，说明贷款对这两个省的经济增长的影响较小，主要有四个原因：一是由于这两省的中小企业较少，使得货币政策的信贷渠道传导不通畅；二是这两省的中小企业规模小，有效资产不足，抗风险能力较弱，由于过去这两省的信用缺失现象严重，出现逃废债务行为，从而导致商业银行和其他贷款机构对这两省在认识上形成了一种偏见，在选择贷款发放对象上对其有种恐惧心理，害怕其不符合银行贷款的"三性"（盈利性、流动性、安全性），以至于出现银行"慎贷"、"惜贷"、"恐贷"的现象。三是这两省的多数中小企业贷款难度较大，商业银行在这里发放贷款盈利较少，风险较大。这两省的多数中小企业仍停留在家族式管理的层面上，财务管理不够规范，信息不透明，增加了银行对企业财务真实数据的审查难度，银行经营面临的风险较大，与商业银行的严格的信贷责任追究制度与贷款经营中的客观风险相悖。因为目前防范信贷风险、防止不良贷款产生是银行运营的重要目标。四是不符合国家对西部的重点扶持对象政策，导致政策性贷款也很少。

总体看来，由于各个方面的因素，在经济发达的东部地区贷款对经济增长的影响较弱，而在经济较落后的中西部和东北部地区，贷款对经济增长的影响较强。这与近几年来国家加大对西部地区基础设施建设和基础产业的信贷投入是分不开的。货币政策的传导对各地区的具体影响程度分省市而异不能笼统的概括。

第四节 小结

一、本章结论

本章在回顾国内外关于货币政策区域效应方面研究文献基础上，选取我国区域金融结构差异作为文章的切入点，从经济总量与结构、金融总量与结构和微观经济主体三个方面对我国目前东、中、西、东北部四个区域的金融结构差异进行详细的比较分析，发现目前我国四大经济综合区的金融结构确实存在较大差异：

1. 东部发达地区，拥有较多的金融资产，金融机构存贷款余额占全国的比重都在50%以上，增长速度也比中西部快，资金来源较为充足。中西部和东北部的资金来源则较为单一，主要依靠储蓄存款。新兴的商业银行和外资银行多集中于东部地区，金融机构数量远远高于中部、西部和东北部。且中西部和东北部金融机构的所有制单一，机构数量少，缺乏市场化金融组织，市场竞争不充分，竞争质量不高。

2. 东部地区货币市场发达，拆借、质押式回购和票据贴现等交易量都占有全国较大的份额，该地区聚集了全国60%以上的上市公司和证券公司，从资本市场筹集的资金远远超过中西部地区。中西部和东北部地区资本市场发展较为落后。

3. 在我国东部地区，改革开放以来，金融增量化改革取得了较大的成就，资源配置功能逐渐得以发挥；但在我国中西部和东北地区，金融发展层次依然低下，区域金融资源配置的功能远未得以发挥。

在我国货币政策调控手段转向以间接调控为主的情况下，东部地区金融市场比较发达，金融机构的组成、数量、规模以及金融资源配置上都明显高于中西部地区，而且东部地区的金融市场发育比较完善，其风险机制、信用机制以及监管机制都比较健全，而中西部欠发达地区金融市场发展滞后，资产总量较小，市场主体对政策反应迟钝。因而统一的货币政策对各地区的影响存在着较大的不同。

通过文献、理论总结以及描述统计方法比较我国目前货币政策传导的四个渠道（利率渠道、汇率渠道、资产价格渠道、信贷渠道）发现，目前我国的信贷渠道仍然是主要的渠道，对区域效应的贡献最大，利率渠道、汇率渠道和资产价格渠道的货币政策效应都不明显，最后通过选取金融机构贷款来代表中央银行货币政策、经济产出和物价水平作为反映货币政策效果的指标，使用面板数据模型来详细分析货币政策传导到每个省的具体差异。

实证结果表明，在不存在贷款的情况下，东部省市除了广东和海南之外，其余东部省市的GDP保持在较高水平，而中西部省市的GDP较小。在剔除物价变动的因素后，全国金融机构的贷款对西部和东北部地区影响最大。特别是东北部的黑龙江和吉林，贷款每增长1%，GDP的增长大于1.66%。而东部地区和少数西部地区（云南、重庆、贵州、宁夏）的经济增长对贷款冲击的反应较小。特别是浙江、福建，贷款每增长1%，GDP的增长小于0.66%。由于处在东部地区的海南省和广东省以及处于西部地区的云南省和贵州省的特殊性，从中小企业分布密度、总体经济状况、贷款难易度等方面的原因，使得贷款对这海南和广东两省的经济增长的影响较大，对云南和贵州两省的影响较小。

总体看来，我国货币政策信贷传导渠道的区域效应是明显的。具体区域效应的表现分地区而异，不能笼统的概括。

二、政策建议

基于前文的理论逻辑推理分析和实证研究可以发现，我国作为一个处于经济转轨时期的发展中大国，由于地理特征、经济资源分布、历史发展道路等多方面的原因，区域经济和区域金融差异的现象客观存在，区域金融差异与基于区域经济、金融一体化的货币政策产生矛盾，我国统一货币政策传导到不同区域产生了不同的效果，区域金融差异与基于区域金融一体化的货币政策产生的矛盾是我国货币政策调控必须面对的问题，这一矛盾内在地要求中央银行在实施货币政策时应该考虑到区域经济、金融差异对统一货币政策的影响，更好地处理在货币政策调控中总体与区域、一般与局部的关系。

为提高货币政策调控效果，也要顺利实现向间接货币政策调控方式的转变，国家在制定货币政策时应当更加充分地考虑区域金融差异的客观事实及其对统一货币政策传导机制的影响，在确保货币政策国家权威性的基础上，通过制度创新，调整现有中央银行高度统一的货币政策调控方式，加强中央银行区域分行在货币政策调控中的地位和作用，对某些可以实行区别对待的货币政策工具实行必要的区域差别化调整。应当注意的是，我们不能用货币政策被动地去适应区域金融差异，区域化的货币政策调控不能损害我国向间接货币政策调控转型所需要的市场化基础和环境，应该努力完善我国特别是中西部地区金融体系建设，为货币政策运行提供良好的外部环境，形成全国统一前提与区域特色有机结合的国家货币政策调控体系。①

（一）货币政策战略目标的改进

2003 年修订的《中国人民银行法》，对我国货币政策的最终目标表述为，"保持货币币值的稳定，并以此促进经济增长"。就促进经济增长这一含义来说，是促进全国经济增长而不是仅仅促进个别地区的经济增长。针对我国地区发展不平衡的现状，可以在大方向基本统一的全国货币政策目标下，针对不同地区的经济发展状况设定相应的目标侧重点。如东部地区可以以控制通货膨胀、保证经济稳步发展为主，而中西部和东北部有些地区则以促进充分就业，促进经济加快发展为主。在东部的货币政策调控方式上，可以基本上以间接调控为主，中西部和东北部则可采取间接调控和直接调控相结合的模式。

对中介目标的关注，目前我国货币政策的中介目标包括货币供应量和信贷规模等，对于各个地区而言，最应该关注的主要应该是信贷规模，从信贷量的变动情况来把握区域经济波动的信息，从信贷资金的配置结构来把握区域经济结构的变动。由于各地区的融资结构、融资渠道、民间借贷资金的不平衡、产

---

① 周孟亮. 我国区域金融差异下货币政策传导机制效应研究 [D]. 暨南大学博士学位论文, 2006.

业结构以及企业特征的差异，导致各地区信贷能力的不同，导致货币政策的信贷传导渠道在各个区域的通畅度不一样。中央银行应该要重视对区域经济运行和经济结构的分析，提高监测分析水平，重视区域经济、金融在各个方面的差距。

（二）货币政策工具改进

相对于货币政策目标来说，货币政策操作工具可以进一步探索其区域差别化。

1. 存款准备金制度。存款准备金的变动直接影响基础货币、商业银行资金和货币乘数等的变动，最终影响货币供应量的变动。在这个过程中，可以把同类机构不同区域间的存款准备金适当进行区域上的差别对待，在坚持大原则的前提下，可以适当提高东部地区的法定存款准备金率，降低欠发达地区的金融机构的准备金率，同时把调控权交给各大分行。从而既增加中央银行在全国范围内进行资金重新配置的可用资金，也增加中西部地区银行的可动用资金，提高货币乘数。

2. 尽快实现利率市场化改革，形成以中央银行基准利率为中心，相互关联的存贷款利率为不同层次的一套灵活调控的利率体系。利率作为资金的价格，其市场化改革已经向前推进了一大步，从长期看没有必要进行区域差别对待。目前可采取过渡手段，即逐步放开人民银行各大区分行利率制定的权限，允许存贷款利率在市场化条件下有上下浮动的一定限度，进而再逐渐实现利率的完全"随行就市"。对于欠发达地区，主要是要抓住利率市场化改革的契机，优化区域经济结构，提高各种投资收益率，才能从根本上解决问题。

3. 实现再贷款和再贴现政策的地区化和差异化。我国目前在这个工具上也已经体现出区域差别化。譬如支农再贷款，紧急再贷款、扶持型再贷款等，可考虑在贷款范围、期限、利率政策、限额和审批权等方面更加具体，更加符合我国的实际情况，适当增加对商业银行再贷款支持，从而支持中西部地区的经济发展。同时应积极拓展再贴现业务，通过再贴现手段，支持不发达地区商业银行扩大票据业务，加大对重点行业和企业再贴现的支持力度。

4. 完善货币市场建设，努力改变目前货币市场在我国地区分布上的不平衡现象，优化市场参与者的结构和分布，同时加强信息披露，为中央银行进行全国性的公开市场业务操作提供良好的市场运行环境。

（三）一些可行的建议

1. 建议在全国统一性的货币政策的基础上，适当考虑地区性差异性。实行全国分层次的货币政策，或差别货币政策，或区域性货币政策。一是按地域划分，如东部、中部、西部或东、中、西、东北部划分。二是或者按人均经济指标划分，如人均 GDP，人均财政收入，城乡人均可支配纯收入等划分。三是或者按经济指标占全国平均的比重划分。如 GDP 占全国平均的比重，财政收入占全国平均的比重，城乡居民可支配收入占全国平均的比重划分。因为大的经济区内总会存在差异，譬如说海南省的经济与大部分东部地区省市的经济是存在很大差异的，所以即使实行区域货币政策也应该要差别对待。

2. 中央银行在实行统一的货币政策时，应考虑按梯度调节资金，建议利用分层次货币政策去调节资金、项目和技术在全国范围的合理配置。由于中西部和东北部受信贷政策的影响较大，可以考虑加大对中西部和东北部的贷款发放和投入，而东部地区的经济受贷款的影响较小，所以在实行统一的信贷政策时，可以适当对东部实行从紧政策对中西部和东北部实行适当放松的货币政策，这样才能达到区域经济协调发展。一是调高中西部和东北地区存款利率，而东部地区不变，从而使得发达地区的资金向贫困地区流动；二是调低西部地区的贷款利率，而东部地区不变，可以鼓励东部地区的资金项目和技术向西部转移；三是存款准备金同样可以按上述方法进行变动，从而达到区别对待，抑富扶贫的目的；四是还可利用信贷政策的调节功能进行合理调节。具体的梯度货币政策可参照以下建议，在黑龙江、吉林、内蒙古、新疆、青海、河北、甘肃、河南、陕西、海南这 10 个省市中，实行较松货币政策，在广西、湖南、四川、辽宁、山西、广东、湖北、江西这 8 个省市实行一般的货币政策，在浙江、福建、云南、上海、重庆、安徽、北京、江苏、贵州、天津、宁夏、山东这 12 个省市实行稍紧的货币政策。

3. 中央银行应考虑组建区域金融中心，在西部大开发过程中，设立数家区域性金融机构，并争取更多的金融机构在西部地区设立分支机构，发挥资金融通的作用。由于很多国有和商业银行基于经济利益和回避风险的考虑，正在逐步从一些投资回报率较低的西部落后地区撤出，为填补这些地区金融服务的空缺，应通过地方金融机构来强化对地方经济的支持力度。由于此类银行受实力和服务网络的局限，经营风险较大，中央银行应对此类银行提供资金支持。这一观点与宋海林的研究相同[①]。

4. 协调发展货币市场和资本市场，增强两市场间的互动性，对提高货币政策金融市场传导效率有着极其重要的意义，因而，要进一步加大对金融市场的引导，促进货币市场和资本市场的共同发展，充分发挥金融市场在货币政策传导中的作用。

---

① 宋海林，刘澄. 我国货币信贷政策理论与实证 [M]. 北京：中国金融出版社，2003.

第七章 结论与建议

第一节 结论分析

由前面的分析，我们认识到货币政策传导是一个复杂的过程，基于传导的不同方面分析了这一复杂过程，得到以下四个方面有价值的结论。

一、货币政策最终目标效应方面

我们利用经济理论框架分析了货币政策的最终目标效应，即产出与价格效应，并且利用计量经济模型进行了实证检验和分析。

（1）货币政策对价格影响相对较大，紧缩货币政策导致物价下降，货币政策扩张则引起价格上升。价格对货币政策变动反应较为灵敏，且货币政策价格效应持续的时间也较短，大致持续三个月后就相当弱微了。价格效应没有方向反复和幅度的波动，说明此政策效应是比较稳定的。

（2）如前文所述，我们主要分析的名义产出效应，因为中央银行和社会各界对此关注度更高，它更直接和更易于观测。名义产出对货币政策冲击反应相对较小，货币紧缩导致名义产出下降，货币政策扩张则导致名义产出上升。名义产出对货币政策变动反应也较为灵敏，但货币政策名义产出效应持续时间也较长，大致从第二个月一直持续到第六七个月，第七月之后虽然效应振幅趋于减小，但波动反复且衰减速度慢。这一效应在前半年内较为稳定，半年后有波动。

（3）根据货币政策最终目标效应和有效性的联系，可以得到政策有效性方面结论。短期内货币政策对实际产出的影响不确定，但中长期来看影响的方向和时滞均是可推测出来的。在前两个月，实际产出对货币政策变动的反应方向和幅度均难以确定，但由于价格效应微弱和名义产出效应的持续，从第三个月开始，紧缩政策的实际产出效应为负，反之扩张政策的实际产出效应为正，且持续到半年左右。

二、货币政策传导渠道方面

（1）广义货币供应量 M_2、金融机构各项贷款余额 $LOAN$ 与工业增加值 INC 之间存在长期均衡关系。此外，从对产出增长目标的影响显著性来看，贷款的影响最为显著，其次是 M_2。这表明货币渠道和信贷渠道对货币政策传导均发挥了重要作用，共同构成了我国货币政策的主要传导渠道，但相对来说，目前信贷渠道对经济的影响仍要强于货币渠道。

（2）现阶段，总体上看我国货币政策通过利率渠道的传导效应仍不高。尽管长期利率对货币政策冲击的响应较为敏感，但其影响程度较小且持续时间较短，说明即货币政策从货币供应量到长期利率的传导效果不是特别明显。

长期利率的变化对经济增长的影响较小，但实证结果显示当利率提高时，短期内工业增加值增长速度未减缓反而有所加快，即提高利率，产出反而快速增加，这可能就是经济学中的"产出之谜"。物价对长期利率的变化较为敏感。但长期看，利率变化对实际产出的影响要大于其对物价的影响。

（3）现阶段，在我国货币政策的资产价格渠道传导过程中，第一阶段货币政策对资产价格的作用是有效的即从中介目标到资产价格这个过程是顺畅的。

股票市场中货币供应量对股票价格的冲击要大于利率。股价对货币政策的变化的响应较为敏感，货币供应量的变化对抑制股票价格上涨或拉升股票价格的作用会在短时间内迅速显现，但长期来看，其影响力并不具有持久性。货币政策的资产价格渠道传导过程中的第二阶段资产价格对实体经济的作用效应较弱，即从资产价格到最终实体经济这个过程是不通畅的。

房地产市场中，房地产价格并不是产出、消费和投资的格兰杰成因，且房地产价格与产出、投资之间不存在明显的协整关系，但房地产价格与消费之间存在协整关系，充分说明在我国房地产市场中，消费的财富效应是存在的。

三、商业银行中介作用方面

我们从银行信贷的供给层面研究货币政策传导与商业银行的中介作用，分析了影响贷款供给量的因素，在一定的假设条件下，通过相关经济理论知识，构建了贷款供给量的理论模型；同时也分析了银行内部特征会对货币政策对贷款供给的效应产生影响。随后利用我国 14 家银行的资产负债相关数据，建立动态面板数据模型，利用系统广义矩估计的方法进行了实证分析。

（1）资产规模、流动性水平、资本充足水平这三个银行内部特征因素会影响贷款供给量，且存在显著的正相关关系。货币政策会通过影响资产规模和资本充足水平因素影响信贷供给量。这说明货币政策的信贷传导渠道在我国存在，货币政策可以通过控制信贷供给从而影响实体经济。

（2）货币政策对商业银行贷款供给有显著影响，而影响力会随资产规模、流动性水平、资本充足水平这三个银行内部特征的不同而不同。资产规模较大、流动性水平较高和资本充足率水平较高的商业银行将降低货币政策影响贷款供给的效力，但只有资产规模的作用是显著的。同时也发现国有商业银行其在加强资本充足率监管后，资产规模和资本充足率对货币政策的效力的影响程度降低。

四、传导区域效应方面

（1）东部地区经济较发达，金融也发展最好，拥有较多的金融机构、金融资产，金融机构数量远远高于中部、西部和东北部，该地区聚集了全国60%以上的上市公司和证券公司，金融机构存贷款余额占全国的比重都在50%以上，增长速度也比中西部快，资金来源较为充足，新兴的商业银行和外资银行多集中于东部地区，且微观主体的金融努力程度也大于中西部和东北部。中西部和东北部地区经济较为落后，金融业也不够发达，资金来源则较为单一，主要依靠储蓄存款，且金融机构的所有制单一，机构数量少，缺乏市场化金融组织，市场竞争不充分，竞争质量不高。金融发展层次依然低下，区域金融资源配置的功能远未得以发挥。

（2）我国货币政策信贷传导的区域效应是明显的。具体的区域效应的表现分地区而异，不能笼统地概括。在不提供金融机构贷款的情况下，东部省市除了广东省和海南省之外，其余东部省市的 GDP 都保持在较高水平，而中西部和东北部省市的 GDP 较小。这是说即使不存在贷款，东部的经济仍然保持在较高水平。在剔除物价变动的因素后，全国金融机构的贷款对西部和东北部地区影响最大。特别是东北部的黑龙江和吉林，GDP 对贷款的反应成都最大。而东部地区和少数西部地区（云南、重庆、贵州、宁夏）的经济增长对贷款冲击的反应较小。特别是浙江和福建。由于处在东部地区的海南省和广东省以及处于西部地区的云南省和贵州省的自身的特殊性，从中小企业分布密度、总体经济状况、贷款难易度等方面的原因，使得贷款对这海南和广东两省的经济增长的影响较大，对云南和贵州两省的影响较小。

第二节　政策建议

依据上节的结论和简要因素分析，课题组为我国货币政策实践分别从四个方面提出了参考建议，以期能有所帮助。

一、货币政策最终目标效应方面

我们分析货币政策的效应的主旨之一是为货币政策操作提供一些参考和依据。在了解货币政策效应基础上，并根据实际经济状况就可以制定合理货币政策。

（1）货币政策实施方面。货币政策的价格效应和产出效应的方向是比较稳定的，说明合理地运用货币政策能烫平经济波动，即能发挥所谓的"经济稳定器"的作用。为保持经济平稳增长，在经济出现过热时应该紧缩货币政策，而在经济偏冷时则应扩张货币。

（2）货币政策时滞方面。把握货币政策效应时滞的稳定规律，提高货币政策的前瞻性和主动性。经济运行具有固有惯性和周期，某种货币政策实施的效应要在一段时间之后才能显露出来。我们的实证分析表明，我国的货币政策时滞是客观存在。货币政策时滞的存在说明了出台货币政策时间选择的重要性，如果中央银行不能预先对未来经济形势的可能变化作出准确的判断而采取相应的行动，而是仅仅等到货币政策最终目标发生变化时，则未来经济发展就会与调控目标发生较大的变化，货币政策效力就将降低。主要有以下四点建议：首先，我国货币政策产出效应时滞的多变性要求我国中央银行必须提高货币政策的预测水平，这是提高准确把握和判断效应时滞变动的基础。其次，适度超前的前瞻性货币政策调控方法要求货币政策的调控时间前移。因为在调控存在"效应滞后"的情况下，要尽可能"熨平"经济波动，各项调控措施的实施在时间上就必须有一个"提前量"。再次，宏观调控的力度逐渐递减。适度超前的货币政策的最终目的是要求使货币政策调控效果的最大值与经济波动或经济偏差的最大值在时间上的一致。最后，有效地缩短货币政策的效应时滞是提升我国货币政策效力的必然选择。

（3）政策搭配方面。财政政策对经济的拉动作用直接且明显，而货币政策的价格效应大于产出效应，且产出的滞后效应不稳定，这一事实告诉我们：货币政策侧重于通胀与通缩的调节，财政政策则应该侧重于调节产出方面。在通胀高涨、实体经济运行平稳时，应该主要采用紧缩货币政策调控物价，并辅以适度宽松的财政政策保持经济增长。在物价稳定、经济紧缩时，采用积极财政政策刺激经济增长，并辅以适度收紧货币政策预防物价上涨。例如，就2009年上半年经济形势来看，通胀预期显现而经济没有恢复正常增长，当局应该将宽松的货币政策适度收紧，防止实际通胀产生，继续维持积极的财政政策以刺激经济增长。在经济紧缩时转变效果不良的"相机抉择"的货币政策调控方式，并辅以积极的财政政策予以支持和配合。

二、货币政策传导渠道方面

（一）提高货币政策利率渠道传导效率的建议

对我国货币政策利率渠道传导过程中存在的诸多问题，本章建议从以下几个方面予以完善：

（1）进一步培育货币市场，充分发挥其货币政策传导功能。首先，培育市场交易主体。逐步放宽对货币市场交易主体限制，允许更多的非银行金融机构，包括证券公司、基金管理公司、信托投资公司、财务公司、金融租赁公司及外资非银行金融机构等进入同业拆借市场与债券回购市场。其次，大力发展货币市场基金，不断丰富市场交易工具，加快金融创新步伐。政府应为基金的发展营造一个适度宽松的发展空间，努力发展以银行为主导的货币市场基金模式，充分发挥商业银行的自身资源优势，激发银行的竞争活力，但不能放松对市场风险的监控，必须严格审查，减少潜在的风险因素。

（2）不断推进我国利率市场化进程。加快利率市场化改革是提高利率渠道传导效率的关键和核心。我国利率市场化改革的总体思路是：首先，改变货币市场发育不充分和各子系统之间相互分割的局面，逐步形成统一的货币市场利率，并确定出中央银行的基准利率。其次，在前一阶段基础上，逐步实现金融机构存贷款利率市场化。目前，我国利率市场进程正在稳步推进，中央银行《2008年第四季度货币政策执行报告》中将"推动利率市场化"列为未来主要政策思路之一，并独立于利率手段之外提出，意味着我国推动利率市场化的进程可能在不久的将来再度推进。在此过程中，应建立有效的金融监管体系以保证改革的顺利进行，注意推进金融市场主体的真正独立化运作。实际上，相对于利率市场化来说，金融市场化则是一个内容更完整，更能反映经济中金融变革的概念。如果利率市场化以后，金融活动仍然受政府干预或者依赖于政府干预，则这样的利率市场化无效①。因此，客观上要求利率市场化改革要与整个金融体系乃至整个经济体制改革平衡发展。

（3）提高微观主体对利率的敏感性。各微观主体利率敏感性不高是制约利率渠道传导低效的又一重要原因。现阶段，应进一步深入推进国有企业改革、调整国有经济的比重和结构，以提高投资的整体利率敏感性。国有商业银行要尽快实现向股份制商业银行转变，建立激励约束机制，在防范风险的同时能积极扩张资产业务，在资金供求和利率变化时，能理性地做出反应，有效传导货币政策意图。

（二）提高货币政策资产价格渠道传导效率的建议

针对以上股票价格传导渠道中存在的问题，应从以下几个方面进行改善：

（1）适度扩大股票市场规模，调整和优化市场结构，逐步发挥其传导货币政策的功能。作为资本市场的核心部分，股票市场无疑是未来我国货币政策传导的重要渠道，但要发挥其货币政策传导功能，必须有一定规模的、高效率的股票市场为支撑②。应逐步扩大股票市场规模、优化市场结构，为构建货币政策传导机制奠定市场基础，但其必须是在规范中发展，因而要努力提高上市公司的质量，防止股市泡沫。

（2）完善国债、银行间债券等市场，充分发挥其传导货币政策的作用。优化国债的品种结构和期限结构，扩大银行间债券市场的交易主体，扩大市场容量和货币政策的操作空间，打通银行间债券市场和交易所债券市场，尽快形成统一的债券市场体系。大力发展企业债券市场，稳妥发展金融债券市场。目前我国企业债券市场空间巨大，应重点发展，逐步取消企业债券额度控制和利率限制，实现发行利率市场化，建立科学有效的债券评级制度和偿债保障机制，建立和创新品种多样、功能齐全、利率灵活的企业债券市场结构。

（3）进一步疏导资本市场与货币市场的联系。资本市场与货币市场的良性互动发展是金融业有效运行的基础，也是现代金融体系的内在要求。我国要在加强金融风险管理、提高金融监管水平的基础上，建立规范的证券融资渠道，既鼓励和引导银行信贷资金通过合法途径注入资本市场，又让符合条件的商业银行到资本市场筹集资金，形成真实的利率价格信号，实现商业银行与资本市场的协同发展，提升金融体系合理配置资源的功能。

---

① 扬威月. 当前中国金融市场发展中的五大误区 [J]. 财经研究，2002（1）：21.

② 刘剑，谢朝华. 论提高我国股票市场的货币政策传导效率 [J]. 工业技术经济，2004，23（1）：113 – 116.

针对房地产价格渠道传导中存在的问题，本章认为从以下几个方面改善：

（1）加强政府宏观调控功能，调整房地产市场的周期波动。房地产业作为我国的支柱产业，其产业关联度高，带动性强，与金融业联系密切，发展态势关系整个国民经济的稳定发展和金融安全。但房地产业作为周期性消费品，又具有其固有的波动性较大的特征。政府要加强宏观调控力度，缓和周期波动，防止房价的剧烈波动对宏观经济产生冲击，这也有利于提高房市传导货币政策的有效性。

（2）积极拓宽房地产融资渠道，实现融资渠道多元化。当前房地产融资多依靠银行贷款与房地产信托，这既抑制了房市的发展，又增加了银行贷款的风险，因而房地产市场应积极依托金融市场，扩大直接融资比例，拓宽其融资渠道，实现融资渠道的多元化。

三、商业银行中介作用方面

（1）进一步建立和健全国有商业银行的法人治理结构，健全内部控制机制。银行发挥了重要的中介作用。货币政策可以通过银行的资产规模和资本充足水平因素来达到影响银行信贷供给的目的。这是银行信贷渠道在我国确实能够发挥效用的途径，也为货币政策能够影响银行信贷提供了实证支持。银行信贷渠道能够顺畅的发生作用，离不开银行业金融机构的中介作用。为了保证货币政策能够通过银行信贷渠道顺利传导，应保证商业银行在银行信贷渠道中发挥更加灵活的作用。这就要求我国加强和深化银行业金融机构的改革。近年在我国银行业的改革中，四大国有商业银行的改革尤其重要。由于国有银行的产权大部分由国家掌控，带有一定的行政色彩，其行为体现了国家意图，因而会出现垄断竞争的现象。这必然会导致银行业缺乏必要的、适度的竞争。因此，在当前的经济环境下，要提高银行业金融机构的竞争力，就必须进行体制和机制的改革。通过产权制度改革把国有银行变为一个真正适应市场化的金融企业，把其改造成公司制企业，变成国家控股的产权多元化的公司。在继续推进银行股份制改革的基础上，应建立和健全法人治理结构，建立内部控制机制，使国有银行发挥出真正的作用。

（2）进一步加强对中小银行的建设与支持，加大对国有银行的监督和管理。从这一方面的实证结果可以看出，国有商业银行的资产规模对贷款规模的影响程度小于中小股份制商业银行，同时货币政策对国有商业银行贷款供给的影响作用也较中小股份制商业银行弱。究其原因，可能是国有商业银行在各类资源上都占有优势，主要以大企业为贷款对象，面临的违约风险较小，所以贷款供给更为稳定；而中小银行在资源上不占优势，主要以中小企业为主，面临的风险较大，因此不得不对资产规模的变化和货币政策的变动做出较大的贷款供给调整。虽然我们想要见到的结果是商业银行在面对货币政策变动时积极地调节贷款供给，但也应看到中小银行较大幅度调节贷款供给是由于中小企业贷款具有更大风险，资源不占优的中小银行在风险识别上处于劣势，因此不得不被动调节贷款供给。在这种情况下，中小银行面临着更大的风险，同时也可能给我国金融业、乃至实体经济带来巨大风险。

从道德风险的角度看，国有银行存在国家隐性担保，而且规模庞大存在"太大而不能倒闭"的问题。存款人对国有银行的监督弱于股份制银行，在面对可能的金融危机时，政府对国有银行的救助力度应该高于中小股份制银行。与此相反，中小股份制银行发生存款挤提的风险更高，不得不持有更多的准备金和维持较高的资本充足率，减少贷款。另外，股份制银行存在被接管的可能性，例如2004年的深圳发展银行。这种威胁会增强中小股份制银行资产规模的信贷行为反应敏感性，有利于促进中小股份制银行更谨慎的管理行为。

因此，在促使商业银行加强和改善自身风险管理的政策与策略的同时，国家应加强对中小银行的建设与支持，在政策上扶持城市商业银行、农村商业银行等金融机构，并对国有商业银行加强监督，使我国的银行业金融机构体系更加完善，其内部竞争更加公平、自由。

（3）坚持实施《巴塞尔新资本协定》，加强银监会关于资本的监管和干预措施。资本金的约束会制约贷款供给的规模，但它也是抵御风险，维持金融市场稳定的有力保障。因此，监管当局应强化对商业银行资本的有效监管，提高银行的稳健性。在四大国有商业银行中，建设银行、中国银行和工商银行已通过股改，成功上市，使资本充足水平远远高于监管要求的水平。但是农业银行的情况却不容乐观。由本章所获得数据和分析来看，近年来农业银行的资本金不足以抵补已发生的资产损失，其杠杆比率为负，出现了较大的资本金负缺口，这一现象应引起监管当局的重视，加强对资本充足水平的监管，采取措施避免类似情况的发生。目前，我国银监会已确立了针对我国商业银行分类实施、分层推进、分步达标的基本原则。从2010年，我国商业银行逐步执行《巴塞尔新资本协定》，银监会对我国银行的资本充足水平监管会更加严格，这会在一定程度上保证银行信贷渠道发生效力。

（4）在制定货币政策时应考虑商业银行的内部特征。实证结果显示商业银行的内部特征将影响到货币政策的执行效果，特别是资产规模对货币政策的执行效果最为显著。因此货币当局在制定货币政策时应对商业银行的资产负债表进行全面的分析，以应对其内部特征可能给货币政策执行效果带来的抵消效应，从而更好地实现政策目标。

四、传导的区域效应方面

1. 货币政策目标的关注

（1）针对我国地区发展不平衡的现状，可以在大方向基本统一的全国货币政策目标下，针对不同地区的经济发展状况设定相应的目标侧重点。如东部地区可以以控制通货膨胀、保证经济稳步发展为主，而中西部和东北部某些地区则以促进充分就业、促进经济加快发展为主。在东部的货币政策调控方式上，可以基本上以间接调控为主，中西部和东北部则可采取间接调控和直接调控相结合的模式。

（2）目前我国货币政策的中介目标包括货币供应量和信贷规模等，对于各个地区而言，最应该关注的主要应该是信贷规模，从信贷量的变动情况来把握区域经济波动的信息，从信贷资金的配置结构来把握区域经济结构的变动。由于货币政策的信贷传导渠道在各个区域的通畅度不一样，中央银行应该要重视对区域经济运行和经济结构的分析，提高监测分析水平，重视区域经济、金融在各个方面的差距。

（3）协调发展货币市场和资本市场，增强两市场间的互动性，对提高货币政策金融市场传导效率有着极其重要的意义，因而，要进一步加大对金融市场的引导，促进货币市场和资本市场的共同发展，充分发挥金融市场在货币政策传导中的作用。

2. 货币政策工具改进

（1）存款准备金制度。存款准备金的变动直接影响基础货币、商业银行资金和货币乘数等的变动，最终影响货币供应量的变动。在这个过程中，可以把同类机构不同区域间的存款准备金适当进行区域上的差别对待，在坚持大原则的前提下，可以适当提高东部地区的法定存款准备金率，降低欠发达地区的金融机构的准备金率，同时把调控权交给各大分行。从而既增加中央银行在全国范围内进行资金重新配置的可用资金，也增加中西部地区银行的可动用资金，提高货币乘数。

（2）实现再贷款和再贴现政策的地区差异化。我国目前在这个工具上已经体现出区域差别化。譬如支农再贷款、紧急再贷款、扶持型再贷款等，可考虑在贷款范围、期限、利率政策、限额和审批权等方面更加具体，更加符合我国的实际情况，适当增加对商业银行再贷款支持，从而支持中西部地区的经济发展。同时应积极拓展再贴现业务，通过再贴现手段，支持不发达地区商业银行扩大票据业务，加大对重点行业和企业再贴现的支持力度。对于欠发达地区，主要是要优化区域经济结构，提高各种投资收益率，才能从根本上解决问题。

3. 货币政策实施的建议

（1）建议在全国统一的货币政策的基础上，实行分层次的货币政策或差别货币政策，或区域性货币政策。一是按地域划分，如东、中、西、东北部划分。二是按人均经济指标划分，如人均 GDP、人均财政收入、城乡人均可支配纯收入等划分。三是按经济指标占全国平均的比重划分，如 GDP 占全国平均的比重，财政收入占全国平均的比重，城乡居民可支配收入占全国平均的比重划分。因为大的经济区内总会存在差异，譬如说海南省的经济与大部分东部地区省市的经济是存在很大差异的，所以即使实行区域货币政策也应该要差别对待。

（2）中央银行在实行统一的货币政策时，应考虑按梯度调节资金，建议利用分层次货币政策去调节资金、项目和技术在全国范围的合理配置。由于中西部和东北部受信贷政策的影响较大，可以考虑加大对中西部和东北部的贷款发放和投入，而东部地区的经济受贷款的影响较小，所以可以适当对东部实行从紧政策对中西部和东北部实行适当放松的货币政策，这样才能达到区域经济协调发展。一是调高中西部和东北地区存款利率，而东部地区不变，从而使得发达地区的资金向贫困地区流动；二是调低西部地区的贷款利率，而东部地区不变，可以鼓励东部地区的资金项目和技术向西部转移；三是存款准备金同样可以按上述方法进行变动，从而达到区别对待，抑富扶贫的目的；四是还可利用信贷政策的调节功能进行合理调节。具体的梯度货币政策可参照以下建议，在黑龙江、吉林、内蒙古、新疆、青海、河北、甘肃、河南、陕西、海南这 10 个省市中，实行较松货币政策，在浙江、福建、云南、上海、重庆、安徽、北京、江苏、贵州、天津、宁夏、山东这 12 个省市实行稍紧的货币政策。

第三节　有待完善之处

虽然经过了许多次的讨论，对本书进行了多次修改，但由于知识结构等方面不足和精力有限，难免有忽略和遗漏之处，对一些问题的解决办法仍需完善。

（1）政策效应分析方面。我们没有直接分析货币政策实际产出效应，而是通过分析名义产出效应，进而推测出实际产出效应。受统计数据限制，在建立 *FAVAR* 是收集的数据只有 59 个指标。*FAVAR* 的实证结论仍然有少部分与经济理论不相符之处，后续研究将分析其原因并探寻解决与改进方法。货币政策效应的非对称性，是后续研究的一个重要方面。

（2）渠道研究方面。本书对我国货币政策传导的信贷渠道、利率渠道、资产价格渠道现状作了较为深入的认识与实证分析。限于篇幅，在某些方面可能未涉及，某些方面可能不够深入，对货币政策进行实证分析时对货币政策的汇率传导渠道理论涉及较少，且未对汇率传导渠道进行实证分析。事实上，随着我国今后资本项目的逐步开放，汇率传导渠道必然会发挥更大的作用，对该问题的进一步深入研究将是课题组的努力方向。

（3）商业银行中介作用方面。书中仅从银行贷款供给这一角度考察了货币政策银行信贷传导渠道，未结合银行贷款需求，在后续的研究中可联立银行贷款供给和需求进行考察，使得研究框架更加完善。并且由于数据的可得性问题，课题的实证模型中的样本银行只有 14 家银行，在后续的研究中，可以搜取更加全面的数据资料，加入城市商业银行、农村商业银行、农村合作社等进行分析，使得样本的代表性更强。

（4）货币政策区域效应方面。我们着重从数量方面来分析东中西部金融结构的差异，对金融效率则没有涉及。因此将数量和效率结合起来分析金融结构的差异可以作为进一步研究的方向。由于数据的限制，出于可得性方面的考虑，第六章第五节的面板数据模型选取 1998 年至 2008 年各省市自治区相关年度数据作为样本进行实证检验，而实际上货币政策的冲击可能持续的时间较短，其作用效果或许在几个季度甚至几个月中就已经结束，采用月度数据或者季度数据来进行实证可能更加合适，得到的结果会更为精准。

附　录

第三章附录

附录一　SVAR 脉冲响应图

Response to Cholesky One S.D. Innovations ± 2 S.E

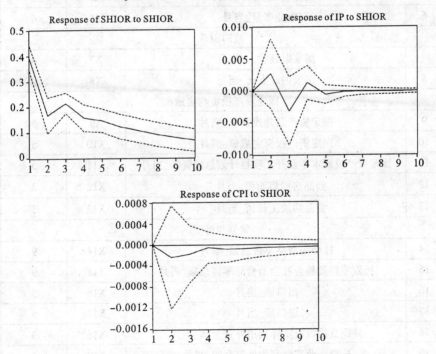

附录二 FAVAR 指标选取与预处理表

所有数据均来自于中经专网数据库

平稳化方法代码：1. 无处理；2. 取对数；3. 一阶差分；4. 一阶差分的对数；5. 二阶差分；6. 二阶差分的对数；7. 季节调整；8. 已季节调整序列对数；9. 已季节调整序列一阶差分。

指标名称后面带 * 号表示这一指标为快速变动指标。

	指标中文名	代表字母	平稳化处理方法代码
	交通运输		
1	客运量_总计当月	X1	4
2	货运量总计_当月	X2	3
3	沿海主要港口货物吞吐量_当月	X3	9
4	旅客周转量总计_当月	X4	3
5	货物周转量总计_当月	X5	3
6	邮电业务量_当月	X6	4
	政府财政		
7	国家财政收入_当月	X7	4
8	国家财政支出_当月	X8	3
	固定资产投资与房地产		
9	固定资产新建投资额_当月	X9	5
10	固定资产投资完成额_当月	X10	5
11	固定资产投资本年新开工项目计划总投资额_当月	X11	3
12	商品房销售面积_当月 *	X12	3
13	商品房竣工价值_当月 *	X13	3
	贸易与外资		
14	社会消费品零售总额_当月	X14	9
15	批发零售贸易业社会消费品零售总额_当月	X15	9
16	出口额_当月	X16	5
17	进口额_当月	X17	5
18	外商直接投资实际利用外资金额_当月	X18	3
19	外资企业实际利用外资金额_当月	X19	3
	物价指数		
20	出口商品价格总指数(上年同月 = 100)	X20	3

	指标中文名	代表字母	平稳化处理方法代码
21	进口商品价格总指数(上年同月＝100)	X21	1
22	居民消费价格指数(上年＝100)_当月	X22	3
23	居民居住消费价格指数(上年＝100)_当月	X23	8
24	商品零售价格指数(上年＝100)_当月	X24	3
25	企业商品价格总指数(上年＝100)_当月	X25	3
	金融证券		
26	金融机构各项存款(人民币)_月末数 *	X26	5
27	金融机构各项贷款(人民币)_月末数 *	X27	3
28	金融机构有价证券及投资(人民币)_月末数 *	X28	3
29	货币和准货币(M_2)_月末数 *	X29	4
30	货币(M1)_月末数 *	X30	5
31	流通中现金(M0)_月末数 *	X31	1
32	人民币对美元加权平均汇率_当月数 *	X32	3
33	人民币对日元加权平均汇率_当月数 *	X33	3
34	人民币对欧元加权平均汇率_当月数 *	X34	1
35	外汇储备_月末数 *	X35	4
36	银行间同业拆借交易量合计_当月数 *	X36	3
37	银行间同业拆借加权平均利率_当月数 *	X37	1
38	货币当局总资产_月末数 *	X38	4
39	货币当局总负债_月末数 *	X39	4
40	上证收盘综合指数_当月数 *	X40	1
41	深证收盘综合指数_当月数 *	X41	1
42	金融机构一年期存款利率 *	X42	1
	经济景气指数		
43	先行指数(1996＝100)_当月	X43	3
44	一致指数(1996＝100)_当月	X44	3
45	滞后指数(1996＝100)_当月	X45	1
46	预警指数_当月	X46	3
47	制造业采购经理指数	X47	3
48	消费者预期指数_当月	X48	1

	指标中文名	代表字母	平稳化处理方法代码
49	消费者满意指数_当月	X49	3
50	消费者信心指数_当月	X50	1
51	房地产开发综合景气指数_当月	X51	3
52	房地产开发投资指数_当月	X52	1
	产出与工业		
53	原煤产量_当月	X53	3
54	天然气产量_当月	X54	3
55	原油加工量产量累计	X55	3
56	粗钢产量_当月	X56	5
57	工业企业产品销售率_当月	X57	3
58	工业总产值增速_当月	X58	3
59	工业增加值	X59	9

附录三 5 因子的 FAVAR 脉冲响应图

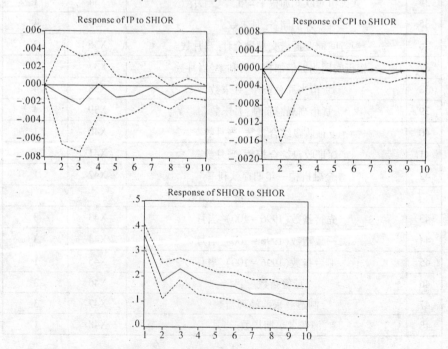

Response to Cholesky One S.D. Innovations ± 2 S.E

附录四　3 种 FAVAR 脉冲响应函数值表

IP 对 SHIBOR 冲击的脉冲响应函数值			
Period	K = 5	K = 7	K = 10
1	0	0	0
2	− 0.00112	− 0.001729	− 0.00225
3	− 0.00215	− 0.001369	− 0.00253
4	0	− 0.001194	− 0.00091
5	− 0.00131	− 0.001211	− 0.00085
6	− 0.00114	− 0.001312	− 0.00128
7	− 0.0002	− 0.000251	3.38E − 05
8	− 0.00131	− 0.001223	− 0.00077
9	− 0.00026	− 0.000464	− 0.00027
10	− 0.00076	− 0.0008	− 0.00035
CPI 对 SHIBOR 冲击的脉冲响应函数值			
Period	K = 5	K = 7	K = 10
1	0	0	0
2	− 0.000636	− 0.000828	− 0.000701
3	4.04E − 05	− 0.000049	− 0.000224
4	− 5.16E − 06	− 5.91E − 05	− 5.85E − 05
5	− 3.45E − 05	− 6.22E − 05	− 0.000119
6	− 4.60E − 05	− 5.03E − 05	− 0.000175
7	2.41E − 05	4.97E − 05	− 4.92E − 05
8	− 7.81E − 05	− 5.01E − 05	− 0.000193
9	5.91E − 06	1.65E − 06	− 0.000119
10	− 2.50E − 05	− 2.84E − 05	− 8.09E − 05
SHIBOR 对 SHIBOR 冲击的脉冲响应函数值			
Period	K = 5	K = 7	K = 10
1	0.361033	0.343539	0.284993
2	0.180988	0.181401	0.184983
3	0.229778	0.214424	0.173689
4	0.187818	0.186415	0.155355
5	0.167918	0.162994	0.124095
6	0.161361	0.157733	0.115316
7	0.131791	0.133466	0.094127
8	0.132339	0.127629	0.086756
9	0.107606	0.106312	0.0704
10	0.103285	0.100221	0.065671

附录五 5 因子 FAVAR 方差分解结果表

（IP 预测误差的方差分解）

Variance Decomposition of IP:								
Period	S.E.	SHIOR	IP	F5	F4	F3	F2	F1	CPI
1	0.388513	0.000000	100.0000	0.000000	0.000000	0.000000	0.000000	0.000000	0.000000
2	0.433418	0.107606	89.34672	0.285654	5.222359	2.553851	0.698598	0.386447	1.398764
3	0.504703	1.288044	86.51274	0.354151	5.484192	2.559964	1.676318	0.426707	1.697880
4	0.547496	1.282687	86.11507	0.507692	5.525042	2.601269	1.672448	0.600707	1.695088
5	0.582929	1.345659	85.51830	0.539119	5.487732	2.885200	1.673679	0.764319	1.785990
6	0.616157	1.477237	84.99118	0.979112	5.465570	2.873463	1.665581	0.767441	1.780415
7	0.640038	1.478105	84.77075	0.997228	5.491499	3.004987	1.661991	0.813161	1.782276
8	0.663857	1.585570	84.51094	1.069183	5.510345	3.010493	1.688988	0.826190	1.798293
9	0.681625	1.588936	84.44703	1.073423	5.545070	3.025502	1.693308	0.825483	1.801252
10	0.698370	1.634452	84.31647	1.098907	5.571484	3.041038	1.695510	0.831259	1.810884
11	0.712039	1.644971	84.25484	1.100013	5.601204	3.050127	1.701824	0.830743	1.816274
12	0.724011	1.660891	84.18859	1.107217	5.623048	3.057782	1.710786	0.832262	1.819424

5 因子 FAVAR 方差分解结果：（CPI 预测误差的方差分解）

Variance Decomposition of CPI:								
Period	S.E.	SHIOR	IP	F5	F4	F3	F2	F1	CPI
1	0.031553	0.000000	0.279685	0.000000	0.000000	0.000000	0.000000	0.000000	99.72032
2	0.036905	0.832784	2.018073	0.020701	2.579248	1.588545	0.004196	0.072850	92.88360
3	0.037527	0.878482	2.070116	0.028403	2.765228	1.567022	0.941046	0.096163	91.65354
4	0.037702	0.900252	2.135342	0.030539	2.757081	1.565669	1.111578	0.172265	91.32722
5	0.037883	0.903385	2.127131	0.124527	2.794803	1.565122	1.186023	0.385851	90.91316
6	0.038001	0.954493	2.137745	0.162756	2.869653	1.590439	1.402174	0.385412	90.49733
7	0.038051	0.956596	2.153099	0.246105	2.947374	1.582811	1.663133	0.426750	90.02413
8	0.038115	0.989920	2.168558	0.269560	3.044461	1.582088	1.757007	0.474208	89.71420
9	0.038132	0.991787	2.193251	0.278523	3.158160	1.592888	1.892518	0.477861	89.41501
10	0.038164	1.006928	2.211145	0.298606	3.266784	1.591459	2.045914	0.482444	89.09672
11	0.038180	1.015164	2.232932	0.333732	3.370489	1.593835	2.138671	0.485734	88.82944
12	0.038197	1.021232	2.254218	0.349616	3.473210	1.598891	2.215920	0.493547	88.59337

第四章附录

INC、LOAN、与 M2 的各阶滞后期数回归情况对比表

变量	LOAN	M2	M2(-1)	M2(-2)	M2(-3)	M2(-4)	M2(-5)	M2(-6)	M2(-7)	可决系数
系数 P值	1.514 (0.000)	-0.006 (0.980)								0.982
	1.457 (0.000)	-1.599 (0.123)	1.648 (0.115)							0.983
	1.406 (0.000)		0.090 (0.691)							0.982
	1.351 (0.000)			0.144 (0.511)						0.983
	1.437 (0.000)	-1.362 (0.090)		1.437 (0.070)						0.984
	1.405 (0.000)	-1.069 (0.079)			1.178 (0.121)					0.985
	1.306 (0.000)				0.190 (0.363)					0.984
	1.268 (0.000)					0.229 (0.253)				0.985
	1.209 (0.000)						0.286 (0.136)			0.986
	1.120 (0.000)							0.368 (0.047)		0.987
	1.072 (0.000)								0.415 (0.062)	0.987
	1.286 (0.000)	-0.916 (0.065)						1.149 (0.013)		0.987

第五章附录

附录一

Dependent Variable: LOAN
Method: Panel Generalized Method of Moments
Transformation: Orthogonal Deviations
Date: 08/14/09 Time: 22:16
Sample (adjusted): 2000 2008
Periods included: 9
Cross - sections included: 14
Total panel (balanced) observations: 126
Period SUR instrument weighting matrix
Period SUR (PCSE) standard errors & covariance (d. f. corrected)
Instrument list: @DYN(LOAN, -2) CAPITAL(-1) CAPITAL(-1) * DUM CAPITAL(-1)
    * RATE CAPITAL(-1) * RATE * DUM 1 - LTD(-1) (1 - LTD(-1)) * RATE
    ASSET ASSET * DUM1 ASSET * RATE * DUM1 ASSET * RATE

	Coefficient	Std. Error	t - Statistic	Prob.
LOAN(-1)	0.243730	0.073927	3.296895	0.0013
CAPITAL(-1)	0.020337	0.004703	4.323927	0.0000
CAPITAL(-1) * DUM	-0.021528	0.003680	-5.849622	0.0000
CAPITAL(-1) * RATE	-0.008691	0.001944	-4.471566	0.0000
CAPITAL(-1) * RATE * DUM	0.009735	0.001702	5.720328	0.0000
1 - LTD(-1)	0.001269	0.001723	0.736212	0.4631
(1 - LTD(-1)) * RATE	-0.000893	0.000706	-1.266149	0.2080
ASSET	0.750671	0.075801	9.903120	0.0000
ASSET * DUM1	-0.163822	0.047211	-3.469988	0.0007
ASSET * RATE * DUM1	0.006784	0.002049	3.310216	0.0012
ASSET * RATE	-0.013648	0.007580	-1.800571	0.0744

Effects Specification

Cross - section fixed (orthogonal deviations)

Mean dependent var	-0.233626	S. D. dependent var	0.199458
S. E. of regression	0.031220	Sum squared resid	0.112091
J - statistic	38.56537	Instrument rank	55.000000

附录二

Dependent Variable: LOAN
Method: Panel Generalized Method of Moments
Transformation: Orthogonal Deviations
Date: 08/14/09 Time: 22:26
Sample (adjusted): 2000 2008
Periods included: 9
Cross - sections included: 14
Total panel (balanced) observations: 126
Period SUR instrument weighting matrix
Period SUR (PCSE) standard errors & covariance (d. f. corrected)
Instrument list: @ DYN(LOAN, -2) ASSET ASSET * DUM1 ASSET * RATE
  * DUM1 ASSET * RATE

	Coefficient	Std. Error	t - Statistic	Prob.
LOAN(-1)	0. 216249	0. 050753	4. 260780	0. 0000
ASSET	0. 813821	0. 057712	14. 10136	0. 0000
ASSET * DUM1	- 0. 240147	0. 047061	- 5. 102900	0. 0000
ASSET * RATE * DUM1	0. 004977	0. 001516	3. 283331	0. 0013
ASSET * RATE	- 0. 005105	0. 000859	- 5. 946077	0. 0000

Effects Specification

Cross - section fixed (orthogonal deviations)

Mean dependent var	- 0. 233626	S. D. dependent var	0. 199458
S. E. of regression	0. 034005	Sum squared resid	0. 139918
J - statistic	39. 54873	Instrument rank	49. 000000

Dependent Variable: LOAN
Method: Panel Generalized Method of Moments
Transformation: Orthogonal Deviations
Date: 08/14/09 Time: 22:29
Sample (adjusted): 2000 2008
Periods included: 9
Cross - sections included: 14
Total panel (balanced) observations: 126
Period SUR instrument weighting matrix
Period SUR (PCSE) standard errors & covariance (d. f. corrected)
Instrument list: @ DYN(LOAN, -2) 1 - LTD(-1) (1 - LTD(-1)) * RATE

	Coefficient	Std. Error	t - Statistic	Prob.
LOAN(-1)	0.916365	0.008540	107.3002	0.0000
1 - LTD(-1)	0.002507	0.000400	6.269351	0.0000
(1 - LTD(-1)) * RATE	2.32E - 05	6.22E - 05	0.373333	0.7095

Effects Specification				

Cross - section fixed (orthogonal deviations)

Mean dependent var	-0.233626	S. D. dependent var	0.199458
S. E. of regression	0.051584	Sum squared resid	0.327289
J - statistic	54.61651	Instrument rank	47.000000

Dependent Variable: LOAN
Method: Panel Generalized Method of Moments
Transformation: Orthogonal Deviations
Date: 09/27/09 Time: 11:20
Sample (adjusted): 2000 2008
Periods included: 9
Cross - sections included: 14
Total panel (balanced) observations: 126
Period SUR instrument weighting matrix
Period SUR (PCSE) standard errors & covariance (d. f. corrected)
Instrument list: @ DYN(LOAN, -2) ASSET * RATE ASSET * RATE * DUM1 (1
- LTD(-1)) * RATE CAPITAL(-1) * RATE CAPITAL(-1) * RATE * DUM$_2$ RATE

Variable	Coefficient	Std. Error	t - Statistic	Prob.
LOAN(-1)	0.600814	0.060688	9.900029	0.0000
ASSET * RATE	0.146485	0.021134	6.931189	0.0000
ASSET * RATE * DUM1	-0.017396	0.004330	-4.017155	0.0001
(1 - LTD(-1)) * RATE	0.000255	0.000262	0.974886	0.3316
CAPITAL(-1) * RATE	0.000889	0.000634	1.403236	0.1632
CAPITAL(-1) * RATE * DUM$_2$	-0.000396	0.000554	-0.715762	0.4755
RATE	-0.862955	0.132616	-6.507152	0.0000

Effects Specification				

Cross - section fixed (orthogonal deviations)

Mean dependent var	-0.233626	S. D. dependent var	0.199458
S. E. of regression	0.041733	Sum squared resid	0.207252
J - statistic	48.14092	Instrument rank	51.000000

附录四

Dependent Variable: LOAN

Method: Panel Generalized Method of Moments

Transformation: Orthogonal Deviations

Date: 08/14/09 Time: 22:28

Sample (adjusted): 2000 2008

Periods included: 9

Cross - sections included: 14

Total panel (balanced) observations: 126

Period SUR instrument weighting matrix

Period SUR (PCSE) standard errors & covariance (d.f. corrected)

Instrument list: @ DYN(LOAN, -2) CAPITAL(-1) CAPITAL(-1)
    * DUM CAPITAL(-1) * RATE CAPITAL(-1) * RATE * DUM

	Coefficient	Std. Error	t - Statistic	Prob.
LOAN(-1)	0.905013	0.037715	23.99605	0.0000
CAPITAL(-1)	0.034488	0.006710	5.140000	0.0000
CAPITAL(-1) * DUM	-0.033238	0.007273	-4.569871	0.0000
CAPITAL(-1) * RATE	-0.013299	0.002918	-4.557922	0.0000
CAPITAL(-1) * RATE * DUM	0.013901	0.003415	4.070075	0.0001

Effects Specification

Cross - section fixed (orthogonal deviations)

Mean dependent var	-0.233626	S.D. dependent var	0.199458
S.E. of regression	0.048523	Sum squared resid	0.284895
J - statistic	55.52702	Instrument rank	49.000000

附录五

Dependent Variable: LOAN

Method: Panel Generalized Method of Moments

Transformation: Orthogonal Deviations

Date: 09/27/09 Time: 11:20

Sample (adjusted): 2000 2008

Periods included: 9

Cross − sections included: 14

Total panel (balanced) observations: 126

Period SUR instrument weighting matrix

Period SUR instrument weighting matrix

Period SUR (PCSE) standard errors & covariance (d. f. corrected)

Instrument list: @DYN(LOAN, −2) ASSET * RATE ASSET * RATE * DUM1(1 − LTD(−1))
* RATE CAPITAL(−1) * RATE CAPITAL(−1) * RATE * DUM$_2$ RATE

Variable	Coefficient	Std. Error	t − Statistic	Prob.
LOAN(−1)	0.600814	0.060688	9.900029	0.0000
ASSET * RATE	0.146485	0.021134	6.931189	0.0000
ASSET * RATE * DUM1	−0.017396	0.004330	−4.017155	0.0001
(1 − LTD(−1)) * RATE	0.000255	0.000262	0.974886	0.3316
CAPITAL(−1) * RATE	0.000889	0.000634	1.403236	0.1632
CAPITAL(−1) * RATE * DUM$_2$	−0.000396	0.000554	−0.715762	0.4755
RATE	−0.862955	0.132616	−6.507152	0.0000

Effects Specification

Cross − section fixed (orthogonal deviations)

Mean dependent var	−0.233626	S. D. dependent var	0.199458
S. E. of regression	0.041733	Sum squared resid	0.207252
J − statistic	48.14092	Instrument rank	51.000000

附录六

Dependent Variable: LOAN
Method: Panel Generalized Method of Moments
Transformation: Orthogonal Deviations
Date: 09/27/09 Time: 11:27
Sample (adjusted): 2000 2008
Periods included: 9
Cross - sections included: 14
Total panel (balanced) observations: 126
Period SUR instrument weighting matrix
Period SUR (PCSE) standard errors & covariance (d.f. corrected)
Instrument list: @DYN(LOAN, -2) ASSET * RATE ASSET * RATE * DUM1 RATE

Variable	Coefficient	Std. Error	t - Statistic	Prob.
LOAN(-1)	0.546766	0.036957	14.79449	0.0000
ASSET * RATE	0.160499	0.015849	10.12650	0.0000
ASSET * RATE * DUM1	-0.020086	0.003868	-5.192676	0.0000
RATE	-0.949004	0.091595	-10.36086	0.0000

Effects Specification

Cross - section fixed (orthogonal deviations)

Mean dependent var	-0.233626	S.D. dependent var	0.199458
S.E. of regression	0.040232	Sum squared resid	0.197472
J - statistic	44.53980	Instrument rank	48.000000

附录七

Dependent Variable: LOAN
Method: Panel Generalized Method of Moments
Transformation: Orthogonal Deviations
Date: 09/27/09   Time: 11:28
Sample (adjusted): 2000 2008
Periods included: 9
Cross – sections included: 14
Total panel (balanced) observations: 126
Period SUR instrument weighting matrix
Period SUR (PCSE) standard errors & covariance (d. f. corrected)
Instrument list: @ DYN(LOAN, −2) (1 − LTD(−1)) * RATE RATE

Variable	Coefficient	Std. Error	t – Statistic	Prob.
LOAN(−1)	0.923248	0.009171	100.6747	0.0000
(1 − LTD(−1)) * RATE	0.000944	0.000201	4.687635	0.0000
RATE	0.054518	0.010399	5.242804	0.0000

Effects Specification				

Cross – section fixed (orthogonal deviations)

Mean dependent var	− 0.233626	S. D. dependent var	0.199458
S. E. of regression	0.051972	Sum squared resid	0.332228
J – statistic	58.50579	Instrument rank	47.000000

附录八

Dependent Variable: LOAN

Method: Panel Generalized Method of Moments

Transformation: Orthogonal Deviations

Date: 09/27/09 Time: 11:29

Sample (adjusted): 2000 2008

Periods included: 9

Cross - sections included: 14

Total panel (balanced) observations: 126

Period SUR instrument weighting matrix

Period SUR (PCSE) standard errors & covariance (d. f. corrected)

Instrument list: @ DYN(LOAN, -2) CAPITAL(-1) * RATE CAPITAL(-1) * RATE * DUM_2 RATE

Variable	Coefficient	Std. Error	t - Statistic	Prob.
LOAN(-1)	0.930191	0.030324	30.67489	0.0000
CAPITAL(-1) * RATE	2.76E - 05	0.000846	0.032563	0.9741
CAPITAL(-1) * RATE * DUM_2	-0.000199	0.000830	-0.240226	0.8106
RATE	0.003463	0.005700	0.607467	0.5447

Effects Specification		

Cross - section fixed (orthogonal deviations)

Mean dependent var	-0.233626	S. D. dependent var	0.199458
S. E. of regression	0.055645	Sum squared resid	0.377755
J - statistic	51.10355	Instrument rank	48.000000

参考文献

[1] JAFFEE D, RUSSELL T. Imperfect Information and Credit Rationing [J]. Quarterly Journal of Economics, 1976.

[2] CHRISTOPHER A SIMS. Macroeconomics and Reality [J]. Econometrica, 1980, 48 (1).

[3] BEN S BERANAKE, ALAN S BLINDER. Credit, Money and Aggregate Demand [J]. American Economic Rewiew, 1988.

[4] HAMILTON J D. A New Approach to the Economic Analysis of Nonstationary [J]. Time Series and the Business Cycle, 1989.

[5] BEN S BERNANKE, ALAN S BLINDER. Measuring the Effects of Monetary Policy: A Factor – Augmented Vector Autoregressive (FAVAR) Approach [J]. The American Economic Review, 1992, 82 (4).

[6] BEN S BERANAKE, ALAN S BLINDER. The federal funds rate and the channels of monetary transmission. American Economic Rewiew, 1992.

[7] JAMES PEERY COVER. Asymmetric Effects of Positive and Negative Money – Supply Shocks [J]. The Quarterly Journal of Economics, 1992, 107 (4).

[8] KASHYAP, STEIN, WILCOX. Monetary policy and credit conditions [J]. American Economic Rewiew, 1993.

[9] BERNANKE B, GERTLER M. Inside the Black Box: the Credit Channel of Monetary Policy Transmission [N]. NBERWorking Paper , 1995.

[10] RENÉ GARCIA, HUNTLEY SCHALLER. Are the Effects of Monetary Policy Asymmetric? [J]. CIRANO Working Papers, 1995 (6).

[11] FAVERO, GIAVAZZI, FLABBI. The transmission mechanism of monetary policy in Europe: Evidence from banks' balance sheets [J]. Woking paper, 1999.

[12] PEDRONI P. Critical Value for Cointegration Tests in Heterogeneous

Panels with Multiple Regressors ［J］. Oxford Bulletin of Economics and Statistics, 1999 (61).

［13］M EHRMANN. Comparing Monetary Policy Transmission across European Countries ［J］. Weltwirtschaftlicges Archiv, 2000 (1).

［14］CARLO ALTAVILLA. Measuring Monetary Policy Asymmetries across EMU Countries, Federal Reserve Bank of ST · LOUIS［J］. Working Paper, 2000 (5).

［15］JH STOCK, MW WATSON. Macroeconomic forecasting using diffusion indexes ［J］. Journal of Business and Economic Statistics, 2002.

［16］LEONARDO GAMBACORTA. Asymmetric Bank Lengding Channeils and ECB Monetary Policy ［J］. Economic Modeling, 2002 (20).

［17］VOLKER CLAUSEN, BERND HAYO. Asymmetric Monetary Policy Effects in EMU, ZMI ［J］. Working Paper, 2002 (3).

［18］MARILYNE HUEHET. Does Single Monetary Policy Have Asmmetric Real Effects in EMU ［J］. Journal of Policy Modeling, 2003 (25).

［19］DEHAAN L. Microdata Evidence on the Bank Lending Channel in the Netherlands ［J］. Economist, 2003, 151 (3).

［20］IM K S, M H PESARAN, Y SHIN. Testing for Unit Roots in Heterogeneous Panels ［J］. Journal of Econometrics, 2003 (115).

［21］WOON GYU CHO, I YUNGKIM. Trade and the Effect of Macro－Financial Shocks: Evidence from U. S. Panel Data ［J］. IMF Working Paper, 2003, 127 (6).

［22］DIMITRIS K CHRISTOPOULOS. Financial development and economic growth: evidence from panel, Efthymios G ［J］. Tsionas, 2004.

［23］MICHAE T OWYANG, HOWARD J WALL. Structural Breaks and Regional Disparities in the Transmission of Monetary Policy ［J］. Federal Reserve Bank of ST. LOUIS Working Paper, 2004 (6).

［24］BEN S BERNANKE, JEAN BOIVIN, PIOTR ELIASZ. Measuring the Effects of Monetary Policy: A Factor－Augmented Vector Autoregressive (FAVAR) Approach ［J］. Quarterly Journal of Economics, 2005, 120 (2).

［25］刘鸿儒. 关于当前我国的货币政策问题 ［J］. 金融研究, 1983 (11).

［26］谢平, 廖强. 西方货币政策信用传导理论述评 ［J］. 金融研究, 1997 (11).

［27］米什金, 货币金融学 ［M］. 北京: 中国人民大学出版社, 1998.

[28] 陈益民. 论股票市场的货币政策效应 [N]. 证券市场导报, 2000 (1).

[29] 郭晔. 货币政策信贷传导途径的最新争论及其启示 [J]. 经济学动态, 2000 (7).

[30] 王振山, 王志强. 我国货币政策传导途径的实证研究 [J]. 财政问题研究, 2000 (12).

[31] 李斌. 中国货币政策有效性的实证研究 [J]. 金融研究, 2001 (7).

[32] 周锦林. 关于我国货币"中性"问题的实证研究 [J]. 经济科学, 2002 (1).

[33] 黄先开, 邓述慧. 货币政策中性与非对称性的实证研究 [J]. 管理科学学报, 2002 (2).

[34] 陈飞, 赵昕东, 高铁梅. 我国货币政策工具变量效应的实证分析 [J]. 数量经济技术经济研究, 2002 (7).

[35] 胡庆康. 现代货币银行学教程 [M]. 上海: 复旦大学出版社, 2002.

[36] 潘敏, 夏频. 国有商业银行信贷资金供求与我国货币政策传导机制 [J]. 金融研究, 2002 (6).

[37] 冯春平. 货币供给对产出与价格影响的变动性 [J]. 金融研究, 2002 (7).

[38] 周英章, 蒋振声. 货币渠道, 信用渠道与货币政策有效性——中国1993—2001 年的实证分析和政策含义 [J]. 金融研究, 2002 (9).

[39] 汪红驹. 中国货币政策有效性研究 [M]. 北京: 中国人民大学出版社, 2003.

[40] 吴斌. 论我国股票市场与货币政策的相互影响 [J]. 金融理论与实践, 2003 (4).

[41] 夏德仁, 张洪武, 程智军. 货币政策传导的"信贷渠道"述评 [J]. 金融研究, 2003 (5).

[42] 刘剑, 谢朝华. 论提高我国股票市场的货币政策传导效率 [J]. 审计与经济研究, 2003 (6).

[43] 李桂君, 赵德海, 李庆辉. 货币政策传导机制研究方法综述 [J]. 商业研究, 2003 (19).

[44] 孙明华. 我国货币政策传导机制的实证分析 [J]. 财经研究, 2004(3).

[45] 王国松. 通货紧缩下我国货币政策传导的信贷渠道实证分析 [J]. 统计研究, 2004 (5).

[46] 张少林. 我国货币政策传导渠道研究 [D]. 湘潭大学, 2004.

[47] 路妍. 我国货币政策传导渠道及货币政策有效性研究 [J]. 财经问题研究, 2004 (6).

[48] 谢平. 中国货币政策分析: 1998—2002 [J]. 金融研究, 2004 (8).

[49] 夏丹阳. 货币理论与货币政策研究 [M]. 北京: 中国财政经济出版社, 2004.

[50] 曾宪久. 货币政策传导机制论 [M]. 北京: 中国金融出版社, 2004.

[27] 张晓峒. 计量经济学软件 Eviews 使用指南 [M]. 天津: 南开大学出版社, 2004.

[51] 人行广州分行货币政策传导课题组. 中国货币政策传导——理论与实证 [M]. 北京: 中国金融出版社, 2004.

[52] 蒋英琨, 刘艳武, 赵振全. 货币渠道于信贷渠道传导机制有效性的实证分析 [J]. 金融研究, 2005 (5).

[53] 童颖. 我国货币政策信贷传导渠道的有效性分析 [J]. 当代财经, 2005 (12).

[54] 李南成. 货币政策传导的数量研究 [M]. 成都: 西南财经大学出版社, 2005.

[55] 宋立, 等. 中国货币政策传导机制与金融体系重构 [M]. 北京: 中国计划出版社, 2005.

[56] 王旭东. 中国货币政策利率传导渠道的实证研究 [D]. 东北财经大学, 2005.

[57] 谢识予. 高级计量经济学 [M]. 上海: 复旦大学出版社, 2005.

[58] 焦瑾璞, 孙天琦, 刘向耘. 货币政策执行效果的地区差别分析 [J]. 金融研究, 2006, 3 (3).

[59] 宋旺, 钟正生. 我国货币政策区域效应的存在性及原因——基于最优货币区理论的分析 [J]. 经济研究, 2006 (3).

[60] 黄斌斌, 黄敏. 我国货币政策传导渠道有效性的文献综述 [J]. 金融经济, 2006 (6).

[61] 李海海. 中国货币政策区域效应研究——非对称的机制与治理 [D]. 华东师范大学博士学位论文, 2006 (4).

[62] 周孟亮. 我国区域金融差异下货币政策传导机制效应研究 [D]. 暨南大学博士学位论文, 2006.

[63] 蒋柱斌. 我国债券市场货币政策传导效应实证分析 [J]. 经济论坛, 2006 (14).

[64] 练松柏. 我国货币政策利率传导渠道的实证分析 [D]. 中南大学, 2006.

[65] 曹凤岐. 中国商业银行改革与创新 [M]. 北京：中国金融出版社, 2006.

[66] 催建军. 中国货币政策有效性问题研究 [M]. 北京：中国金融出版社, 2006.

[67] 高铁梅. 计量经济分析方法与建模 EViews 应用及实例 [M]. 北京：清华大学出版社, 2006.

[68] 李安勇, 白钦先. 货币政策传导的信贷渠道研究 [M]. 北京：中国金融出版社, 2006。

[69] 王广谦. 中央银行学 [M]. 北京：高等教育出版社, 2006.

[70] 陆前进, 卢庆杰. 中国货币政策传导机制研究 [M]. 上海：立信会计出版社, 2006.

[71] 高新宇. 我国汇率制度的选择与货币政策有效性分析 [J]. 社会科学辑刊, 2007 (1).

[72] 杨盛昌. 我国的股票市场与货币政策传导机制 [J]. 云南民族大学学报, 2007 (3).

[73] 郑春梅. 货币传导机制与非货币资产传导机制分析 [J]. 经济问题, 2007 (3).

[74] 陈永峰. 我国货币政策传导渠道的研究 [D]. 重庆大学, 2007.

[75] 黄绥彪, 陈锐. 我国证券市场货币政策传导机制的实证分析 [J]. 学术论坛, 2007 (4).

[76] 孙云峰. 不同的汇率制度下我国货币政策有效性因素研究 [J]. 金融理论与实践, 2007 (4).

[77] 高坚, 杨念. 中国的总供给——总需求模型：财政和货币政策分析框架 [J]. 数量经济技术经济研究, 2007 (5).

[78] 张泽新. 中国货币政策传导机制研究 [D]. 天津财经大学, 2007.

[79] 中国人民银行西安分行课题组. 货币政策传导机制与汇率形成机制关系研究 [J]. 西安金融, 2007 (5).

[80] 江群, 曾令华. 货币政策传导信贷渠道研究述评 [J]. 湘潭大学学报, 2007 (6).

[81] 赵振全,于震,刘淼. 金融加速器效应在中国存在吗 [J]. 经济研究, 2007 (8).

[82] 张林武等. 资本市场对中国货币政策传导机制影响的实证分析 [N]. 电子科技大学学报, 2007 (9).

[83] 田秋梅. 我国货币政策的房地产价格传导效应分析 [D]. 湖南大学, 2007 (10).

[84] 闫红波. 我国货币政策传导的区域差异——基于经济增长的实证研究 [D]. 复旦大学博士学文论文, 2007.

[85] 王培华. 货币政策传导的区域差别研究 [D]. 中央民族大学硕士学位论文, 2007.

[86] 易飞达. 我国汇率制度改革对货币政策有效性影响的研究 [D]. 硕士毕业论文, 2007.

[87] 周盂亮,李海艳. 区域文化,金融努力程度与货币政策效应区域差异化 [N]. 湖南农业大学学报, 2007 (6).

[88] 赵志莲. 我国区域金融结构差异下货币政策传导效应实证研究 [D]. 西南财经大学硕士学位论文, 2007.

[89] 武巍,刘卫东,刘毅. 中国地区银行业金融系统的区域差异 [J]. 地理学报, 2007 (12).

[90] 华娇. 我国货币政策传导效果地区差异的实证研究——从信贷传导机制角度分析 [D]. 华中师范大学硕士学位论文, 2007.

[91] 伍德里奇. 横截面与面板数据的经济计量分析 [M]. 王忠玉,译. 北京:中国人民大学出版社, 2007.

[92] 董亮. 中国货币政策资产价格传导效应的理论与实证研究 [D]. 上海交通大学, 2008.

[93] 朱建芳. 区域金融发展差距:理论与实证分析 [M]. 北京:经济科学出版社, 2008.

[94] 江群,曾令华. 一般均衡框架下货币政策信贷传导渠道研究 [J]. 经济评论, 2008 (3).

[95] 刘丽萍. 我国货币政策传导机制的信贷渠道分析 [J]. 安徽工业大学学报, 2008 (3).

[96] 潘耀明,胡莹,仲伟周. 基于利率途径的货币政策传导效果实证研究 [J]. 上海金融, 2008 (3).

[97] 陈平. 股票市场对货币政策传导机制影响的实证研究 [J]. 北方经

济，2008（5）.

[98] 胡冬梅. 我国货币政策传导机制实证研究 [J]. 经济学研究，2008(5).

[99] 贾琳. 我国货币政策传导机制现状和实证检验 [D]. 山东大学，2008.

[100] 杨子晖. 财政政策与货币政策对私人投资的影响研究——基于有向无环图的应用分析 [J]. 经济研究，2008（5）.

[101] 王婧. 货币政策传导机制中股票市场的作用分析 [J]. 北方经贸，2008（7）.

[102] 吴培新. 我国宏观调控中的货币供应量和信贷规模 [J]. 经济学动态，2008（8）.

[103] 李桃，刘建国. 如何发挥股票市场在货币政策传导机制中的积极作用 [J]. 金融经济，2008（9）.

[104] 林毅夫，孙希芳. 银行业结构与经济增长 [J]. 经济研究，2008（9）.

[105] 宋杰. 中国证券市场与货币政策传导机制的实证研究 [J]. 统计与决策，2008（10）.

[106] 吴丽华. 我国信贷规模控制的有效性分析 [J]. 经济学动态，2008（10）.

[107] 李琼. 论股票市场对货币政策有效性的影响 [J]. 商业时代，2008（26）.

[108] 曾勤，甄瑞英. 货币渠道，信用渠道与货币政策有效性 [J]. 现代商业，2008（30）.

[109] MANUEL ARELLANO. 面板数据计量经济学 [M]. 朱平芳，徐伟民，译. 上海：上海财经大学出版社，2008.

[110] 刘斌. 高级货币经济学 [M]. 北京：中国金融出版社，2008.

[111] 丘斌，邓佑甜. 基于VAR模型的我国货币政策区域不对称性效应研究 [J]. 南方金融，2009（2）.